本书受浙江省高校重大人文社科攻关计划项目

海上丝路指数波动性与运价风险管理

岑仲迪　黄 剑　顾锋娟　乐安波　著

中国原子能出版社

图书在版编目（CIP）数据

海上丝路指数波动性与运价风险管理 ／ 岑仲迪等著．
-- 北京 ： 中国原子能出版社，2022.12
ISBN 978-7-5221-2431-5

Ⅰ．①海… Ⅱ．①岑… Ⅲ．①海上运输－水路运输经济－研究－宁波 Ⅳ．① F552.755.3

中国版本图书馆 CIP 数据核字（2022）第 228653 号

内容简介

《海上丝路指数波动性与运价风险管理》涵盖了海上丝路指数的波动规律和运价风险管理等内容，共有 11 章，主要介绍了海上丝路指数的基本概念及发展历程、海上丝路指数之宁波出口集装箱运价指数的概率分布模型和时间序列模型、宁波出口集装箱运价指数与国际原油价格和宁波区域经济之间的相互关系、基于宁波出口集装箱运价指数的运价风险管理工具及定价方法。本书适用于财经类、统计类和数学类本科生、研究生阅读学习，也适用于金融业、航运业等领域的研究人员和从业人员参考。

海上丝路指数波动性与运价风险管理

出版发行	中国原子能出版社（北京市海淀区阜成路 43 号　100048）
责任编辑	王　蕾
责任校对	冯莲凤
装帧设计	河北优盛文化传播有限公司
责任印制	赵　明
印　　刷	北京天恒嘉业印刷有限公司
开　　本	710 mm×1000 mm　1/16
印　　张	12.75
字　　数	210 千字
版　　次	2022 年 12 月第 1 版　　2022 年 12 月第 1 次印刷
书　　号	ISBN 978-7-5221-2431-5　　定　价　78.00 元

前 言

　　分析航运价格指数的波动性规律，可以在一定程度上帮助航运经营者以及航运投资者规避风险，也可以帮助企业了解航运市场动态，预先决策。同时，在价格波动激烈的国际航运市场，航运经营者和航运投资者都需要能够提供动态管理运价波动风险的工具，航运金融衍生产品就应运而生。本书分析海上丝路指数的波动规律和航运期权定价，可以促进海上丝路指数的变化特征和波动规律探索，可以进一步完善海上丝路指数的建设体系和航运业的风险管理理论。

　　本书共有11章。第1章阐述海上丝绸之路发展概况和宁波经济发展特征。第2章介绍海上丝路指数的基本概念及海上丝路指数的发展历程。第3章分析海上丝路指数之宁波出口集装箱运价指数的概率分布模型。第4章运用时间序列分析法分析宁波出口集装箱运价指数的波动特征和波动规律。第5章分析国际原油价格因素对宁波出口集装箱运价指数波动性特征的影响及其影响机理。第6章分析宁波出口集装箱运价指数与宁波区域经济之间的相互关系。第7章介绍航运金融衍生品的基本概念、功能和参与者，阐述基于宁波出口集装箱运价指数的航运衍生品开发。第8章应用蒙特卡洛模拟法和偏微分方程法来定价航运期权。第9～11章分别给出欧式、美式和亚式运费期权的偏微分方程定价模型的数值方法。

　　本书的主要部分取材于作者及其团队的研究成果，同时也参考了一些文献资料。本书第1～2章和第7～11章由岑仲迪编写，第4章和

第 6 章由黄剑编写，第 5 章由顾锋娟编写，第 3 章由乐安波编写，全书由岑仲迪统稿。本书的部分内容也有李园园、华丽静、赵家梁等同学的贡献。本书的编写和出版受到"浙江省高校重大人文社科攻关计划项目（2018GH020）"的资助。

由于作者水平有限，书中难免有错误和遗漏的地方，恳请广大读者提出宝贵意见。

岑仲迪

目 录

第 1 章 绪论

本章介绍海上丝绸之路的发展概况，分析宁波参与海上丝绸之路的情况、宁波经济发展的基本特征以及建设海上丝路指数体系的意义，提出了本书研究内容和全书研究的框架结构。

1.1 海上丝绸之路发展概况

早在两千多年前，我们伟大的先人就已经开辟了海上丝绸之路，其远早于起源于西汉的陆上丝绸之路。它是古代中国与外国进行商贸往来和文化交流的海上通道，也称"海上陶瓷之路"和"海上香料之路"，由法国的东方学家沙畹于1913年首次提出。海上丝绸之路萌芽于商周时期，发展于春秋战国，兴盛于唐宋年代，后因明清海禁而衰落，是已知的最为古老的海上航线[1-3]。

海上丝绸之路以中国东南沿海为起点，经过中南半岛和南海沿线国家，穿越印度洋，跨入红海，直达东非和欧洲，成为中国与外国进行贸易往来和文化交流的海上大通道，推动了沿线各个国家的共同发展[1-3]。唐代的"广州通海夷道"是中国海上丝绸之路的最早称呼，是当时世界上最长的远洋航线；宋元时期，中国造船技术和航海技术得到大幅度提升，指南针的应用全面提升了商船远洋航海的能力，这一时期中国同世界六十多个国家有着直接的"海上丝路"商贸往来和文化交流；明朝时期郑和下西洋标志着海上丝绸之路发展到了鼎盛时期[1-3]。中国境内海上丝绸之路分为南海航线（也称"南海丝绸之路"）和东海航线（也称"东方海上丝绸之路"）两条线路，主要由广州、泉州、宁波三个主港和其他支线港组成[4-5]。

2013年10月，习近平总书记访问东盟时提出了"21世纪海上丝绸之路"的战略构想。习近平总书记基于商贸往来和文化交流的历史传统，着眼于中国与东盟建立战略伙伴十周年这一新的历史起点，为深化中国与东盟的经贸合作和文化交流，构建更加紧密的命运共同体，为双方乃至本地区人民的福祉而提出了"21世纪海上丝绸之路"的战略构想。21世纪海上丝绸之路的战略合作伙伴不限于东盟，而是以点带线，以线带面，增进同海上丝绸之路沿线各个国家和地区的交往，串起连通东盟、南亚、西亚、北非、欧洲等各大经济板块的市场链，发展面向南海、太平洋和印度洋的战略合作经济带，促进亚欧非经济贸易一体化发展[1]。

1.2　海上丝路指数编制渊源

宁波，古称为明州，处于中国南北海运航线的终端，具有通江达海和辐射内陆的天然优势。海上丝绸之路的东海航线主要由宁波进出港。钱塘江、长江、大运河等众多水系构成了一个完整的南北水运网络，使宁波港的辐射力能够拓展到众多的内陆省份。宁波的对外贸易和文化交流始于东汉时期，这一时期海外舶来品和印度佛教已经通过海路传至宁波地区[6]。唐代长庆元年明州迁治三江口后，开始构建州城、兴建港口、开设官办船场、修建杭甬运河等，使明州成为中国港口与造船最发达的地区之一，跻身于中国四大名港之列[4,5]。两宋时期，靠北的外贸港先后被辽、金所占领或者受到战事影响，对外贸易大量转移到宁波，当时的明州港成为宋元时期中国三大国际贸易港之一；镇海两次受旨打造出使高丽的万斛"神舟"，表明当时的宁波造船技术居世界领先地位。明代实施海禁后宁波港开始衰落，但宁波港仍是中日官方勘合贸易的唯一登陆港；明朝海禁导致对外贸易被迫转型为走私性质的私商贸易，宁波双屿港成为当时浙江乃至江南最大的私商港[4,5]。

如今的宁波是长江三角洲南翼重要的经济中心城市，是我国华东地区重要的工业城市和对外贸易口岸，是浙江省的三大经济中心之一，是我国首批对外开放的十四个沿海城市之一。2021 年宁波市国民经济和社会发展统计公报 [7] 显示：2021 年全市实现地区生产总值 14594.9 亿元，按可比价格计算，比上年增长 8.2%。分产业看，第一产业实现增加值 356.1 亿元，比上年增长 2.8%；第二产业实现增加值 6997.2 亿元，比上年增长 9.8%；第三产业实现增加值 7241.6 亿元，比上年增长 7.1%。三次产业之比为 2.4：48.0：49.6。按常住人口计算，全市人均地区生产总值为 153922 元（按年平均汇率折合 23858 美元），达到了发达国家水平。

宁波经济是具有较高外向度的开放型经济。宁波的外贸出口和外商投资，分别占到浙江省的四分之一和三分之一。宁波的制造业产品有近三分之一销往海外，四分之一的就业人口从事外贸相关工作。20 世纪 90 年代以来，宁波的对外贸易依存度呈现逐年递增的态势，具有明显的出口导向型经济特征。2021 年宁波市国民经济和社会发展统计公报 [7] 显示：2021 年宁波口岸完成进出口总额 20531.2 亿元，比上年增长 23.7%，其中出口总额 7624.3 亿元，比上年增长 19.0%；进口总额 4301.8 亿元，比上年增长 26.3%。进出口总额占全国的比重为 3.05%。从贸易伙伴看，与全市有直接贸易往来的国家和地区达 223 个，其中对欧盟、美国和东盟的进出口额分别为 2127.7 亿元、2084.4 亿元和 1248.9 亿元，分别比上年增长 24.5%、20.1% 和 15.5%。2021 年与 "一带一路" 沿线 65 国的进出口额为 3330.6 亿元，比上年增长 20.3%，其中对中东欧国家的进出口额为 392.7 亿元，比上年增长 40.4%；对 RCEP 其他成员国的进出口额为 3123.4 亿元，占全市的比重为 26.2%。

宁波舟山港是全球首个十亿吨大港，至 2021 年已经连续第十三年保持港口吞吐量全球第一。它是长江经济带江海联运的重要枢纽，也是海上丝绸之路的重要组成港口，其在世界经济贸易和航运市场具有重要地位。海上丝路指数由宁波航运交易所研发的国际航运和贸易市场指数体系，主要用于反映由宁波舟山港出口的集装箱航运市场、散货航运市场以及 "21 世纪海上丝绸之路" 沿线国家相关港口和船舶交易市场等的变化情况，目前包括宁波出口集装箱运价指数、海上丝路贸易指数、宁波航运经济指数和宁波港口指数四大系列指数。2015 年 2 月，海上丝路指数被列入国家 "一带一路" 建设重点工作之一。2015 年 10 月，海上丝路指数之宁波出口集装箱运价指数的四条航线在波罗的海交易所官方网站正式发布，是习近平主席访英期间中英双方达成的重要成果之一。2016年3月海上丝路指数被写入国家"十三五"规划。

1.3　研究内容及框架结构

国际航运市场既会受到世界经济发展和全球贸易波动的影响，也会受到自然因素和政治因素等诸多方面的影响，多种影响因素的共同作用结果最终体现在国际航运价格的剧烈波动中。近年来，由于美国和欧洲的债务危机导致国际贸易大幅度波动，海上丝路指数之宁波出口集装箱运价指数由编制之初的1399点（2012年5月11日）一路下跌到2016年3月25日的历史最低点277.9，较之最高点跌幅达79.9%；又从历史最低点一路回升，至2020年8月21日回升到了888.8点；由于受全球新冠肺炎疫情影响，2020年8月之后指数快速上涨，至2021年12月31日指数达到了4 264.9点的历史最高点。航运价格的剧烈波动严重影响了船东和货主的生产经营稳定性和可持续发展。

由于航运价格指数具有类似金融时间序列的性质，通过分析航运价格指数的波动性规律，可以在一定程度上帮助航运经营者和货主了解航运市场动态，预先做出决策以规避风险。同时，在价格波动剧烈的国际航运市场，航运参与者都需要能够动态管理航运价格波动的风险管理工具，航运金融衍生品就应运而生。航运金融衍生品是以航运指数为标的资产的金融合约，其具有规避风险、价格发现等功能。航运金融衍生品开发是航运指数体系建设的重要组成部分。航运金融衍生品的设计和定价都需要基于航运指数的波动性规律分析。

另外，宁波是我国华东地区重要的工业城市和对外贸易口岸，宁波区域经济的快速发展促进了宁波国际航运业的发展；同时，宁波的对外贸易主要通过宁波港这个天然深水良港来实现，宁波国际航运业对宁波经济的快速发展起到了重要作用。海上丝路指数与宁波区域经济发展的耦合协调度分析、因果关系计量分析和预测模型建立，可以动态反映国际航运市场与区域经济发展之间的辩证关系，从而明晰现阶段国际航运市场发展与宁波区域经济发展之间相互配合和彼此促进的程度，为政府制定经济发展政策提供理论依据。

因此，本书主要运用时间序列分析方法分析海上丝路指数之宁波出口集装箱运价指数的波动特征和波动规律，分析宁波出口集装箱运价指数与国际原油价格和宁波区域经济之间的相互关系，基于宁波出口集装箱运价指数的波动规律开发和定价航运期权产品。

本书的框架如下：

第 1 章介绍海上丝绸之路发展概况、宁波经济发展特征和本书主要研究内容和研究框架。

第 2 章介绍海上丝路指数的基本概念及海上丝路指数的发展历程，其中海上丝路指数的基本概念包括海上丝路指数体系的含义、构成、编制与发布方式等。

第 3 章分析海上丝路指数之宁波出口集装箱运价指数的概率分布模型，以更好地分析运价指数的风险、预测运价指数的走势。

第 4 章运用时间序列分析法分析宁波出口集装箱运价指数的波动特征和波动规律，更好地掌握宁波集装箱航运市场的价格波动趋势。

第 5 章实证分析宁波出口集装箱运价指数波动特征的影响因素，重点研究国际原油价格因素对宁波出口集装箱运价指数波动性特征的影响及其影响机理。

第 6 章分析宁波出口集装箱运价指数与宁波区域经济之间的相互关系，建立宁波出口集装箱运价指数与宁波区域经济之间的耦合度和耦合协调度模型，运用计量方法分析海上丝路指数与宁波宏观经济耦合的因果关系。

第 7 章介绍航运金融衍生品的基本概念、功能和参与者，阐述基于宁波出口集装箱运价指数的运费期权开发。

第 8 章介绍运费期权的定价方法，重点研究蒙特卡洛模拟法和偏微分方程定价模型。

第 9 章给出定价欧式运费期权的偏微分方程模型的两种数值方法。

第 10 章给出定价美式运费期权的偏微分方程模型的三种数值方法。

第 11 章给出定价亚式运费期权的偏微分方程模型的三种数值方法。

本书的相关研究具有如下几个方面的研究意义：（1）可以促进宁波出口集装箱运价指数的变化特征和波动规律探索，以更好地为航运参与者预测宁波出口集装箱运价指数变动趋势提供依据；（2）可以促进宁波出口集装箱运价指数波动特征的影响因素和影响机理研究，获得区别于其他运线集装箱运价指数的波动特征，有助于航运参与者提高风险认识和风险管理水平；（3）基于宁波出口集装箱运价指数和宁波区域经济综合发展指数之间的耦合状况、因果关系和预测模型，动态反映宁波航运市场发展与区域经济发展之间的辩证关系，明晰宁波航运业发展与宁波区域经济发展之间的耦合协调程度，提出相应的政策建议，以更好地促进港口城市建设；（4）基于宁波出口集装箱运价指数波动性规律开发航运期权产品，可以进一步完善海上丝路指数的建设体系，完善航运业的风险管理理论，为航运参与者提供风险管理工具，以实现套期保值、价格发现、投机套利等功能；（5）有利于完善海上丝路指数体系，有利于提高中国航运指数在国际市场的地位，提高航运定价话语权。

第 2 章　海上丝路指数概述

本章介绍海上丝路指数的基本概念、海上丝路指数的重要发展历程和海上丝路指数波动的主要影响因素。海上丝路指数的基本概念包括海上丝路指数体系的含义、构成、编制与发布方式等，相关概念来源于海上丝路指数官方网站（http://www.msri.cn/）。海上丝路指数的重要发展历程参考于海上丝路指数官方网站和相关的新闻报道。

2.1　海上丝路指数体系简介

海上丝路指数（Marine Silk Road Index，MSRI），是衡量国际航运和贸易市场整体发展水平，反映国际航运和贸易市场变化趋势的指数体系，由宁波航运交易所运用"互联网 +"和大数据技术，整合国际航运、贸易等相关行业的数据而编制发布的。海上丝路指数于 2013 年 9 月正式发布，目前已经推出宁波出口集装箱运价指数（Ningbo Containerized Freight Index，NCFI）、海上丝路贸易指数（Maritime Silk Road Trade Index，MSRIT）、宁波航运经济指数（Ningbo Shipping Economic Index, NSEI）和宁波港口指数（Ningbo Port Index, NPI）四大系列指数。

2.1.1　宁波出口集装箱运价指数

宁波出口集装箱运价指数是反映从宁波舟山港出口的集装箱货运市场情况和价格波动趋势的一种航运价格指数，通过记录和计算宁波舟山港出口的 21 条国际航线的集装箱货运价格变动信息，形成反映不同时期航运价格变动趋势和程度的动态相对数，来客观反映国际集装箱班轮运输市场的价格变动趋势，包括综合指数和 21 条分航线指数。

宁波出口集装箱运价指数编制与发布方式：

（1）指数基期。以 2012 年第 10 周为基期，基点为 1000。

（2）航线构成。覆盖了宁波舟山港出口集装箱运输的主要贸易流向及出口地区的集装箱运输航线，包括欧洲、地东、地西、美东、美西、中东、红海、印巴、黑海、南美东、南美西、澳新、东非、西非、南非、北非、日本关西、日本关东、新马、泰越、菲律宾等 21 条航线。

（3）航线权重。2020 年 7 月指数编委会对航线权重进行了调整，调整前后的权重，如表 2-1 所示。

表2-1　NCFI航线权重2020年7月调整前后对比

航线	调整前航线权重	调整后航线权重
欧洲	20.0%	20.0%
地东	5.0%	5.0%
地西	5.0%	5.0%
美东	7.5%	7.5%
美西	10.0%	15.0%
中东	10.0%	7.5%
红海	2.5%	2.5%
印巴	2.5%	2.5%
黑海	5.0%	2.5%
南美东	2.5%	2.5%
南美西	5.0%	5.0%
澳新	2.5%	2.5%
东非	2.5%	2.5%
西非	2.5%	2.5%
南非	2.5%	2.5%
北非	2.5%	2.5%
日本关西	2.5%	2.5%
日本关东	2.5%	2.5%
新马	2.5%	2.5%
泰越	2.5%	2.5%
菲律宾	2.5%	2.5%

（4）价格类型。航运价格数据选取在出口 CIF（到岸价）和 CY-CY（从堆场到堆场）贸易和运输条款下，货运代理公司和一般货主之间的即期市场有效订舱价格，航运价格包含基本运费和燃油附加费、紧急燃油附加费、集装箱不平衡附加费、旺季附加费、战争附加费、港口拥挤附加费、运河附加费等。

（5）运价信息采集。航运价格信息采集自宁波出口集装箱运价指数编委会成员单位。目前宁波出口集装箱运价指数编委会拥有 25 个成员单位。

（6）发布方式。于每周五 16：00（北京时间）由宁波航运交易所对外发布。若发布日期遇法定节假日则顺延至节假日后的第一个工作日发布。

2.1.2　海上丝路贸易指数

海上丝路贸易指数是反映中国与海上丝路沿线国家之间贸易发展变化趋势的指数体系，由进出口贸易指数、出口贸易指数和进口贸易指数三个分指数构成，并从总体贸易指数、区域贸易指数、特类贸易指数等不同方面衡量中国对外经贸发展水平、反映中国对外贸易发展变化趋势，采用月度发布方式。总体贸易指数包括进出口贸易指数、出口贸易指数、进口贸易指数，反映中国总体进出口、出口、进口贸易发展状况；区域贸易指数包括北美洲贸易指数、欧洲贸易指数、亚洲贸易指数、拉丁美洲贸易指数、非洲贸易指数、大洋洲贸易指数，反映中国与美洲、欧洲、亚洲等全球六大洲的进出口、出口、进口贸易发展状况；特类贸易指数包括 17+1 贸易指数、"一带一路"沿线国家贸易指数、美国贸易指数、水路运输贸易指数，分别反映中国与中东欧国家、中国与"一带一路"沿线国家、中国与美国以及中国水路运输方式的进出口、出口、进口贸易发展状况。

海上丝路贸易指数的编制与发布方式：

（1）指数基期。以 2015 年 3 月为基期，基点为 100。

（2）数据来源。数据来源于中国海关的月度进出口贸易数据。

（3）编制方法。采用发展指数计算方法进行编制，并采取初值与终值相结合的发布方式，初值为预测值，终值根据中国海关当月进出口贸易数据计算得到。

（4）指数发布。指数初值的发布时间为每月 9 日，终值的发布时间为每月 27 日。若发布日期遇法定节假日则顺延至节假日后的第一个工作日发布。

2.1.3 宁波航运经济指数

宁波航运经济指数是反映浙江省航运企业经营状况和航运市场动态行情的综合经济指标。宁波航运经济指数的编制是从航运经济角度出发的，以货运量、经营收入、航线运价等为基础指标，经过季节调整、无量纲化、权重设置、指数计算等处理环节，加权合成后用来反映浙江省航运业总体发展态势及变化趋势的综合指数。宁波航运经济指数可用于航运市场景气波动的监测和区域经济发展变化的预警。目前，宁波航运经济指数编委会由 100 余家注册在浙江地区的、具有代表性的航运企业组成。

宁波航运经济指数包括如下三大指数指标：

（1）航运业景气指数。选择浙江省具有代表性的航运企业，建立定期调查联系制度，统计分析被调查企业的相关指标数据，反映航运市场的景气度变动情况，预测行业发展趋势。

（2）航运企业信心指数。选择浙江省具有代表性的航运企业的管理人员，建立定期调查联系制度，以定性和定量相结合的方式，统计分析被调查人员对当前行业总体状况的评价和对未来市场走势的预期，反映航运企业对行业发展的信心程度。

（3）航运业景气信号灯。对分类样本企业的相关经济和经营指标进行统计分析，监测预警行业景气动向，并以信号灯的形式直观展现。

2.1.4 宁波港口指数

宁波港口指数是反映港口发展水平、衡量港口市场当下景气程度、体现港口从业人员信心、预测港口行业发展趋势的一组综合指数。宁波港口指数通过港口经济监测分析平台采集宁波地区港口企业的相关指标数据，运用指数化评价方法进行量化测评，及时反映宁波港口市场的景气波动，预测宁波地区对外贸易和经济运行情况。宁波港口指数编委会由宁波航运交易所、宁波舟山港股份有限公司和宁波市港航管理局发起，由各区县（市）港航管理机构及 53 家港口企业组成。

宁波港口指数包括如下两大指数指标：

（1）港口景气指数。反映宁波港口综合发展水平，衡量宁波港口业当前市场行情及经营景气程度。

（2）港口企业信心指数。反映港口企业对当下宁波港口行业的总体评价和对未来市场的信心程度。

2.2　海上丝路指数发展历程

宁波出口集装箱运价指数是海上丝路指数的首发指数，于 2013 年 9 月 7 日对外发布试运行，于 2014 年 9 月 11 日在中国（宁波）智慧航运高层论坛期间正式对外发布。海上丝路指数之宁波出口集装箱运价指数主要反映宁波港出口集装箱货运价的变动情况和变化趋势，最初包含 6 条分航线指数，后升级到 21 条分航线指数。

2015 年 3 月，我国制定并发布《推动共建丝绸之路经济带和 21 世纪海上丝绸之路的愿景与行动》，明确指出 21 世纪海上丝绸之路的重点方向是，从中国沿海港口过南海到印度洋，延伸至欧洲；以及从中国沿海港口过南海到达南太平洋。这与海上丝路指数所辐射的范围高度契合，据此海上丝路指数被列入国家"一带一路"建设重点工作之一 [8]。

2015 年 7 月 10 日，海上丝路指数之宁波航运经济指数在国际航运及大宗商品交易论坛（2015 年中国航海日系列活动之一）期间进行了正式发布。宁波航运经济指数关注企业的经营状态与信心，用于航运市场景气波动的监测和区域经济发展变化的预警。

2015 年 10 月，海上丝路指数之宁波出口集装箱运价指数的四条航线指数在波罗的海交易所官方网站正式发布，这是波罗的海交易所成立 271 年以来首次发布其他机构的指数，是习近平主席访英期间中英双方达成的重要成果之一 [9]。海上丝路指数在波罗的海交易所的发布，有效提升了海上丝路指数的国际影响力。宁波航交所的数据显示 [10]：截至 2017 年 10 月，来自西欧、东欧、中东和东南亚地区的一千多家企业订阅了宁波出口集装箱运价指数，"一带一路"沿线国家访问量较此前增长 13 倍。目前，越来越多的航运物流企业将宁波出口集装箱运价指数作为市场预测、价格谈判和协议结算的重要指标。

2016年3月海上丝路指数被正式写入国家"十三五"规划。《国民经济和社会发展第十三个五年规划纲要》第五十一章第二节明确提出:"打造具有国际航运影响力的海上丝绸之路指数。"海上丝路指数作为地地道道的"宁波智造"被写入《国民经济和社会发展第十三个五年规划纲要》,对于宁波深度融入国家战略、加快城市转型发展、提升城市影响力以及推动"一圈三中心"和现代化国际港口城市建设都具有重要的现实意义[11]。

2017年5月10日,海上丝路贸易指数由国家发改委和宁波市人民政府在北京发布,并列入"一带一路"国际合作高峰论坛成果。国家发改委成立"一带一路"建设促进中心,开通"一带一路"官方网站,发布海上丝路贸易指数[12]。原国家发改委副主任王晓涛表示,海上丝路贸易指数的发布,将成为"一带一路"建设实施成果的评价指标之一,既可以为沿线国家提供国际贸易信息参考和趋势判断,也可以为各国政府评价"一带一路"倡议的实施效果及政策调整提供重要依据。

2018年6月14日,"2018海丝港口国际合作论坛"上发布了海上丝路指数之宁波港口指数。宁波港口指数有助于推动港口与产业运行、区域经济之间的相关性研究,揭示港口和区域经济互动关系的内在机理,为港城发展决策提供科学依据和参考价值[13]。

2.3　海上丝路指数波动的影响因素

鉴于本书后续重点分析海上丝路指数之宁波出口集装箱运价指数的波动性,此处仅分析宁波出口集装箱运价指数波动的影响因素。从经济学角度来说,供求关系变化是影响价格变动的根本原因。在国际航运市场上,货物运输量、货物类型、运输目的地和时间等要素构成了航运需求,航运运力则构成了航运供给。在集装箱航运市场中,当航运需求和航运供给处于供求均衡状态时就形成了一种均衡航运价格。当航运市场中的需求和供给双方力量发生变化时,市场中原来相对均衡的航运价格就会被打破,表现为航运价格指数的波动[14]。

与其他航运价格指数类似,宁波出口集装箱运价指数的波动主要有如下几个方面的影响因素:

(1)国际经济发展

国际经济发展会影响集装箱运输需求，进而影响集装箱航运价格。国际集装箱航运市场与国际经济发展紧密相关。如果国际经济发展迅速，那么国际贸易就会增多，使得集装箱航运需求增加，从而导致航运市场的需求大于供给，进而导致集装箱航运价格的上升，表现为集装箱运价指数上升；相反的，如果国际经济形势低迷，那么国际贸易量减少，使得集装箱航运需求下降，从而导致航运市场的供给大于需求，进而导致航运价格的下降，表现为集装箱运价指数下降。

（2）航运成本

在航运市场上，运输成本也是影响集装箱运价指数波动的主要因素。集装箱航运成本主要包括船舶和集装箱折旧费、燃油费用、工人工资以及港口费用等。在集装箱班轮运输中，燃油成本约占航运总成本的四分之一到三分之一，石油价格的波动必然会引起宁波出口集装箱运价指数的波动[15]。

（3）其他因素

一些非经济性因素，如季节因素、国际政治、军事事件、自然灾害、市场情绪等，也会影响集装箱航运价格的波动。远洋航运对于季节气候变化的敏感程度要大于陆地上的交通运输，同一条航线在不同季节的航程所要面对的自然条件是不同的，导致航行成本和船舶适航条件等方面存在较大差异。国际政治、军事事件和自然灾害等突发性事件都会影响国际经济、国际贸易和国际航运供给，从而影响集装箱运输市场的供求关系，进而影响集装箱航运价格和集装箱运价指数。航运市场的一些不确定因素会影响市场情绪的起落，从而影响集装箱运价走势。

后续章节将定量分析国际原油价格对海上丝路指数波动特征的影响和宁波出口集装箱运价指数与区域经济综合发展指数的关联性分析，相关研究结果包括：原油价格波动是造成宁波出口集装箱运价指数波动负向非对称性特征的重要原因，全球经贸形势、船舶供应等因素并不是造成宁波出口集装箱运价指数波动负向非对称性因素的原因；宁波出口集装箱运价指数与区域经济综合发展指数存在正向联动性等。

2.4　本章小结

本章介绍了海上丝路指数的基本概念、发展过程中的重要历程和海上丝路指数之宁波出口集装箱运价指数波动的影响因素，其中海上丝路指数的基本概念包括海上丝路指数体系的含义、构成、编制与发布方式等，宁波出口集装箱运价指数波动的影响因素包括国际经济发展、航运成本和季节因素、国际政治、军事事件、自然灾害、市场情绪等因素。

第 3 章 宁波出口集装箱运价指数的概率分布模型

航运价格风险是国际航运参与者最关心的问题之一，而建立宁波出口集装箱运价指数的概率分布模型可以更好地分析运价指数的风险、预测运价指数的走势。本章从分析宁波出口集装箱运价指数的走势图开始，建立宁波出口集装箱运价指数的概率分布模型。在建立概率分布模型过程中，讨论了直方图、核密度估计、QQ 图等探索型统计方法[16]，偏度与峰度、正态性检验、$t-$ 分布等统计概念[17]，以及最大似然估计。本章采用 R 软件进行计算和画图，相关程序和命令参考了文献 [18]。

3.1 变化率

为了给宁波出口集装箱运价指数建立合适的概率分布模型，先观察一下宁波出口集装箱运价指数从 2012 年 3 月 7 日到 2022 年 6 月 24 日每周指数的走势。

```
先导入数据，然后画走势图：
> dat = read.csv（"SRInd.csv"，header=TRUE) #CSV 格式
> names(dat) # 查看数据名称
> dat$Date = as.Date(dat$Date) # 把 Date 数据类型改为日期
> attach(dat)
> plot(Date,Index,type="l",lwd=2)
```

从每周宁波出口集装箱运价指数的走势图（图3-1）我们可以发现：（1）没有明显的确定型趋势，从这一点我们可以认为每周宁波出口集装箱运价指数是随机变量；（2）没有明显的概率分布符合每周宁波出口集装箱运价指数的走势；因此我们不能直接给每周宁波出口集装箱运价指数建立概率分布模型，而是需要寻找其他与每周宁波出口集装箱运价指数相关的变量，通过这个变量的概率分布来推导出每周宁波出口集装箱运价指数的概率分布。

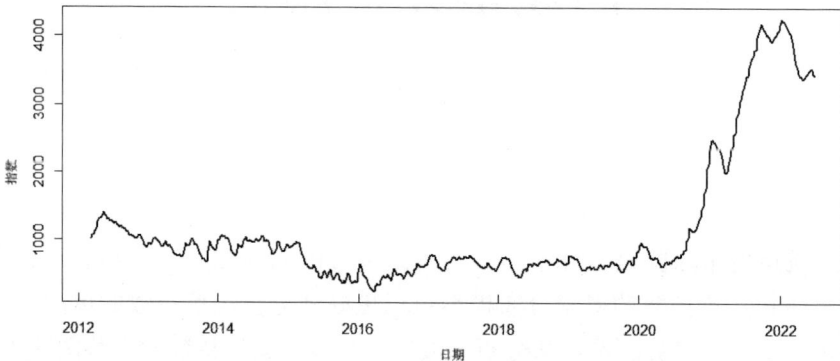

图3-1　宁波出口集装箱运价指数的走势图

我们考虑的这个变量是宁波出口集装箱运价指数的变化率。为什么我们要用变化率呢？第一，变化率是无尺度的，即与单位无关；第二，变化率是衡量投资机会的关键指标；第三，变化率具有明显的概率分布特征，这一点可以从下面的建模过程看出。

设第t周的宁波出口集装箱运价指数为P_t，而P_{t-1}是上一周的宁波出口集装箱运价指数，则宁波出口集装箱运价指数在第t周的简单变化率是

$$R_t = \frac{P_t - P_{t-1}}{P_{t-1}} = \frac{P_t}{P_{t-1}} - 1 \qquad (3-1-1)$$

注意到$P_t - P_{t-1}$是第t周的净变化，而简单变化率R_t是这周变化的百分比，所以简单变化率是无尺度的，是衡量投资机会的关键指标。设最初的宁波出口集装箱运价指数为P_0，则在这t周时间的总简单变化率是

$$R = \frac{P_t - P_0}{P_0} = \frac{P_t}{P_0} - 1 = \frac{P_1}{P_0}\frac{P_2}{P_1}\cdots\frac{P_t}{P_{t-1}} - 1 = (R_1+1)(R_2+1)\cdots(R_t+1) - 1$$

因为$P_t \geqslant 0$，所以简单变化率有下界$R_t \geqslant -1$，它的概率分布模型会是

非对称的，这给模型的建立带来不便，所以我们使用对数变化率

$$r_t = \ln \frac{P_t}{P_{t-1}} = \ln P_t - \ln P_{t-1}$$

显然对数变化率也是无尺度的。在这 t 周时间的总对数变化率是

$$r = \ln \frac{P_t}{P_0} = \ln \frac{P_1}{P_0} + \ln \frac{P_2}{P_1} + \cdots + \ln \frac{P_t}{P_{t-1}} = r_1 + r_2 + \cdots + r_t$$

另外，显然有

$$r_t = \ln(R_t + 1) < R_t$$

如果 R_t 接近于 0（例如 $|R_t < 0.1|$），那么有

$$r_t \approx R_t$$

如果对比一下债券连续复利的利率，那么我们可以发现对数变化率就是连续计算变化的变化率。对数变化率是对称的，即其取值可以是任何实数。

下面我们选择对数变化率作为建立模型的变量，这是因为：（1）多周的总对数变化率是每周对数变化率的和，而多周的总简单变化率就比较复杂，因此从对数变化率的概率分布，就相对容易一些来推导出每周宁波出口集装箱运价指数的概率分布；（2）对数变化率是对称的，即其取值可以是任何实数，因此同常用的对称分布一致，例如正态分布、t - 分布；而简单变化率不是对称的，因为其取值必须大于等于 -1，尽管有非对称的分布可以对其建模，例如对数正态分布，但它的分析相对比较复杂。

先计算（对数）变化率，然后画宁波出口集装箱运价指数的对数变化率图：
> Indret = diff(log(Index)) #diff 是前后的差
> plot(Date[-1],Indret,type="l")
> abline(h=0) # 加横坐标

从图 3-2 可以看出，宁波出口集装箱运价指数的对数变化率有明显的统计特征：尽管它们也是上下波动，但是基本上是在一个常数附近上下波动，而这些上下波动可以看成为是由随机变量的方差所造成的。因此，我们可以假设宁波出口集装箱运价指数的对数变化率是独立同分布的，这一点我们在下面还会进一步讨论。

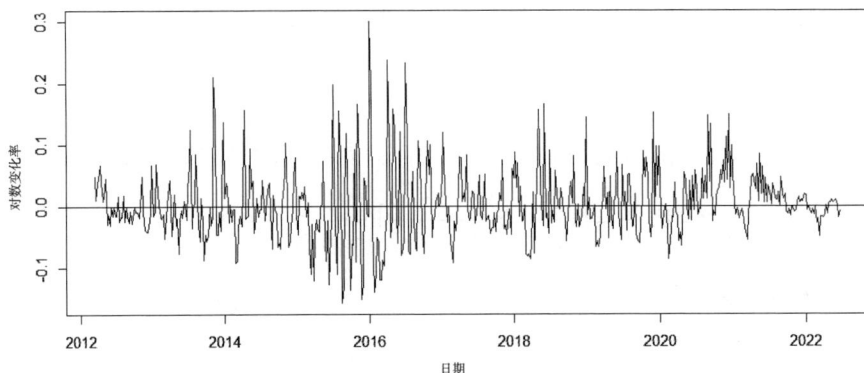

图 3-2　宁波出口集装箱运价指数的对数变化率

3.2　直方图

直方图 (histogram) 是估计概率密度函数的常用简单工具，由数理统计的创始人英国统计学家 Karl Pearson 最初提出。直方图的制作过程如下。设

$$x_1, x_2, \cdots, x_n$$

是一组样本，其数值范围是 $[x_{\min}, x_{\max}]$，这里 $x_{\min}$ 和 $x_{\max}$ 分别是 $x_1, x_2, \cdots, x_n$ 的最小值和最大值，完成下面三个步骤：

（1）把数值范围 $[x_{\min}, x_{\max}]$ 分为一系列等长相邻的间隔，每个间隔的长度为 b；

（2）统计在每个间隔中样本数据 $x_1, x_2, \cdots, x_n$ 的个数；

（3）在每个间隔上方画一条对应的长条，长条高度是

$$\frac{间隔中数据个数}{nb}$$

为了能够对宁波出口集装箱运价指数对数变化率的密度函数有一些初步了解，我们先观察一下对数变化率的直方图（见图 3-3）。

画宁波出口集装箱运价指数的对数变化率的直方图：
> hist(Indret,breaks=20,freq=F) #breaks 是间隔数目

从宁波出口集装箱运价指数对数变化率的直方图 3-3 可以发现：密

度函数是单峰的，而且几乎是对称的，类似于正态分布的形状。但是其他分布也会有类似的形状，例如 t-分布。

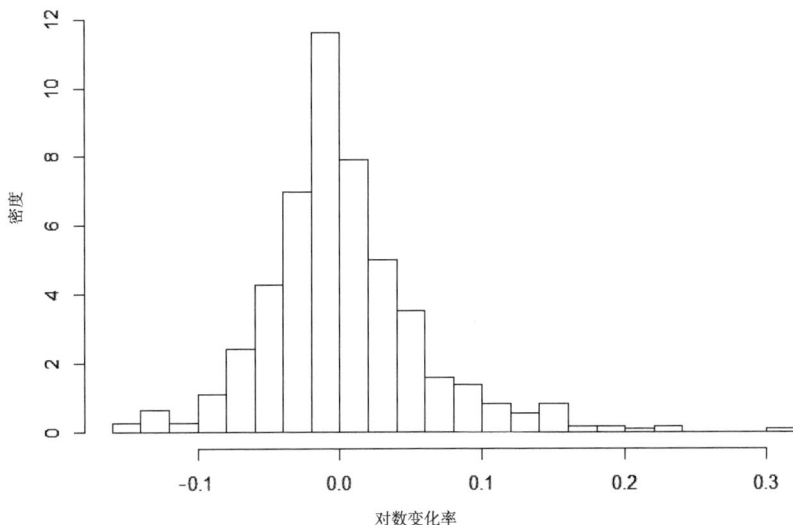

图 3-3　宁波出口集装箱运价指数对数变化率的直方图

那么我们是否能够假设宁波出口集装箱运价指数的对数变化率是正态分布的，或者是 t-分布的呢？要得到这个结论，对数变化率的样本数据要求是独立同分布的。那么怎样才能检验样本数据是独立同分布的呢？参考文献 [19] 的做法，我们可以通过下面两个步骤进行简单检验：

第一步，将样本数据 $x_1, \cdots, x_n$ 分成前后两段

$$x_1, \cdots, x_{[n/2]} 和 x_{[n/2]+1}, \cdots, x_n$$

这里 $[n/2]$ 是取整，然后对这两组数据分别画直方图，观察这两个直方图的总体形状是否相同。

第二步，比较前后样本数据，即两个样本数据

$$x_1, \cdots, x_{n-1} 和 x_2, \cdots, x_n$$

画它们的散点图，观察是不是没有相关性，也就是散点图是否呈圆形云状。

如果第一步的样本数据前后两段直方图的总体形状几乎相同，且第

二步的样本前后数据的散点图呈圆形云状，也就是前后数据没有相关性，那么我们可以假设这组样本数据是独立同分布的。

```
画宁波出口集装箱运价指数变化率前后两段的直方图：
> n = length(Indret)
> m = floor(n/2)
> Indret1= Indret[1:m] # 前半数据
> Indret2= Indret[(m+1):n] # 后半数据
> par(mfrow=c(1,2))
> hist(Indret1,breaks=36,freq=F,xlim=c(-0.2,0.2))
> hist(hist(Indret2,breaks=20,freq=F,xlim=c(-0.2,0.2))
```

由于宁波出口集装箱运价指数变化率前半段数据的数值范围在 −0.1576 和 0.3001 之间，后半段数据的数值范围在 −0.0865 和 0.1663 之间，它们的长度比大约是 1.8 倍，为了方便比较，将它们的直方图间隔数之比也设置为 1.8，因此我们取前半段数据直方图的间隔数为 36，后半段数据直方图的间隔数为 20。而且为了更好地进行判断，我们截取两个直方图的中间部分，从 −0.2 到 0.2。从图 3-4 我们可以确认：宁波出口集装箱运价指数变化率前半段数据的直方图中间部分（见图 3-4（a））与后半段数据的直方图中间部分（见图 3-4（b））的总体形状可以认为是几乎一样。因此宁波出口集装箱运价指数变化率是独立同分布的简单检验的第一步满足。

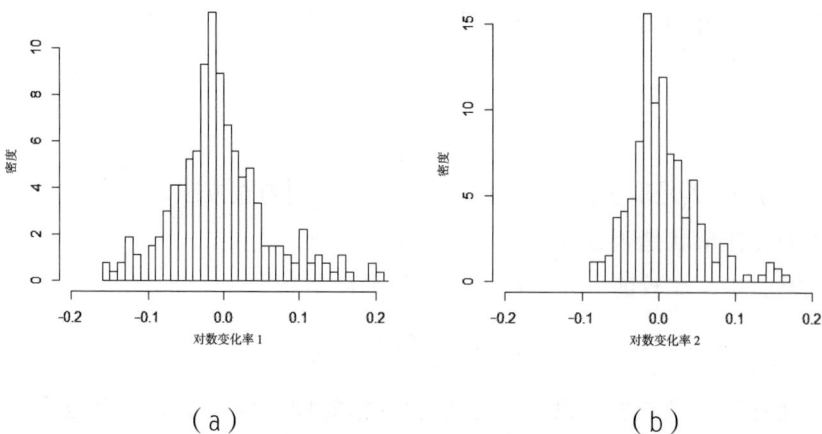

（a）   （b）

图 3-4　宁波出口集装箱运价指数变化率前后两段的直方图

接下来我们对宁波出口集装箱运价指数变化率进行独立同分布的第二步简单检验。

```
画宁波出口集装箱运价指数变化率前后数据的散点图：
> plot(Indret[-(n-1)],Indret[-1])
> abline(h=0,v=0) # 加横坐标与纵坐标
```

由图 3-5 可以看出：宁波出口集装箱运价指数变化率前后数据的散点图呈圆形云状，因此宁波出口集装箱运价指数变化率满足独立同分布的第二步简单检验。

综合上面两步简单检验，我们可以假设宁波出口集装箱运价指数变化率是独立同分布的。

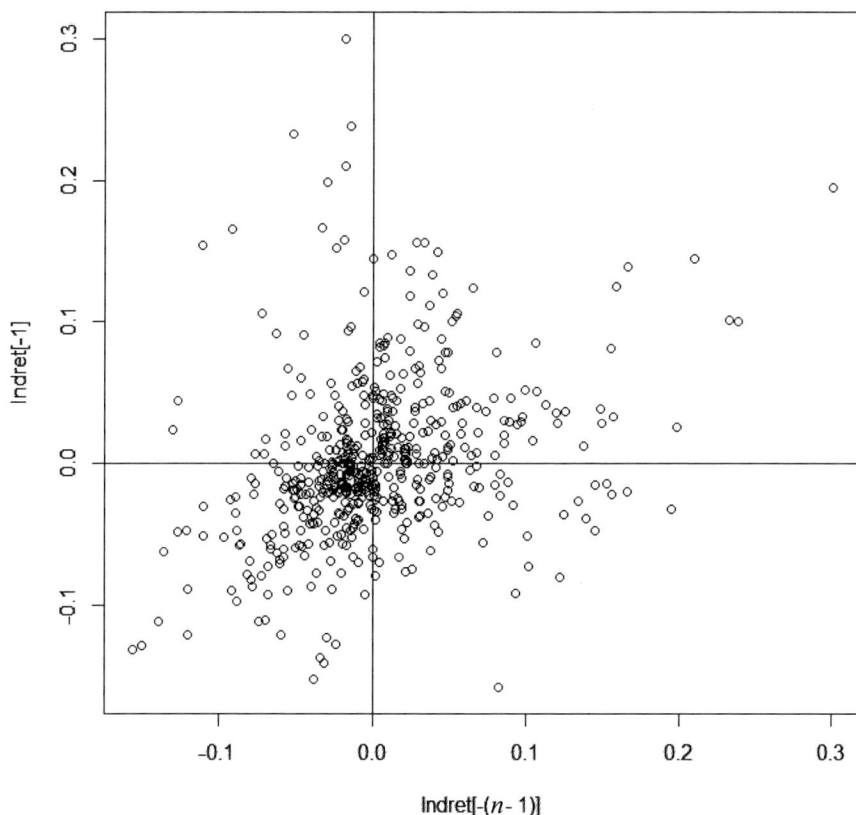

图 3-5　宁波出口集装箱运价指数变化率前后数据的散点图

3.3　核密度估计

从上节可以发现用直方图估计密度函数的图形不够精细。一个更好的估计方法是核密度估计。核密度估计是一种非参数估计，当然从它的名称可以知道是与核函数 K 有关，核函数 K 是一个关于 0 点对称的密度函数，通常会选标准正态分布的密度函数。要注意的是用标准正态分布的密度函数作为核函数并不是假设样本数据是正态分布的，其实任何分布（例如非对称的分布）都可以用标准正态分布的密度函数作为核函数。

设 $x_1, \cdots, x_n$ 是一组同分布互相独立的样本，其密度函数的核密度估计 (kernel density estimator) 为

$$\hat{f}(x) = \frac{1}{nb} \sum_{i=1}^{n} K\left(\frac{x - x_i}{b}\right)$$

这里 b 是带宽 (bandwidth)，对估计起关键作用，我们下面会作进一步说明。

我们来看一下只有六个样本数据的核密度函数（见图 3-6），核函数 K 是标准正态分布的密度函数，带宽为 0.4。注意到

$$\frac{1}{b} K\left(\frac{x - x_i}{b}\right)$$

是正态分布密度函数，其标准差为 b，期望值为 x_i，因此核密度函数是六个标准差为 0.4、中心在样本数据点的正态分布密度函数乘于 1/6 的曲线叠加。

画宁波出口集装箱运价指数变化率的核密度估计：
> plot(density(Indret,bw=0.03),lwd=2,main="带宽 = 0.03")
> plot(density(Indret,bw=0.01),lwd=2,main="带宽 = 0.01")

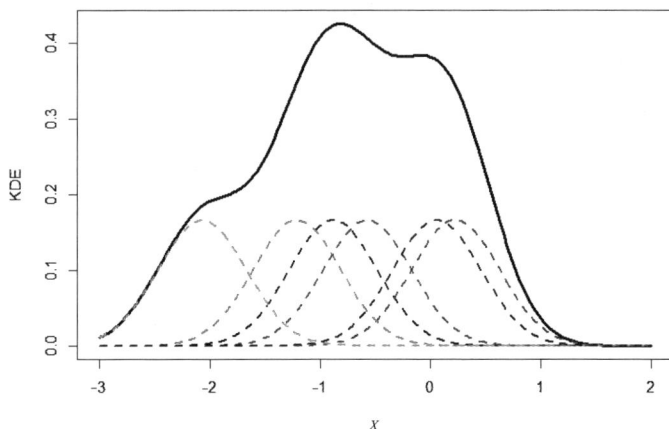

图 3-6 六个样本数据的核密度估计

从图 3-7 我们发现：如果带宽大，那么图形光滑；如果带宽小，那么顶部高。从统计的角度来看，如果带宽大，那么核密度估计的方差就小，但偏差会大；反之，如果带宽小，那么核密度估计的方差就大，但偏差会小。因此带宽对核密度函数估计影响比较大，我们应该选择带宽使得方差与偏差之间达到一定的平衡，因为我们不可能使得方差与偏差同时达到最小。统计理论中已经有了最优选择带宽的方法，R 软件中自动选择的带宽就是按照这种最优方法计算所得到的。但是最优选择的带宽并不是万能的，实际估计中还是应该根据实际情况对最优选择的带宽进行调整。

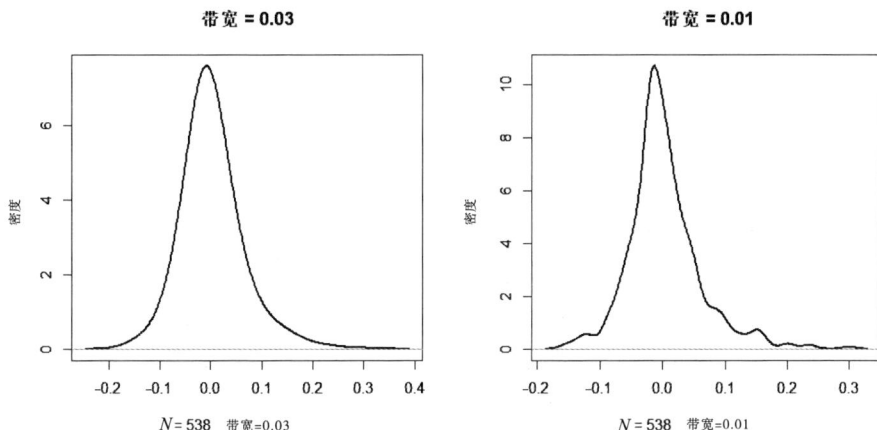

图 3-7 宁波出口集装箱运价指数变化率的核密度估计

画自动选择带宽后的宁波出口集装箱运价指数变化率的核密度估计：
> Inddent=density(Indret) # 自动选择带宽
> plot(Inddent,lwd=2) # 不够清楚
> plot(Inddent,lwd=2,xlim=c(-0.2,0.2)) # 中间部分

图 3-8（a）是自动选择带宽后的宁波出口集装箱运价指数变化率的核密度估计，由于数据范围相对比较大，中间关键部分不够清楚，图 3-8（b）为中间部分，把横坐标限制在 -0.02 到 0.02。我们发现宁波出口集装箱运价指数变化率的核密度估计的中间部分不够光滑，可以加大带宽。

画调整后的宁波出口集装箱运价指数变化率的核密度估计：
> Inddent1=density(Indret,adjust=1.5) # 默认带宽放大 1.5 倍
> Inddent2=density(Indret,adjust=2) # 默认带宽放大 2 倍
> plot(Inddent1,xlim=c(-0.02,0.02)) # 中间部分
> plot(Inddent1,xlim=c(-0.02,0.02)) # 中间部分

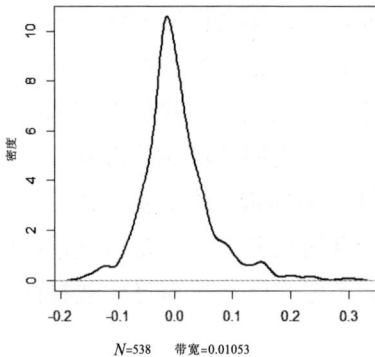

（a）

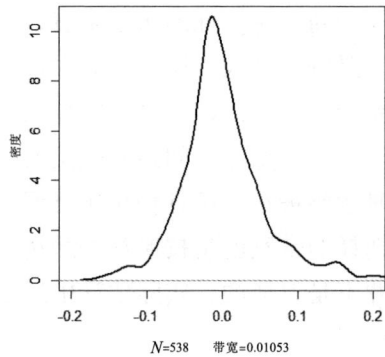

（b）

图 3-8　宁波出口集装箱运价指数变化率的核密度估计，右图为中间部分

从图 3-9 我们发现默认带宽放大 1.5 倍后（见图 3-9（a））核密度估计已经足够光滑，当然默认带宽放大 2 倍后（见图 3-9（b））就更加光滑。总之，从图 3-9 我们发现宁波出口集装箱运价指数变化率的密度函数应该是单峰的，这同用直方图得出的结论是一致的。但是密度函数不是完全对称的，而是右端尾部扁长，因此我们可能要用偏斜分布作为宁波出口集装箱运价指数变化率的分布模型。关于偏斜分布我们在下面会做进一步的介绍。另外不管是核密度估计，还是直方图，左右两端尾部的情况还是不清楚。在金融分析中，左右两端尾部的情况非常重要，因为它们体现的是极端状况的风险。

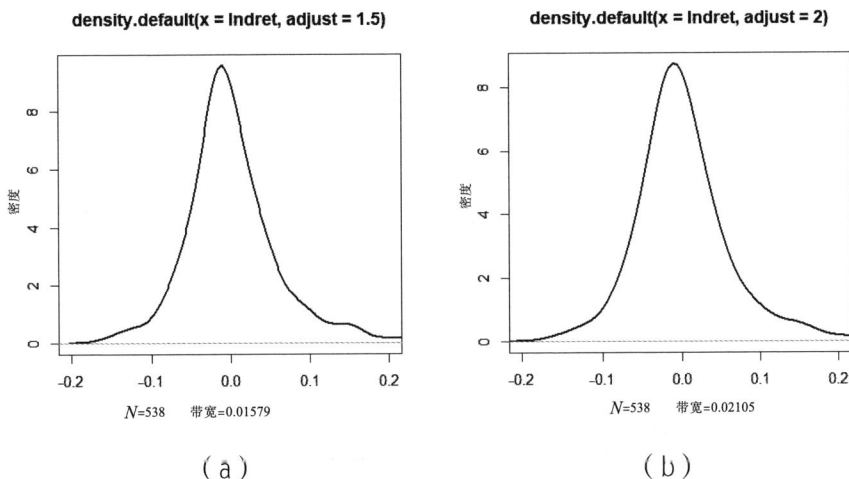

图 3-9　调整后的宁波出口集装箱运价指数变化率的核密度估计

3.4　正态性检验

这一节我们要检验变化率是正态分布的假设是否合理。我们先观察一下变化率的基本统计量。

设 $x_1, \cdots, x_n$ 是一组样本，则样本均 (mean) 值为

$$\bar{x} = \frac{1}{n} \sum_{i=1}^{n} x_i$$

样本方差 (variance) 为

$$s^2 = \frac{1}{n-1} \sum_{i=1}^{n} (x_i - \bar{x})^2$$

而样本标准差 (standard deviation) 是 s，即样本方差的平方根。

```
宁波出口集装箱运价指数变化率的均值和标准差：
> mean(Indret)
[1] 0.002223615 # 计算结果
> sd(Indret)
[1] 0.05747276 # 计算结果
```

偏度 (skewness) 可以衡量密度函数的对称性。随机变量 X 的偏度定义为

$$Sk(X) = E\left(\frac{X - E(X)}{\sigma}\right)^3 = \frac{E(X - E(X))^3}{\sigma^3}$$

这里 σ 是随机变量 X 的标准差。因此偏度是归一化第三阶中心矩。通过计算可以得到正态分布的偏度为 0。事实上,任何关于期望值对称的分布的偏度都为 0。因此,如果偏度大于 0,那么密度函数是右边偏重;如果偏度小于 0,那么密度函数是左边偏重。设 $x_1, \cdots, x_n$ 是一组样本,则样本偏度为

$$\widehat{Sk} = \frac{1}{n-1}\sum_{i=1}^{n}\left(\frac{x_i - \bar{x}}{s}\right)^3$$

其中 $\bar{x}$ 和 s 分别是样本均值和标准差。

宁波出口集装箱运价指数变化率的偏度:
> library("fBasics") # 加载程序包 fBasics
> skewness(Indret) # 计算偏度
[1] 0.9803733 # 计算结果
attr(, "method") # 计算结果的一部分:方法。可以忽略
[1] "moment" # 计算结果的一部分:方法 moment。可以忽略

宁波出口集装箱运价指数变化率的偏度为 0.9803733,由此可知宁波出口集装箱运价指数变化率的偏度明显大于 0,表示密度函数是右边偏重。但是宁波出口集装箱运价指数变化率的直方图与核密度估计都体现了一定的密度函数的对称性,因此偏度明显大于 0 可能是异常值原因,因为异常值对偏度的估计影响很大。例如,删除宁波出口集装箱运价指数变化率中的一个异常值(0.3000956),则它的偏度变成了 0.8083503。

峰度 (kurtosis) 是衡量密度函数均值附近峰部的尖度,峰度越大,则峰部的形状就越尖。在统计中,峰度经常用来衡量密度函数两端尾部的厚度。这里左端尾部一般指小于 $\mu - 2\sigma$ 部分,而右端尾部一般指大于 $\mu + 2\sigma$ 部分。随机变量 X 的峰度定义为

$$Kur(X) = E\left(\frac{X - E(X)}{\sigma}\right)^4 = \frac{E(X - E(X))^4}{\sigma^4}$$

这里 σ 是随机变量 X 的标准差。因此,峰度是归一化第四阶中心矩。从峰度定义可以证明

$$Kur(X) \geqslant 1$$

设 $x_1,\cdots,x_n$ 是一组样本，则样本峰度为

$$\widehat{Kur} = \frac{1}{n-1}\sum_{i=1}^{n}\left(\frac{x_i - \bar{x}}{s}\right)^4$$

其中 $\bar{x}$ 和 s 分别是样本均值和标准差。

由于正态分布的峰度是 3，而在数理统计中正态分布是一个基准分布，因此就经常分析讨论超额峰度 (excess kurtosis)：

$$Kur(X) - 3$$

如果超额峰度大于 0，那么密度函数是厚尾的，也就是说密度函数在尾部的取值要比正态分布在尾部的取值大。对于随机变量 X 的一组样本来说，超额峰度大于 0 就表示这组样本有可能含有异常值。

宁波出口集装箱运价指数变化率的峰度：
> library("fBasics") # 加载程序包 fBasics
> kurtosis(Indret) # 计算峰度
[1] 2.9193 # 计算结果
attr(, "method") # 计算结果的一部分：方法。
[1] "excess" # 计算结果的一部分：结果是超额峰度

经计算得到宁波出口集装箱运价指数变化率的超额峰度为 2.9193，显著大于 0，因此密度函数是厚尾的，直方图与核密度估计不能体现这一点。但是同偏度的估计一样，异常值对峰度的估计影响也很大。所以尽管我们初步推断宁波出口集装箱运价指数变化率不符合正态分布，但我们还需要进一步的检验与分析。

```
一次性计算基本统计量：（要加载程序包 fBasics）
> basicStats(Indret)
Indret
nobs          538.000000   # 样本数量
NAs             0.000000   # 遗失数据数
Minimum        −0.157572   # 最小
Maximum         0.300096   # 最大
1. Quartile    −0.027520   # 下四分位数
3. Quartile     0.027604   # 上四分位数
Mean            0.002224   # 样本均值
Median         −0.005488   # 样本中位数
Sum             1.196305   # 样本总和
SE Mean         0.002478   # 样本均值标准误差
LCL Mean       −0.002644   # 均值 95% 置信区间下界
UCL Mean        0.007091   # 均值 95% 置信区间上界
Variance        0.003303   # 样本方差
Stdev           0.057473   # 样本标准差
Skewness        0.980373   # 样本偏度
Kurtosis        2.919300   # 样本峰度
```

Jarque-Bera 检验统计量是用来检验一组样本的正态性，定义为

$$JB = n\left(\frac{\widehat{Sk}^2}{6} + \frac{(\widehat{Kur-3})^2}{24} \right)$$

它是渐近于 χ_2^2 分布。因此，如果显著水平 α（通常取 0.01 或 0.05 或 0.1），对应的临界值 z_α 是 χ_2^2 分布的第 $100(1-\alpha)$ 百分位，即

$$P\{x_2^2 \leqslant z_\alpha\} = 1 - \alpha$$

那么当 $JB > z_\alpha$ 时，拒绝正态分布的假设。我们也可以计算 Jarque-Bera 统计量的 p 值来决定是否拒绝正态性假设，Jarque-Bera 统计量的 p 值是

$$P\{x_2^2 > JB\} = 1 - P\{x_2^2 \leqslant JB\}$$

因此当 Jarque-Bera 统计量的 p 值小于 α 时，拒绝样本的正态性。

宁波出口集装箱运价指数变化率的 JB 统计量的p值：
> library（"fBasics"）# 加载程序包 fBasics
> normalTest(Indret,method='jb') #JB 检验
Title:
Jarque – Bera Normalality Test
Test Results:
STATISTIC: #JB 统计量
X–squared: 280.6047
P VALUE: #p 值
Asymptotic p Value: < 2.2e–16 # 拒绝正态性

由于宁波出口集装箱运价指数变化率的 JB 统计量的p值小于等于 0.01，我们拒绝宁波出口集装箱运价指数变化率的正态性。尽管异常值对 Jarque-Bera 检验统计量的估计也影响很大，但是去掉宁波出口集装箱运价指数变化率的一个异常值后，它的 JB 统计量的p值也小于等于 0.01。因此宁波出口集装箱运价指数的周变化率不服从正态分布的，关于这一点在下一节中有进一步的体现。

最后我们想说明一下，根据中心极限定理，宁波出口集装箱运价指数的每月（或者每季度）变化率有可能更接近于正态分布。

3.5　QQ 图

QQ 图是 quantiles-quantiles(分位数 – 分位数) 图的简称，是用来检验两组数据是否来自同一族分布。

如果随机变量X的分布函数F是连续的且单调增加，那么这时F的逆函数F^{-1}在区间$[0,1]$上存在，也称其为分位函数。

对于$0 \leqslant p \leqslant 1$，$p$ – 分位数就定义为

$$z_p = F^{-1}(p), \text{即} F(z_p) = P\{X \leqslant z_p\} = p$$

对于一般的分布函数（例如有不连续点），我们也可以定义p – 分位数，但相对比较复杂一些，这里就不作介绍了。设$x_1, \cdots, x_n$是一组样本，按照从小到大将其排序为$x_{(1)}, \cdots, x_{(n)}$，则p – 样本分位数是$x_{(k)}$，这里$0 < p < 1$，其中$k = np$的取整。

QQ 图是一个分布函数或一组样本的 p – 分位数与另一个分布函数或另一组样本的 p – 分位数的散点图。两个分布函数的 QQ 图能够提供关于这两个分布的尾部状况的信息；一个分布函数与一组样本的 QQ 图能够帮助我们判断这组样本是否服从某一族分布函数，也能提供这组样本的尾部状况的信息；而两组样本的 QQ 图能够提供这两组样本是否服从同一族分布以及尾部状况的信息。

设 m 和 $\lambda > 0$ 是常数，

$$Y = \frac{X - m}{\lambda}, \quad 即 X = \lambda Y + m$$

则 Y 是与 X 属于同一族分布，我们可以得到它们的分布函数之间的关系

$$F(z) = P\{X \leqslant z\} = P\left\{Y \leqslant \frac{z - m}{\lambda}\right\} = F_Y\left(\frac{z - m}{\lambda}\right)$$

因此

$$F_Y\left(\frac{z_p - m}{\lambda}\right) = F(z_p) = p$$

所以 Y 的 p – 分位数是

$$z_p^Y = \frac{z_p - m}{\lambda}, \quad 即 z_p = \lambda z_p^Y + m$$

这样 X 与 Y 的分位数呈线性关系。注意到 Y 的分布函数是

$$F_Y(x) = F(\lambda x + m)$$

而 Y 的密度函数为

$$f_Y(x) = \lambda f(\lambda x + m)$$

这里 $f(x)$ 是 X 的密度函数。如果随机变量的分布函数是 $F(\lambda x + m)$ 或者其密度函数是 $\lambda f(\lambda x + m)$，那么我们认为该随机变量与 X 属于同一族分布。从而同一族分布的分位数应该呈线性关系。因此属于同一族的分布函数的 QQ 图是一条直线。如果我们画一组样本与标准正态分布的 QQ 图（也称为正态 QQ 图），那么我们可以通过观察该 QQ 图是否成一条直线来判断该样本是否服从正态分布。

```
> qqnorm(Indret) # 与正态分布比较的 QQ 图
> qqline(Indret)
```

图 3-10 是宁波出口集装箱运价指数变化率的正态 QQ 图，为了能够更好地进行比较，我们在图中加了通过第一与第三四分位的直线。从图 3-10 我们发现：（1）宁波出口集装箱运价指数变化率可能存在异常值：右上角最上面的点；（2）正态 QQ 图明显不成线性关系。因此宁波出口集装箱运价指数变化率不应该是正态分布的，注意到异常值不会影响这个判断。

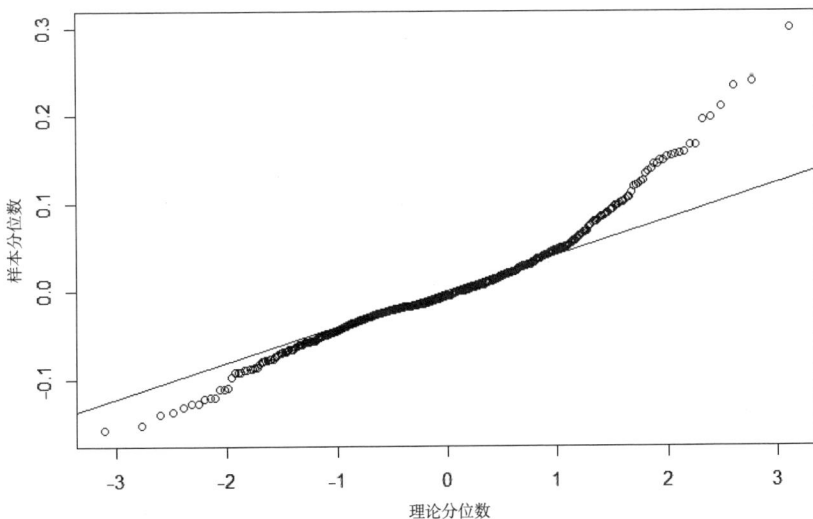

图 3-10　宁波出口集装箱运价指数变化率的正态 QQ 图

从 QQ 图我们也可以得到关于分布的尾部状况的信息：（1）如果 QQ 图的右端向上凸，那么纵坐标对应的密度函数比横坐标对应的密度函数的右端尾部要厚；如果 QQ 图的右端是上凹的，那么横坐标对应的密度函数的右端尾部要厚一些；（2）如果 QQ 图的左端向下凹，那么纵坐标对应的密度函数的左端尾部要厚一些；如果 QQ 图的左端是下凸的，那么横坐标对应的密度函数的左端度尾部要厚一些。

因此，从图 3-10 我们推断宁波出口集装箱运价指数变化率是两端厚尾的，而且右端尾部要厚一些。综合到现在为止的所有分析与判断，我们可以确定宁波出口集装箱运价指数变化率不是正态分布的。

3.6　备选概率分布模型

常用的关于原点对称的单峰分布是正态分布与 t – 分布。t – 分布由英国统计学家 William Sealy Gosset 于 1908 年提出。t – 分布在许多文献中也称为学生 (Student) t – 分布。在金融分析中，t – 分布的重要性体现在其是厚尾的，因此可以作为金融数据的概率分布模型。

自由度为 k 的经典 t – 分布（简称为 t_k – 分布）的密度函数是

$$f_{t,k}(x) = \frac{\Gamma\left(\dfrac{k+1}{2}\right)}{\Gamma\left(\dfrac{k}{2}\right)\sqrt{k\pi}}\left(1+\frac{x^2}{k}\right)^{-\frac{k+1}{2}}, \quad k>0$$

这里 $\Gamma(s)$ 是 Gamma 函数，因此公式中的分数式是一个常数。

我们先介绍一下 t_k – 分布的几何特征：（1）t_k – 分布的几何形状与正态分布相似，都是关于 0 对称的；（2）随着自由度 k 的增加，t_k – 分布两端尾部的厚度减少，但是都比标准正态分布要厚；（3）当自由度 $t \to \infty$，t_k – 分布趋向于标准正态分布 $N(1,0)$。

我们再看一下 t_k – 分布的数值特征：（1）当 $k>1$ 时，期望值为 0，但是当 $0<k\leq1$ 时，则期望值不存在；（2）当 $k>2$ 时，方差为 $\dfrac{k}{k-2}$，但是当 $0<k\leq2$ 时，方差是 ∞；（3）当 $k>3$ 时，偏度为 0，但是当 $0<k\leq3$ 时，偏度不存在；（4）当 $k>4$ 时，超额峰度为 $\dfrac{6}{k-4}$，但是当 $0<k\leq4$ 时，峰度是 ∞；（5）t_k – 分布的中位数为 0。

下面介绍两种偏斜分布：F-S 偏斜分布与 A-C 偏斜分布。设 $f(x)$ 是一个关于原点对称分布的密度函数。

Fernandez 和 Steel[20] 通过引进形状参数 $\xi>0$，使得密度函数偏斜。定义 F-S 偏斜分布的密度函数为

$$f(x \mid \xi) = \begin{cases} cf(x/\xi), & x \geq 0 \\ cf(x\xi), & x < 0 \end{cases}$$

这里 $c = 1/(\xi+\xi^{-1})$。

当 $\xi>1$，偏斜密度函数右端偏长偏厚（见图 3–11（b），实线是标准

正态密度函数，虚线是F-S偏斜正态密度函数）。当$\xi < 1$，偏斜密度函数左端偏长偏厚（见图 3–11（a），实线是标准正态密度函数，虚线是F-S偏斜正态密度函数）。当$\xi = 1$，就是原来的对称密度函数。

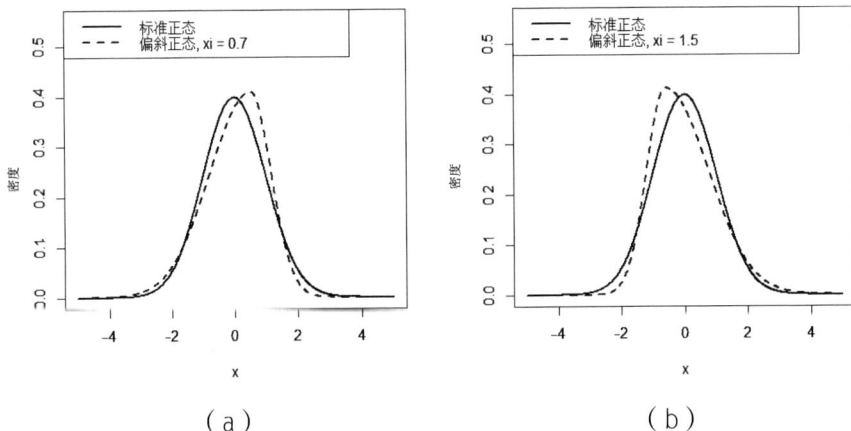

（a）　　　　　　　　　　　（b）

图 3–11　标准正态密度函数与F-S偏斜正态密度函数

Azzalini & Capitanio[21] 通过引进形状参数α，使得密度函数偏斜。定义A-C偏斜分布的密度函数为

$$f(x \mid \alpha) = 2f(x)F(\alpha x)$$

这里$F(x)$是$f(x)$的分布函数。

当$\alpha > 0$时，偏斜密度函数右端偏长偏厚（见图 3–12（b），实线是经典t_4密度函数，虚线是A-C偏斜t_4密度函数）。当$\alpha < 0$时，偏斜密度函数左端偏长偏厚（见图 3–12（a），实线是经典t_4密度函数，虚线是A-C偏斜t_4密度函数）。当$\alpha = 0$时，就是原来的对称密度函数。

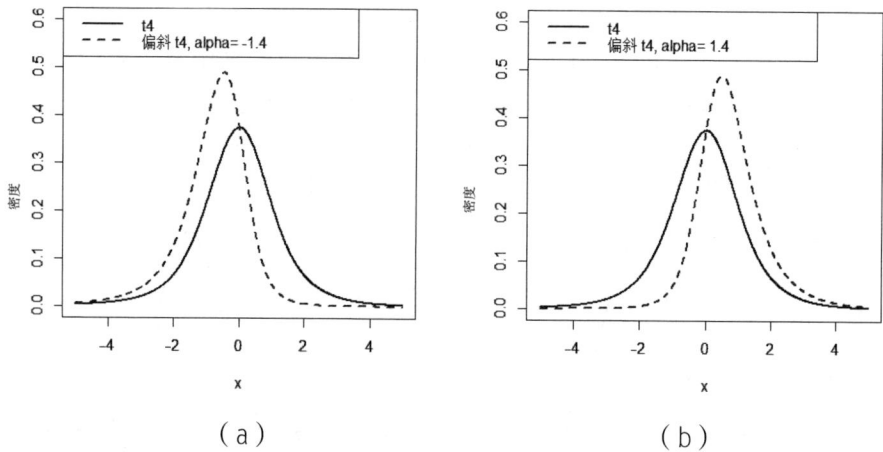

（a）
（b）

图 3-12 经典t_4密度函数与A-C偏斜t_4密度函数

通过引进位置参数（location parameter）μ 和刻度参数（scale parameter）$\sigma > 0$，我们可以定义分布函数族。如果随机变量X的密度函数为$f(x)$，那么随机变量$Y = \mu + \sigma X$的密度函数为

$$\frac{1}{\sigma} f\left(\frac{x-\mu}{\sigma}\right)$$

其是基于$f(x)$的分布函数族。

正态分布族就是一般正态分布，有两个参数μ和σ，而F-S偏斜正态分布族有三个参数μ，σ和ξ，A-C偏斜正态分布族也有三个参数μ，σ和α，通常称ξ和α为形状参数（shape parameter）。

同样t-分布族，记为$t_k(\mu, \sigma^2)$，有三个参数μ，σ和k，其中自由度k也称为形状参数。注意到μ是$t_k(\mu, \sigma^2)$-分布的中位数，也是期望值（如果$k > 1$），但是$t_k(\mu, \sigma^2)$-分布的标准差不是σ而是$\sigma\sqrt{\dfrac{k}{k-2}}$。$F$-$S$偏斜$t_k$分布族有四个参数$\mu$，$\sigma$，$k$和$\xi$，$A$-$C$偏斜$t_k$分布族也有四个参数$\mu$，$\sigma$，$k$和$\alpha$。

我们应该指出t-分布与正态分布尽管密度函数的形状几乎一样，但它们在实际应用中的一个重要区别是：多个服从正态分布的独立随机变量的和还是服从正态分布，但是多个服从t-分布的独立随机变量的和不一定服从t-分布。因此，如果我们假设每天的变化率是服从t-分布的，那么在这个假设下每周的变化率不一定是服从 t – 分布的。

在上节我们已经确定宁波出口集装箱运价指数的周变化率不服从正态分布，因此我们有 5 个分布可以作为宁波出口集装箱运价指数变化率的备选概率分布模型，即 t – 分布，F-S 偏斜正态分布，A-C 偏斜正态分布，F-S 偏斜 t – 分布，和 A-C 偏斜 t – 分布。

我们先对比一下宁波出口集装箱运价指数变化率与 t – 分布的 QQ 图。

```
宁波出口集装箱运价指数变化率与 t – 分布的 QQ 图：
> grid=(1:n)/(n+1) # 对应的网格点
> qqplot(qt(grid,df=2),Indret,ylab='Index Return')
> lmfit=lm(quantile(Indret,grid,type=1) ~ qt(grid,df=2))
> abline(lmfit,col=2,lwd=2)
```

图 3–13 是宁波出口集装箱运价指数变化率与 3 个 t – 分布（t_2，t_3，t_4）的 QQ 图，我们观察到宁波出口集装箱运价指数变化率与 t_3 – 分布比较接近，但左端尾部要薄。因此宁波出口集装箱运价指数变化率可以用 t – 分布模型，自由度可能在 3 附近。但偏斜 t – 分布模型可能更接近些。

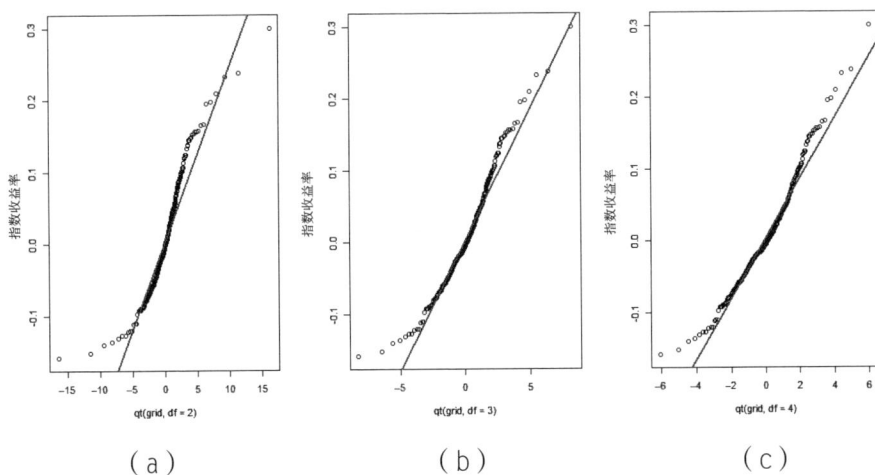

（a） （b） （c）

图 3–13 宁波出口集装箱运价指数变化率与 t – 分布的 QQ 图

再对比一下宁波出口集装箱运价指数变化率与 F-S 偏斜正态分布的 QQ 图。需要加载程序包 fGarch。

宁波出口集装箱运价指数变化率与 *F-S* 偏斜正态分布的 QQ 图：

```
> grid=(1:n)/(n+1)
> qqplot(qsnorm(grid,xi=1.2),Indret,ylab='Index Return')
> lmfit=lm(quantile(Indret,grid,type=1) ~ qsnorm(grid,xi=1.2))
> abline(lmfit,col=2,lwd=2)
```

图 3-14 是宁波出口集装箱运价指数变化率与 3 个 *F-S* 偏斜正态分布（$\xi=1.2$，$\xi=1.3$，$\xi=1.4$）的 QQ 图。我们观察到宁波出口集装箱运价指数变化率与 $\xi=1.3$ 的 *F-S* 偏斜正态分布比较接近（比 $\xi=1.2$ 时右端更接近），右端尾部要厚。因此宁波出口集装箱运价指数变化率可以用 *F-S* 偏斜正态分布模型，形状参数可能在 1.3 附近。但其他分布模型也可能会更接近些。

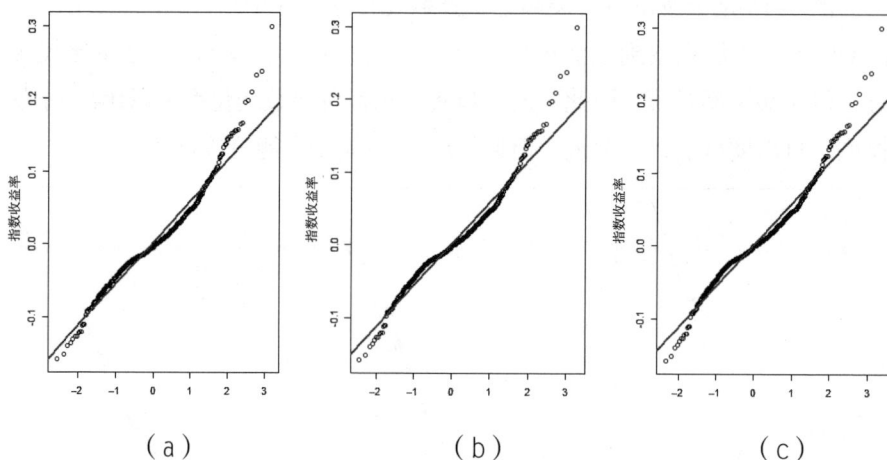

（a）　　　　　　　　　（b）　　　　　　　　　（c）

图 3-14　宁波出口集装箱运价指数变化率与 *F-S* 偏斜正态分布的 QQ 图

再对比宁波出口集装箱运价指数变化率与 *A-C* 偏斜正态分布的 QQ 图。需要加载程序包 sn。

宁波出口集装箱运价指数变化率与 *A-C* 偏斜正态分布的 QQ 图：

```
> grid=(1:n)/(n+1)
> qqplot(qsn(grid,alpha=1.5),Indret,ylab='Index Return')
> lmfit=lm(quantile(Indret,grid,type=1)  qsn(grid,alpha=1.5))
> abline(lmfit,col=2,lwd=2)
```

图 3-15 是宁波出口集装箱运价指数变化率与 3 个 *A-C* 偏斜正态分布

（ $\alpha=1.5$ ， $\alpha=2$ ， $\alpha=2.5$ ）的 QQ 图。我们观察到宁波出口集装箱运价指数变化率与 $\alpha=2$ 的 *A-C* 偏斜正态分布比较接近（比 $\alpha=1.5$ 时右端更接近），右端尾部要厚。因此宁波出口集装箱运价指数变化率可以用 *A-C* 偏斜正态分布模型，形状参数可能在 2 附近。但其他分布模型也可能会更接近些。

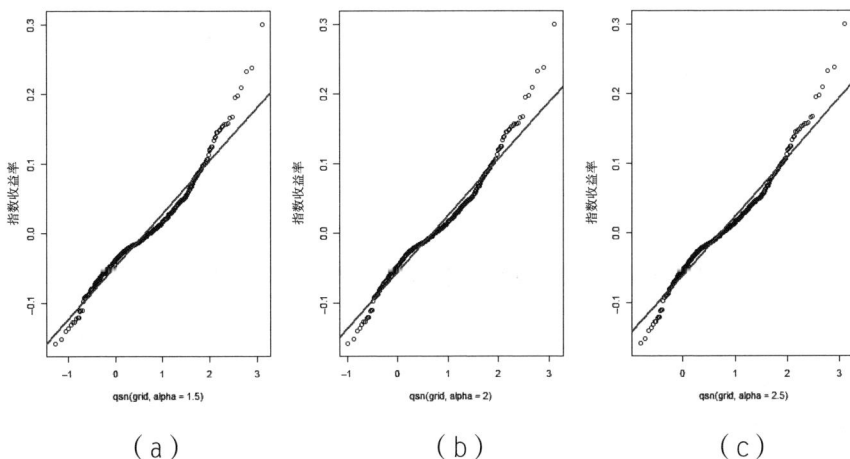

| （a） | （b） | （c） |

图 3-15　宁波出口集装箱运价指数变化率与 *A-C* 偏斜正态分布的 QQ 图

接下来对比宁波出口集装箱运价指数变化率与 *F-S* 偏斜 $t-$ 分布的 QQ 图。需要加载程序包 fGarch。

```
宁波出口集装箱运价指数变化率与 F-S 偏斜 t - 分布的 QQ 图：
> grid=(1:n)/(n+1)
> qqplot(qsstd(grid,nu=3,xi=1.2),Indret,ylab='Index Return')
> lmfit=lm(quantile(Indret,grid,type=1)~ qsstd(grid,nu=3,xi=1.2))
> abline(lmfit,col=2,lwd=2)
```

图 3-16 是宁波出口集装箱运价指数变化率与 3 个 *F-S* 偏斜 t_3- 分布（ $\xi=1.2$ ， $\xi=1.3$ ， $\xi=1.4$ ）的 QQ 图。我们观察到宁波出口集装箱运价指数变化率与 $\xi=1.3$ 和 $\xi=1.4$ 的 *F-S* 偏斜 $t-$ 分布都比较接近，右端尾部偏薄。因此宁波出口集装箱运价指数变化率可以用 *F-S* 偏斜 $t-$ 分布模型，形状参数可能在 1.3 附近。

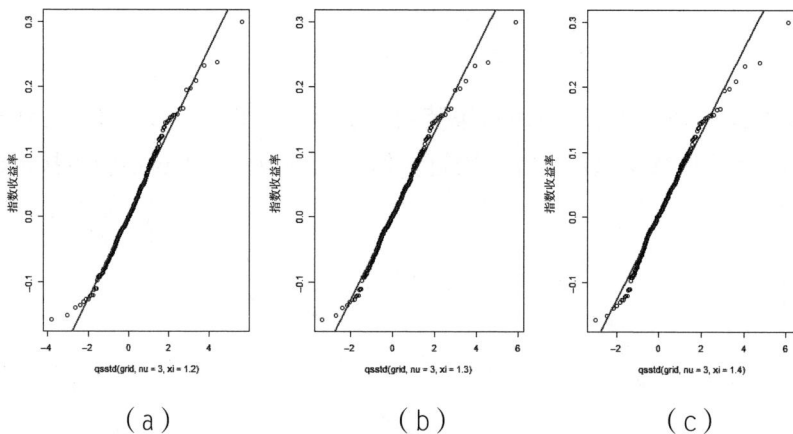

（a） （b） （c）

图 3-16 宁波出口集装箱运价指数变化率与 *F-S* 偏斜 *t* – 分布的 QQ 图

最后对比宁波出口集装箱运价指数变化率与 *A-C* 偏斜 *t* – 分布的 QQ 图。需要加载程序包 sn。

```
宁波出口集装箱运价指数变化率与 A-C 偏斜 t – 分布的 QQ 图：
> grid=(1:n)/(n+1)
> qqplot(qst(grid,nu=3,alpha=0.5),Indret,ylab='Index Return')
> lmfit=lm(quantile(Indret,grid,type=1)~qst(grid,nu=3,alpha=0.5))
> abline(lmfit,col=2,lwd=2)
```

图 3–17 是宁波出口集装箱运价指数变化率与 3 个 *A-C* 偏斜 t_3 – 分布（ $\alpha = 0.5$ ， $\alpha = 1$ ， $\alpha = 1.5$ ）的 QQ 图。我们观察到宁波出口集装箱运价指数变化率与 $\alpha = 1$ 的 *A-C* 偏斜 *t* – 分布比较接近，右端尾部有些偏薄。因此，宁波出口集装箱运价指数变化率可以用 *A-C* 偏斜 *t* – 分布模型，形状参数可能在 1 附近。

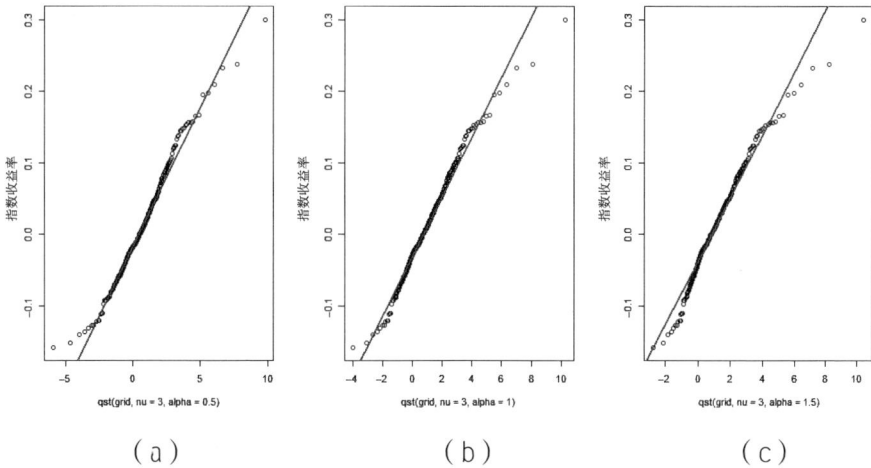

|（a）|（b）|（c）|

图 3-17　宁波出口集装箱运价指数变化率与*A-C*偏斜*t* – 分布的 QQ 图

我们在下一节中将估计宁波出口集装箱运价指数变化率的位置参数 μ，刻度参数 σ，以及形状参数自由度 k, ξ 或 α。

3.7　参数估计

最大似然估计是最重要和最广泛使用的一种估计方法。对于 t – 分布参数的估计，最大似然估计比其他估计方法更有效些。

设 $X_1, X_2, \cdots, X_n$ 是一组独立同分布的随机变量，其分布的密度函数为 $f_\theta(x)$，其中 θ 是待定的参数组，则 $X_1, X_2, \cdots, X_n$ 的联合密度函数为

$$f_\theta(x_1) f_\theta(x_2) \cdots f_\theta(x_n)$$

如果 $x_1, x_2, \cdots, x_n$ 是一组从 $X_1, X_2, \cdots, X_n$ 中观察到的样本，则这组样本 $x_1, x_2, \cdots, x_n$ 的似然函数 (likelihood function) 为

$$L(\theta) = f_\theta(x_1) f_\theta(x_2) \cdots f_\theta(x_n)$$

这里 $x_1, x_2, \cdots, x_n$ 是已知的数据，因此似然函数是关于 θ 的函数，即 θ 是函数的变量。

似然函数 $L(\theta)$ 能够衡量这组样本 $x_1, x_2, \cdots, x_n$ 确实是从 $X_1, X_2, \cdots, X_n$ 中观察到的可能性，参数组 θ 的最大似然估计 (MLE)，记为 $\hat{\theta}_{ML}$，是使得似然函

数达到最大的 θ 值，即

$$L(\hat{\theta}_{ML}) = \max_{\theta} L(\theta)$$

也就是说，最大似然估计 $\hat{\theta}_{ML}$ 是 θ 的取值，使得观察到的样本确实来自 $X_1, X_2, \cdots, X_n$ 的可能性达到最大。为方便计算，通常考虑对数似然函数

$$\log L(\theta) = \log f_{\theta}(x_1) + \log f_{\theta}(x_2) + \cdots + \log f_{\theta}(x_n)$$

最大似然估计 $\hat{\theta}_{ML}$ 就使得

$$\log L(\hat{\theta}_{ML}) = \max_{\theta} \log L(\theta)$$

由于最大似然估计的计算比较复杂，一般都通过软件来计算。

为了从多个统计模型中选择一个更适合数据的模型，可以用最大对数似然函数值 $\log L(\hat{\theta}_{ML})$ 衡量拟合数据的优良性。但是模型参数的个数越多，拟合的优良性一般就越好，但有可能造成过度拟合。为了平衡拟合与参数个数，常用的衡量模型拟合数据的优良性的度量是 AIC (Akaike's information criterion) 和 BIC (Bayesian information criterion)，定义为

$$AIC = -2\log L(\hat{\theta}_{ML}) + 2p$$

$$BIC = -2\log L(\hat{\theta}_{ML}) + \log(n)p$$

在实际使用中，一般同时考虑 AIC 和 BIC，它们越小就表示拟合度越高。

我们先用 t – 分布拟合宁波出口集装箱运价指数变化率，t – 分布函数族有三个参数 $\theta = (\mu, \sigma, k)$。我们通过下面的 R 脚本 (R Script) 对宁波出口集装箱运价指数变化率 t – 分布参数进行似然估计：需要加载程序包 fGarch。

```
宁波出口集装箱运价指数变化率t – 分布参数的似然估计：
x=Indret
start=c(mean(x), sd(x), 3)
loglik_t=function(beta){sum(-dt((x-beta[1])/beta[2], beta[3], log=TRUE)+log(beta[2]))}
fit_t=optim(start, loglik_t, hessian=T, method='L–BFGS–B', lower=c(-1, 0.01, 1))
AIC_t=2*fit_t$value + 2*3
BIC_t=2*fit_t$value + log(length(x))*3
sd_t=sqrt(diag(solve(fit_t$hessian)))
fit_t$par
sd_t
AIC_t
BIC_t
```

在第 2 行 start 是 3 个参数的一组猜测，我们用样本均值作为位置参数的猜测、样本标准差作为刻度参数的猜测、自由度的猜测为 3 是从上节的分析得到。第 3 行和第 4 行定义对数似然函数，因为第 4 行中 optim 是求最小，实际上定义的是负的对数似然函数结果命名为 fit_t，其中 lower 是 3 个参数的下界。第 5 行和第 6 行计算 AIC 和 BIC。第 7 行计算三个参数的标准误差。第 8 行到第 11 行分别输出三个参数的似然估计值、标准误差、AIC、BIC。运算结果如下。

```
> fit_t$par
[1] -0.004063787  0.037063195  2.926161977
> sd_t
[1] 0.001992982 0.002329894 0.466597764
> AIC_t
[1] -1621.546
> BIC_t
[1] -1608.682
```

计算得到宁波出口集装箱运价指数变化率t – 分布参数为

$$\mu = -0.004063787，\sigma = 0.037063195，k = 2.926161977$$

对应的标准误差分别是 0.001992982、0.002329894、0.466597764，AIC 和 BIC 值分别为 -1621.546 和 -1608.682。

注意到自由度与上节中分析结果一致，在 3 附近，因此期望值与方差都存在，而峰度是无穷。但位置参数（也就是均值）与样本均值

0.002223615 相差有些大，不在位置参数的标准误差内。另外标准差（$\sigma\sqrt{k/(k-2)}$）为 0.06587924，与样本标准差 0.05747276 有些接近，但也不在标准误差内。

我们把用 MLE 估计的宁波出口集装箱运价指数变化率 t – 分布与核密度函数比较一下，如图 3–18 所示。

```
> Inddent=density(Indret,adjust=1.3)
> plot(Inddent,xlim=c(-0.2,0.2),lwd=2)
> xx=seq(-0.2,0.2,by=0.001)
> beta=fit_t$par
> Index_dt=dt((xx-beta[1])/beta[2],df=beta[3])/beta[2]
> lines(xx,Index_dt,lty=2,lwd=2,col='red')
> grid= (1:n)/(n+1)
> qqplot(qt(grid,df=beta[3]),Indret,ylab='Index Return')
> lmfit=lm(quantile(Indret,grid,type=1) qt(grid,df=beta[3]))
> abline(lmfit,col=2,lwd=2)
```

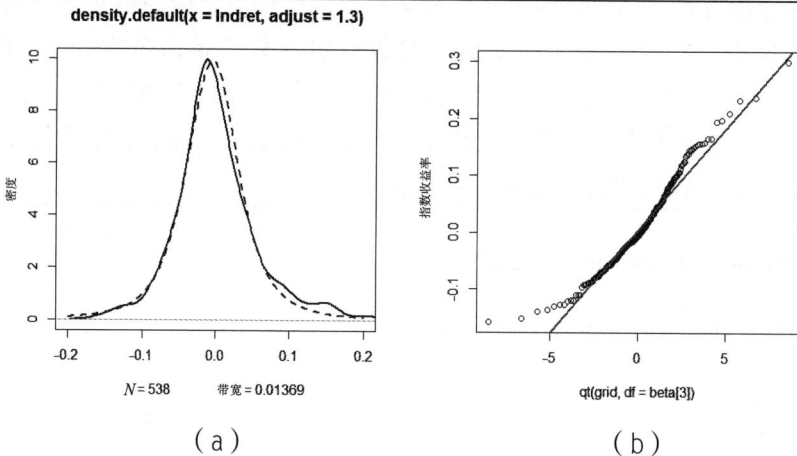

（a）　　　　　　　　　　（b）

图 3–18　宁波出口集装箱运价指数变化率 t – 分布与核密度以及 QQ 图

接下来用 F-S 偏斜正态分布拟合宁波出口集装箱运价指数变化率，有三个参数 $\theta=(\mu,\sigma,\xi)$。把上面似然估计的 R 脚本中的似然函数修改成如下形式。

```
loglik_snorm=function(beta) {sum(-dsnorm((x-beta[1])/beta[2],
xi=beta[3], log=TRUE)+log(beta[2]))}
```

三个参数的一组猜测 start=c(mean(x),sd(x),1.3)，形状参数 ξ 的猜测为 1.3 是从上节的分析得到。结果命名为 fit_snorm，在 optim 中 3 个参数的下界是 lower=c(–0.1,0.01, 0.1)。运算结果如下。

```
> fit_snorm$par
[1] 0.004726741 0.056515002 1.287110076
> sd_snorm
[1] 0.002470255 0.001740730 0.058321579
> AIC_snorm
[1] –1573.713
> BIC_snorm
[1] –1560.85
```

因此，对于宁波出口集装箱运价指数变化率，t – 分布模型比 F-S 偏斜正态分布模型拟合得更好，我们放弃 F-S 偏斜正态分布模型。

下面用 A-C 偏斜正态分布拟合宁波出口集装箱运价指数变化率，有三个参数 $\theta = (\mu, \sigma, \alpha)$。把上面似然估计的 R 脚本中的似然函数修改成如下形式。

```
loglik_sn=function(beta) {sum(–dsn((x–beta[1])/beta[2],
alpha=beta[3],log=TRUE)+log(beta[2]))}
```

三个参数的一组猜测 start=c(mean(x),sd(x),2)，形状参数 α 的猜测为 2 是从上节的分析得到的。结果命名为 fit_sn，在 optim 中 3 个参数的下界是 lower=c（–0.1，0.01，–0.5）。运算结果如下。

```
> fit_sn$par
[1] –0.05417867 0.08049927 2.01990695
> sd_sn
[1] 0.003754638 0.003595278 0.233077612
> AIC_sn
[1] –1585.417
> BIC_sn
[1] –1572.553
```

因此，对于宁波出口集装箱运价指数变化率，t – 分布模型比 A-C 偏斜正态分布模型拟合得更好，我们放弃 A-C 偏斜正态分布模型。

接下来用 F-S 偏斜 t – 分布拟合宁波出口集装箱运价指数变化率，有四个参数 $\theta = (\mu, \sigma, k, \xi)$。把上面似然估计的 R 脚本中的似然函数修改如下形式。

```
loglik_sstd=function(beta) {sum(-dsstd((x-beta[1])/beta[2],
nu=beta[3], xi=beta[4], log=TRUE)+log(beta[2]))}
```

四个参数的一组猜测 start=c(mean(x),sd(x),3,1.4)，形状参数 ξ 的猜测为 1.4 是从上节的分析得到的。结果命名为 fit_sstd，在 optim 中 4 个参数的下界是 lower=c(-0.1,0.01, 1, 0.1)。运算结果如下。

```
> fit_sstd$par
[1] 0.002176985 0.064529395 3.084039325 1.228709369
> sd_sstd
[1] 0.002561319 0.008015152 0.525727784 0.062841779
> AIC_sstd
[1] -1635.011
> BIC_sstd
[1] -1617.86
```

因此，宁波出口集装箱运价指数变化率的 F-S 偏斜 t – 分布参数为

$$\mu = 0.002176985,\quad \sigma = 0.064529395,\quad k = 3.084039325,\quad \xi = 1.228709369$$

AIC 和 BIC 值分别为 -1635.011 和 -1617.86。因此，对于宁波出口集装箱运价指数变化率，F-S 偏斜 t – 分布模型比 t – 分布模型拟合得更好，见图 3-19。

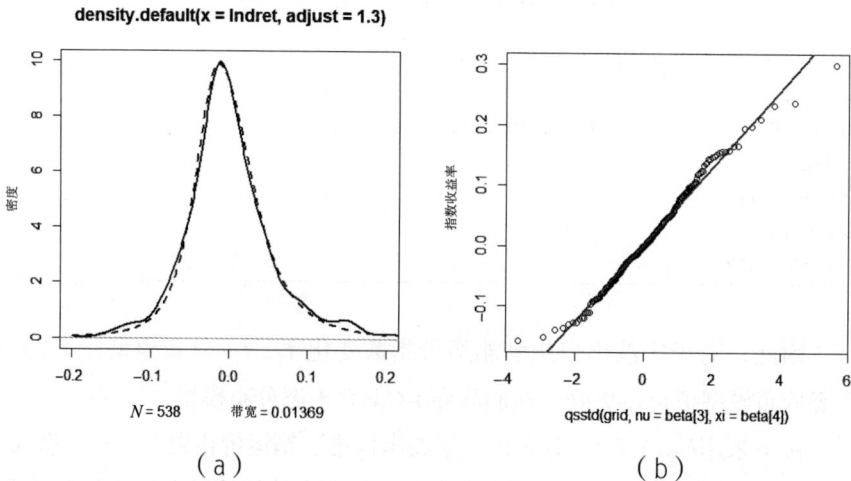

（a）　　　　　　　　　　　（b）

图 3-19　宁波集装箱云集运价指数变化率 F-S 偏斜 t – 分布与核密度以及 QQ 图

最后用 *A-C* 偏斜 *t* – 分布拟合宁波集装箱云集运价指数变化率，有四个参数 $\theta = (\mu, \sigma, k, \alpha)$。把上面似然估计的 R 脚本中的似然函数修改如下形式。

```
loglik_st=function(beta) {sum(−dst((x−beta[1])/beta[2], nu=beta[3],
alpha=beta[4], log=TRUE)+log(beta[2]))}
```

四个参数的一组猜测 start=c(mean(x),sd(x),3,1)，形状参数 α 的猜测为 1 是从上节的分析得到的。结果命名为 fit_st，在 optim 中 4 个参数的下界是 lower=c(−0.1, 0.0（1,1），−1)。运算结果如下。

```
> fit_st$par
[1] −0.02718901  0.04297609  3.14886199  0.82785538
> sd_st
[1] 0.005572183 0.004198336 0.548107011 0.232085192
> AIC_st
[1] −1635.456
> BIC_st
[1] −1618.304
```

因此，宁波出口集装箱运价指数变化率的 *A-C* 偏斜 *t* – 分布参数为

$$\mu = -0.02718901,\ \sigma = 0.04297609,\ k = 3.14886199,\ \alpha = 0.82785538$$

AIC 和 BIC 值分别为 −1635.456 和 −1618.304。因此，对于宁波出口集装箱运价指数变化率，*A-C* 偏斜 *t* – 分布模型与 *F-S* 偏斜 *t* – 分布模型的拟合优良性几乎一样，见图 3-20。

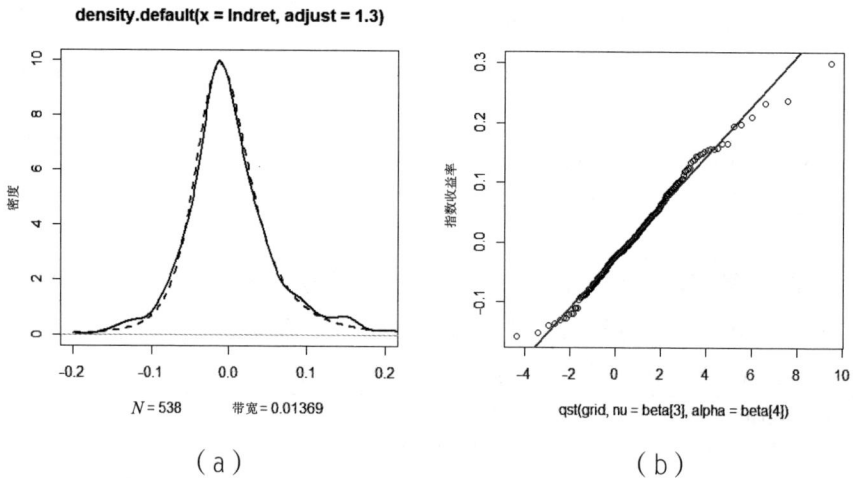

density.default(x = lndret, adjust = 1.3)

（a）　　　　　　　　　　（b）

图 3-20　宁波出口集装箱运价指数变化率 A-C 偏斜 t - 分布与核密度以及 QQ 图

从图 3-19 和图 3-20 的 QQ 图我们发现 F-S 偏斜 t - 分布对右端尾部拟合得要更好一些，而 A-C 偏斜 t - 分布对左端尾部拟合得更好一些。

3.8　概率分布模型的应用

应用宁波出口集装箱运价指数变化率的偏斜 t - 分布模型，我们可以计算下周宁波出口集装箱运价指数上升与下跌的概率，结果如表 3-1 所示。

```
> be=fit_sstd$par # 上节 F-S 结果
> beta=fit_st$par # 上节 A-C 结果
> y=log(1+c(-0.1,-0.05)) # 下跌幅度
> yy=log(1+c(0.05,0.1)) # 上升幅度
> psstd((y-be[1])/be[2],nu=be[3],xi=be[4]) #F-S 下跌
> pst((y-beta[1])/beta[2], nu=beta[3], alpha=beta[4]) #A-C 下跌
> 1-psstd((yy-be[1])/be[2],nu=be[3],xi=be[4]) #F-S 上升
> 1-pst((yy-beta[1])/beta[2], nu=beta[3], alpha=beta[4]) #A-C 上升
```

表 3-1　宁波出口集装箱运价指数上升与下跌的概率

超过	F-S	A-C	低于	F-S	A-C
5%	0.1513	0.1505	−5%	0.1192	0.1218
10%	0.0539	0.0554	−10%	0.0210	0.0191

我们通过模拟计算 4 周后宁波出口集装箱运价指数上升 10% 与下跌 10% 的概率。

```
F–S 偏斜 t– 分布，编写 R 脚本（R script）：
nn=1000000
above=rep(0,nn);below=rep(0,nn)
ra=0.1;rb= –0.1
nw=4
for (i in 1:nn)
{
xx=be[1]+be[2]*rsstd(nw,nu=be[3],xi=be[4])
above[i]=as.numeric(sum(xx)>log(1+ra))
below[i]=as.numeric(sum(xx)<log(1+rb))
}
probU=mean(above)
probD=mean(below)
probU
probD
```

第 1 行是给定模拟次数（记为 nn），这里我们模拟一百万次指数走势。第 2 行分别是 4 周后是否超过 10%（记为 above）和是否跌破 10%（记为 below）的初始化，初始值都为 0，如果超过（或跌破）就改为 1，rep 是生成一组数据，每个数据都相同（这里为 0），数据个数为 nn（模拟次数）。第 3 行分别是超过的目标（0.1）和跌破的目标（–0.1），分别记为 ra 和 rb，如果要计算其他目标的概率，例如超过 30% 与跌破 20%，只要把 0.1 和 –0.1 分别改为 0.3 和 –0.2。第 4 行是指数的周数，记为 nw，如果要计算 6 周对应的概率，只要把 4 改为 6。第 5 行是 for 循环，注意这个语句的格式以及下面两个花括号。第 7 行是生成一组服从偏斜 t – 分布的随机数 xx，这里生成 nw = 4 个随机数，分别代表指数 4 周的变化率，注意 rsstd 是生成偏斜 t – 分布的随机数（自由度由 be[3] 给定，ξ 为 be[4]），我们按照位置参数 be[1] 和刻度参数 be[2] 做调整。第 8 行和第 9 行是判断这条股票走势是否超过目标和跌破目标，并以此更改 above[i] 和 below[i]，这里 as.numeric 是把逻辑判断结果以数值 0 和 1 表示。第 11 行和第 12 行是计算 nn 条模拟的指数走势中超过目标和跌破目标的概率。

我们计算宁波出口集装箱运价指数在 4 周后与 4 周后上升 10% 和 20% 以及下跌 10% 和 20% 的概率，结果如表 3–2 所示。

表 3-2　宁波出口集装箱运价指数 4 周上升（下降）10% 和 20% 的概率

	4 周F-S	4 周A-C		6 周F-S	6 周A-C
+10%	0.197	0.198	+10%	0.251	0.252
−10%	0.144	0.144	−10%	0.196	0.195
+20%	0.073	0.075	+20%	0.114	0.117
−20%	0.019	0.017	−20%	0.041	0.038

风险价值（value at risk，VaR），是风险管理中的一个重要的以及广泛使用的统计量。计算一个时间段内的 VaR 需要先选择置信水平 $1-\alpha$，这里 α 是一个很小的正数，例如 $\alpha=0.01$，这时置信水平是 99%。我们可以认为小概率事件不会发生，具体地说我们可以假设概率小于 α 的事件不会发生。

对于变化率的下跌风险，VaR 是最大的负简单变化率使得

$$P\{变化率 < \text{VaR}\} \leqslant \alpha$$

也就是在置信水平为 $1-\alpha$，最大的下跌幅度是 VaR。

对于变化率的上升风险，VaR 是最小的简单变化率使得

$$P\{变化率 > \text{VaR}\} \leqslant \alpha$$

也就是在置信水平为 $1-\alpha$，最大的上涨幅度是 VaR。

利用每周宁波出口集装箱运价指数变化率的偏斜 t – 分布模型，我们先计算下周变化率的 VaR。由于偏斜 t – 分布是连续型分布，考虑到 VaR 是简单收益率，对于变化率的下跌风险，我们有

$$P\{每周对数变化率 < \ln(\text{VaR}+1)\} = \alpha$$

对于变化率的上升风险，我们有

$$P\{每周对数变化率 < \ln(\text{VaR}+1)\} = 1-\alpha$$

计算结果如表 3-3 所示。

```
计算一周变化率置信水平为 99% 的 VaR：
> exp(be[1]+be[2]*qsstd(0.01,nu=be[3],xi=be[4]))−1
> exp(be[1]+be[2]*qsstd(0.99,nu=be[3],xi=be[4]))−1
```

表 3-3　下周变化率的 VaR

	下跌*F-S*	下跌*A-C*	上升*F-S*	上升*A-C*
VaR	−12.69%	−9.69%	21.97%	23.87%

　　由于*F-S*偏斜*t*－分布模型在右端更接近实际数据，而*A-C*偏斜*t*－分布模型在左端更接近实际数据，对于下跌风险置信水平为 99% 的 VaR，可以选择为 −9.69%，而对于上升风险置信水平为 99% 的 VaR，可以选择为 21.97%。

　　计算 4 周的变化率 VaR 相对比较复杂，这里我们通过模拟计算 4 周变化率的分布函数，从而计算出 VaR。

```
计算收益率 VaR 的 R 脚木：
nn=100000
a=-0.3; b=-0.1 #VaR 的下界和上界
rr=seq(a,b,by=0.001) # 一组间隔 0.001 的变化率
rn=length(rr) # 变化率的个数
below=rep(0,nn*rn) # 数据初始化
dim(below)=c(rn,nn) # 记为 rn 乘 nn 的矩阵
pdown=rep(0,rn) # 概率数据初始化
nw=4 # 周数
for (i in 1:nn)
{
xx=be[1]+be[2]*rsstd(nw,nu=be[3],xi=be[4]) # 生成 t 分布随机数
ret=cumsum(xx) # 累计收益率
for (j in 1:rn)
{
below[j,i]=as.numeric(min(ret)<log(1+rr[j])) # 是否跌破目标
}
}
for (j in 1:rn)
{
pdown[j]=mean(below[j,]) # 计算概率
}
vatr=max(rr[pdown<0.01]) # VaR
vatr
```

　　这里我们需要先大概估计一下变化率 VaR 的一个下界（第 2 行中的 a）和一个上界（第 2 行中的 b），模拟次数只有 10 万次，这是因为，如果

模拟次数为 100 万次，计算时间有点长。在实际操作中，可以先把下界定得小一些（例如 –0.5），上界大一些（例如 –0.01），模拟次数少一些（例如 1 万次），这样计算出的 VaR 可以用来调整下界和上界，然后把模拟次数加大，结果如表 3–4 所示。

表 3–4　4 周变化率的 VaR

	4 周下跌 $F\text{-}S$	4 周下跌 $A\text{-}C$	4 周上升 $F\text{-}S$	4 周上升 $A\text{-}C$
VaR	–23.5%	–22.6%	46.8%	47.1%

由于 $F\text{-}S$ 偏斜 t – 分布模型在右端更接近实际数据，而 $A\text{-}C$ 偏斜 t – 分布模型在左端更接近实际数据，对于下跌风险置信水平为 99% 的 VaR，可以选择为 –22.6%，而对于上升风险置信水平为 99% 的 VaR，可以选择为 46.8%。

3.9　本章小结

本章从原始的宁波出口集装箱运价指数数据开始，构建宁波出口集装箱运价指数的概率分布模型。在模型构建过程中，讨论了直方图、核密度估计、QQ 图等探索型统计方法，偏度与峰度、正态性检验、t– 分布等统计概念，以及最大似然估计。首先说明了为什么要通过对数变化率来建立概率分布模型，接着使用直方图对变化率数据进行分析，解释了为什么可以假设变化率是独立同分布的。然后使用核密度估计进行进一步分析，得出可以假设变化率的分布是对称的，再通过计算同概率分布的对称性和尾部特征有关的偏度和峰度，以及正态性检验，初步拒绝了变化率是正态分布的假设。接着通过 QQ 图分析比较，发现变化率的分布是厚尾的，进一步拒绝了变化率分布的正态性，同时发现变化率分布与 t– 分布相符合，从而得出 t– 分布是合理的概率分布模型，并运用最大似然估计对概率分布模型进行参数估计。最后作为所建立模型的应用，通过模拟计算宁波出口集装箱运价指数上升与下跌的概率和风险价值 VaR。

第 4 章 宁波出口集装箱运价指数的波动性分析

本章运用时间序列分析方法分析宁波出口集装箱运价指数的波动特征和波动规律，构建宁波出口集装箱运价指数收益率序列所满足的随机模型，从而能够更好地把握宁波出口集装箱运价指数的变化趋势。

4.1 波动性分析研究综述

航运市场是最早应用计量经济模型进行研究的领域之一，时间序列计量经济模型是最主要的研究方法。Cullinance[22] 利用时间序列分析方法对 BFI（波罗的海干散货指数 BDI 的前身）指数进行预测，得到了 ARIMA 预测模型。Veenstra 和 Franses[23] 针对不同船型和不同航线的干散货运价指数建立了 VAR(1) 预测模型。Kavussanos 等人 [24] 运用单位根检验和季节虚拟变量研究干散货航运价格的季节波动性。杜昭玺等人 [25] 研究发现可用 ARMA 模型对 BDI 进行短期预测，可用生长曲线模型描述 BDI 的长期波动。李耀鼎和宗蓓华 [26]、杨华龙等人 [27] 对 BDI 的对数序列进行 ADF 检验和 LM 检验，结果表明 BDI 对数序列是一阶单整和具有 ARCH 效应的，并证得 GARCH（1,1）模型能够较好地拟合 BDI 对数序列。王铖等人 [28] 研究 BDI 中的超灵便型船运价指数，提出 GARCH(2,1) 模型能够较好地描述超灵便型船运价指数日收益率序列的波动聚集效应。范永辉等人 [29]、沙蔚婷[30]等也验证了 BDI 日收益率序列的"尖峰厚尾"及波动的集聚性等特征，构造了基于 GARCH 模型的预测模型。李晶和王婷婷[31]通过建立 ARMA-GARCH 模型来研究 BDI 指数的波动性，结果表明该模型能很好地反映干散货运价指数波动规律及敏感性。单福生[32]对经小波分析和去噪处理的中国出口集装箱运价指数（CCFI）序列样本建立 ARIMA 模型，大大增强了模型的拟合度以及预测效果。李宗龙和谷佳音[33]基于五类随机波动模型分析 CCFI 的波动性。朱玉华和赵刚[34]选取上海航运交易所发布的样本区间为 2000 年 1 月 7 日至 2012 年 8 月 31 日 CCFI 指数的周数据，分析和检验 CCFI 收益率序列的平稳性、异方差性，利用 GARCH 模型描述 CCFI 波动的集聚性、敏感性和非对称性。王思远[35]建立基于 Griddy-Gibbs 抽样的 MCMC 算法的贝叶斯 AR-GARCH 模型分析了 CCFI 的波动性。

综上所述，研究航运指数波动性的主流方法是时间序列计量经济模型，许多研究表明航运指数的日收益率序列常常具有聚集性、非对称性、长记忆性等特性。这些都可为研究宁波出口集装箱运价指数的波动性规律提供有益的借鉴。本章在海上丝路指数相关研究[36,37]的基础上，进一步深入研究宁波出口集装箱运价指数的波动性规律。

4.2 运价指数的描述性统计分析

选取 2012 年 3 月 7 日至 2022 年 6 月 24 日的宁波出口集装箱运价指数（NCFI）周数据，样本总量为 539 期。该数据的概率分布特征已在第三章进行了详细分析。本章将运用时间序列分析法对 NCFI 序列进行波动性分析及短期预测。为了更好地检验预测效果，本章将数据分成两个部分，前 534 期数据作为训练数据，后 5 期数据作为模型预测检验数据。

图 4-1 为 NCFI 走势图。从图中可以看出，NCFI 的波动较大，短期存在骤升骤降的状态。因受到国内经济下行，国际贸易低迷的影响，2015—2016 年达到了历史最低点，而近两年出现了高增长的趋势，主要原因是疫情后的高出口量。对数据进行描述性统计分析，结果见表 4-1。

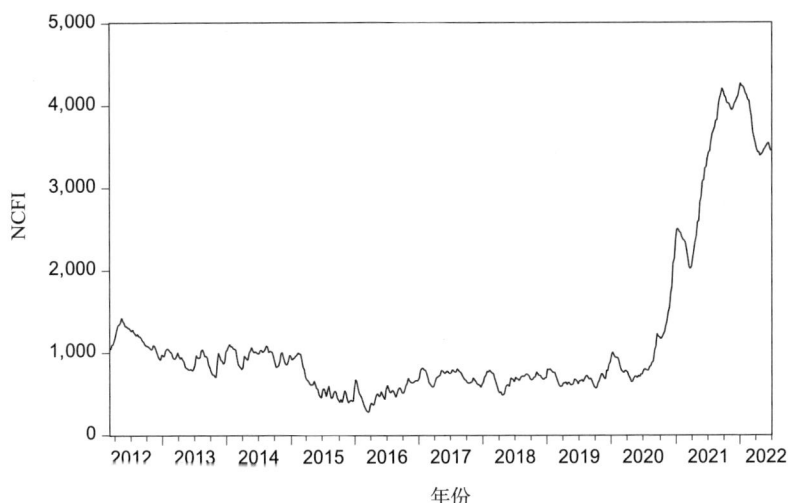

图 4-1　NCFI 时序图

表4-1　NCFI序列的描述性统计分析

统计量	值	统计量	值
观测数	539	最大值	4264.90
平均值	1174.74	最小值	277.90
标准差	984.32	中位数	788.60
偏度	2.04	峰度	5.86
JB 检验	556.9251	P 值	0.000

通过描述性统计分析表可以看出，NCFI 序列峰度为 5.86，偏度为 2.04，Jarque-Bera 检验显著，可以判定其不符合正态分布，具有尖峰厚尾的特性。通过 NCFI 走势图看出，其波动幅度较大，常伴随着骤升骤降的特征，存在局部震荡的特点。为了更好地分析该序列，我们对其进行对数差分处理，得到 NCFI 的周收益率$RNCFI_t$，周运价指数为$NCFI_t$，则周收益率序列为：

$$RNCFI_t = \ln NCFI_t - \ln NCFI_{t-1}, \tag{4.2.1}$$

其中 t 为 NCFI 发布的期数。

由 RNCFI 序列曲线图（如图 4-2 所示）可以看出，经过对数差分处理后的 NCFI 周收益率数据波动幅度较大，存在大波动和小波动交替并存的现象，可以认为其波动存在一定的聚集性。RNCFI 的描述性统计分析结果见表 4-2。从分析结果看出，RNCFI 序列偏度为 0.98、峰度为 5.94、JB 统计量 P 值为 0，因此 RNCFI 序列不服从正态分布，同样存在尖峰厚尾的特性。

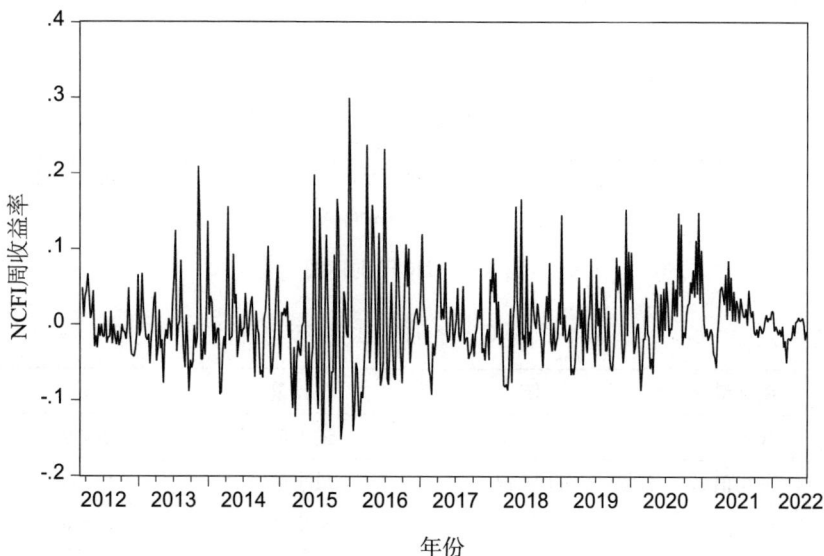

图 4-2　RNCFI 序列曲线

表4-2　RNCFI序列的描述性统计分析

统计量	值	统计量	值
观测数	538	最大值	0.300096
平均值	0.002224	最小值	−0.157572
标准差	0.057473	中位数	−0.005488
偏度	0.983113	峰度	5.941366
JB 检验	280.6046	P	0.0000

4.3 基于 ARMA 模型的运价指数收益率序列分析

ARMA 模型是用于平稳时间序列预测分析的经典模型之一。一个平稳的时间序列，它的均值和方差函数在时间点上会呈现出相对有规律的分布状态，同时也不会因为受到时间的干扰而产生变化，在图形上也是会表现出一种围绕着均值不断波动的过程。根据 RNCFI 时序图，初步可以判定该序列为平稳序列。本小节针对此序列进行 ARMA 模型分析。

4.3.1 平稳性检验

由于非平稳时间序列的均值和方差函数在不同的时间段会有所不同，它的随机规律是随着时间点的变化而变化的，所以一般无法对非平稳时间序列的未来走势做出合理预测[38]。因此，首先需要对检验序列进行平稳性检验，以判断能否对该时间序列进行建模分析。

本节运用 Eviews 软件，对 RNCFI 序列采用 ADF 检验法进行平稳性检验，结果见图 4–3。

Null Hypothesis: RNCFI has a unit root
Exogenous: Constant
Lag Length: 9 (Automatic - based on SIC, maxlag=18)

		t-Statistic	Prob.*
Augmented Dickey-Fuller test statistic		-8.700150	0.0000
Test critical values:	1% level	-3.442507	
	5% level	-2.866795	
	10% level	-2.569629	

*MacKinnon (1996) one-sided p-values.

图 4–3 RNCFI 序列 ADF 检验结果

从图 4–3 中可以看到，当最大滞后期为 18 时，ADF 检验的标准值为 –8.70，小于在显著性水平为 5% 条件下的分位数值 –2.87，P 值显示为 0，可以认为在 5% 的显著水平下，ADF 检验拒绝原假设，RNCFI 不存在单位根。因此，NCFI 的对数收益率序列是平稳序列，可以对该时间序列继续进行 ARMA 建模分析。

4.3.2 自相关性分析

ARMA 模型中，可以运用自相关函数（Autocorrelation Function, ACF）和偏自相关函数（Partial Autocorrelation Function，PACF）来检验序列是否存在自相关性，通过绘制自相关函数图和偏自相关函数图，判断其拖尾和结尾特征，从而对 ARMA 模型进行初步定阶。

运用 Eviews 软件对 RNCFI 序列进行自相关图和偏自相关图的绘制，如图 4-4 所示。图 4-4 中，第一列表示序列的自相关性，第二列表示序列的偏自相关性。图 4-4 中的灰色条形图是不同阶数的相关系数值，黑色虚线是不同阶数的 2 倍标准差范围。若矩阵的长度没有超过虚线，则表示该系数值是显著的。由图 4-4 可知自相关系数和偏自相关系数均长期显著不为 0，并呈现拖尾现象，没有明显的截尾，可以初步判定可用 ARMA(p,q) 模型进行建模。

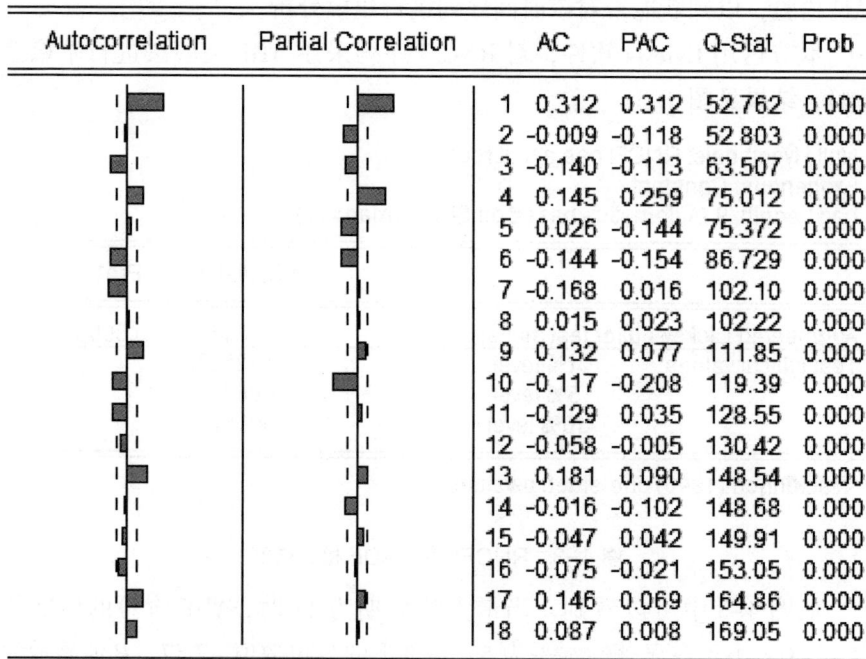

Autocorrelation	Partial Correlation		AC	PAC	Q-Stat	Prob
		1	0.312	0.312	52.762	0.000
		2	-0.009	-0.118	52.803	0.000
		3	-0.140	-0.113	63.507	0.000
		4	0.145	0.259	75.012	0.000
		5	0.026	-0.144	75.372	0.000
		6	-0.144	-0.154	86.729	0.000
		7	-0.168	0.016	102.10	0.000
		8	0.015	0.023	102.22	0.000
		9	0.132	0.077	111.85	0.000
		10	-0.117	-0.208	119.39	0.000
		11	-0.129	0.035	128.55	0.000
		12	-0.058	-0.005	130.42	0.000
		13	0.181	0.090	148.54	0.000
		14	-0.016	-0.102	148.68	0.000
		15	-0.047	0.042	149.91	0.000
		16	-0.075	-0.021	153.05	0.000
		17	0.146	0.069	164.86	0.000
		18	0.087	0.008	169.05	0.000

图 4-4　RNCFI 的自相关图和偏自相关图

4.3.3 模型定阶及参数估计

在确定 ARMA 模型可行后，可利用 AIC 准则和 SC 准则及其参数的显著性来确定模型的具体阶数。运用 Eviews 软件，比较得出各模型的拟合效果，具体见表4-3。根据表4-3中的数值，综合考虑 AIC 和 SC 准则，选择建立 ARMA(3,4) 模型，并通过参数估计，得到 RNCFI 序列的 ARMA(3.4) 模型的参数估计值（见图4-5）。

表4-3　ARMA模型拟合AIC和SC值比较

	AIC	SC		AIC	SC
ARMA（（1,1））	−2.97768	−2.96172	ARMA(1,3)	−3.06164	−3.02971
ARMA(2,1)	−2.98173	−2.95775	ARMA(2,3)	−3.05621	−3.01624
ARMA(3,1)	−3.0239	−2.99188	ARMA(3,3)	−3.05162	−3.00359
ARMA(4,1)	−3.06115	−3.02107	ARMA(4,3)	−3.10796	−3.05185
ARMA(1,2)	−3.04813	−3.02419	ARMA(1,4)	−3.05924	−3.01934
ARMA(2,2)	−3.05486	−3.02289	ARMA(2,4)	−3.11205	−3.06409
ARMA(3,2)	−3.0787	−3.03868	ARMA(3,4)	−3.13015	−3.07412
ARMA(4,2)	−3.08523	−3.03714	ARMA(4,4)	−3.12529	−3.06116

Variable	Coefficient	Std. Error	t-Statistic	Prob.
AR(1)	−0.377751	0.102744	−3.676613	0.0003
AR(2)	−0.817124	0.029998	−27.23913	0.0000
AR(3)	−0.601864	0.095813	−6.281673	0.0000
MA(1)	0.759925	0.099763	7.617322	0.0000
MA(2)	1.095237	0.052249	20.96174	0.0000
MA(3)	0.774786	0.090303	8.579813	0.0000
MA(4)	0.379423	0.043966	8.629978	0.0000

R-squared	0.246548	Mean dependent var	0.002058
Adjusted R-squared	0.237986	S.D. dependent var	0.057578
S.E. of regression	0.050262	Akaike info criterion	−3.130147
Sum squared resid	1.333856	Schwarz criterion	−3.074117
Log likelihood	844.3143	Hannan-Quinn criter.	−3.108225
Durbin-Watson stat	1.993821		

Inverted AR Roots	.12-.98i	.12+.98i	−.62	
Inverted MA Roots	.11+.93i	.11-.93i	−.49+.43i	−.49-.43i

图4-5　RNCFI 的 ARMA(3,4) 模型的参数估计

由图 4-5 可知，上述所构建均值模型的统计量的 P 值均小于 0.05，通过了置信度为 95% 的显著性检验，各个统计指标均符合要求。通过对残差进行白噪声检验，得出残差序列为白噪声序列，模型具有显著性（见图 4-6），所得模型可以较为准确的拟合宁波出口集装箱运价指数的周收益率序列。因此，最终得出如下拟合方程：

$$NFCI_t = -0.378RNCFI_{t-1} - 0.817RNCFI_{t-2} - 0.602RNCFI_{t-3} \quad (4.3.1)$$
$$+ \varepsilon_t + 0.760\varepsilon_{t-1} + 1.095\varepsilon_{t-2} + 0.775\varepsilon_{t-3} + 0.380\varepsilon_{t-4}$$

Autocorrelation	Partial Correlation		AC	PAC	Q-Stat	Prob
		1	-0.003	-0.003	0.0059	
		2	0.007	0.007	0.0301	
		3	-0.012	-0.012	0.1058	
		4	-0.022	-0.022	0.3590	
		5	-0.020	-0.020	0.5803	
		6	-0.040	-0.040	1.4543	
		7	-0.016	-0.017	1.5920	
		8	-0.038	-0.039	2.3893	
		9	-0.012	-0.014	2.4690	
		10	-0.020	-0.022	2.6825	
		11	-0.045	-0.048	3.7710	0.152
		12	0.030	0.026	4.2766	0.118
		13	-0.028	-0.031	4.6973	0.195
		14	-0.006	-0.013	4.7177	0.318
		15	0.047	0.042	5.9117	0.315
		16	0.013	0.008	6.0063	0.422

图 4-6　RNCFI 的 ARMA（3,4）模型残差白噪声检验图

进一步检验拟合模型残差的异方差性，对该模型残差的平方序列进行自相关性检验。运用 Eviews 软件绘制其自相关偏自相关图，如图 4-7 所示。由图可知，Q 统计量的 P 值都小于 0.05，残差平方的自相关系数和偏自相关系数超出 2 倍标准差，显著地不为 0，所以序列拒绝原假设，可以认为该估计模型的残差平方序列具有显著的相关性，初步判定该序列存在异方差性，需要进一步利用 ARCH 模型消除异方差。

Autocorrelation	Partial Correlation		AC	PAC	Q-Stat	Prob
		1	0.037	0.037	0.7134	0.398
		2	0.164	0.163	15.101	0.001
		3	0.077	0.067	18.246	0.000
		4	0.193	0.168	38.327	0.000
		5	0.071	0.046	41.070	0.000
		6	0.110	0.055	47.622	0.000
		7	0.112	0.077	54.467	0.000
		8	0.010	-0.054	54.519	0.000
		9	0.283	0.248	97.872	0.000
		10	0.057	0.022	99.637	0.000
		11	0.179	0.095	117.14	0.000
		12	0.012	-0.028	117.22	0.000
		13	0.331	0.238	177.25	0.000
		14	0.042	0.000	178.23	0.000
		15	0.123	0.006	186.49	0.000
		16	0.106	0.048	192.71	0.000

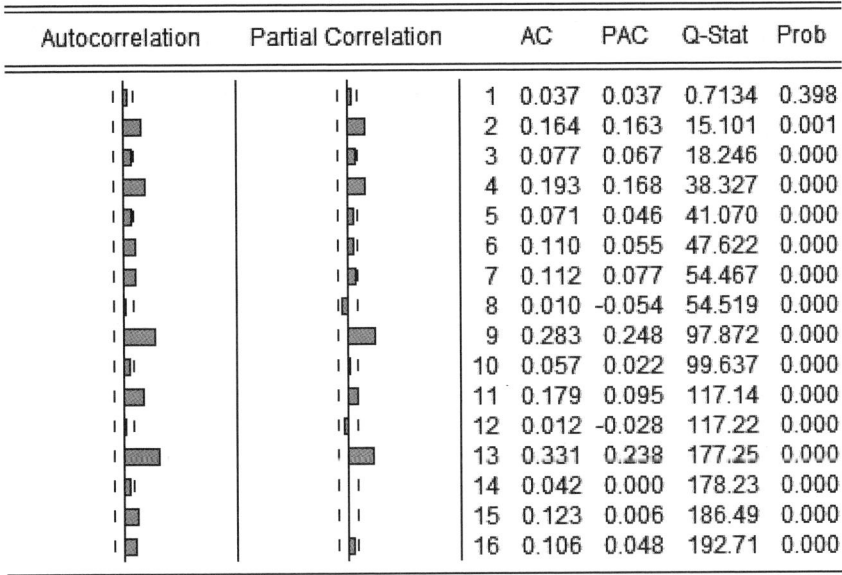

图 4-7 模型的残差平方序列相关图

4.4 基于 GARCH 模型的波动持续性及敏感性分析

4.4.1 ARCH 效应检验

由上节分析可知 RNCFI 序列存在异方差性，需要利用 ARCH 效应检验进行进一步验证。ARCH 效应检验就是检验均值方程中的残差是否具有随着时间变化的方差。本节首先运用 Eviews 软件对序列进行 ARCH 效应检验，可得检验结果表 4-4。

表4-4 残差序列ARCH效应检验结果

统计指标	F	P	$Obs \times R^2$	P
ARCH(1)	0.113764	0.7360	0.114171	0.7354
ARCH(2)	5.584642	0.0040	10.99911	0.0041
ARCH(3)	4.702631	0.0030	13.84240	0.0031
ARCH(4)	6.104948	0.0001	23.55032	0.0001
ARCH(5)	5.234668	0.0001	25.20484	0.0001

统计指标	F	P	$Obs \times R^2$	P
ARCH(10)	5.996881	0.0000	54.80754	0.0000
ARCH(15)	6.795631	0.0000	87.35770	0.0000

从表 4-4 可以看出，ARCH 效应检验统计量 $Obs \times R^2$ 从滞后 2 期后相应的概率 P 值开始小于 0.05，并且滞后期越长其概率越小，因此拒绝"残差不存在 ARCH 效应"的原假设，表明该模型残差序列具有自回归条件异方差效应，满足建立 ARCH 模型的条件。但是，从表 4-4 也可以看出，上述所构建模型滞后阶数相对较高，也尝试用了高阶 ARCH 模型进行拟合，参数均显著，具有长期的相关性。所以尝试利用 GARCH 模型进行拟合。相比 ARCH 模型，GARCH 模型可以将滞后条件方差函数考虑到模型中去，很好地提高模型的灵活性和增加模型的适用能力。

4.4.2 GARCH（1，1）模型参数估计及检验

在参阅大量文献后发现，国内外大量的实证分析都表明 GARCH（1,1）模型能很好地描述时间序列的波动性[39]，所以本文首先选用 GARCH（1,1）模型对序列进行拟合，来分析 RNCFI 的波动特征。若所构建的模型能够通过检验，则说明用 GARCH（1，1）建模是满足要求的。

在 GARCH 模型中，将参数 p、q 均取值 1，则 GARCH 模型条件方差满足以下方程式：

$$\sigma^2 = \omega + \alpha \varepsilon_{t-1}^2 + \beta \sigma_{t-1}^2 \qquad （4.4.1）$$

记为 GARCH（1，1）。它与 ARCH 族模型最主要的区别在于方差方程中多一个条件方差，该方差的加入可以避免过多的参数估计。运用 Eviews 软件对宁波出口集装箱运价指数的周收益序列进行参数估计，可得结果如图 4-8 所示。

从图 4-8 中可看出模型的拟合结果，上半部分表示的是模型的均值部分，下半部分是方差部分。在均值部分中，依旧应用的是 ARMA(3,4) 模型。方差部分中的 c 代表的是 GARCH（1，1）模型里的常数项 w，对于 RNCFI 的估计值为 9.86×10^{-6}，且不显著，基本可以认定为 0；Resid

（-1）^2 代表的是 ARCH 项，其值为 0.112818；GARCH（-1）代表的是 GARCH 项，其估计参数为 0.881043。这里 ARCH 项和 GARCH 项的估计系数 0.112818+0.881043<1 满足 GARCH 模型参数平稳性约束条件，所以对 RNCFI 进行 GARCH（1，1）建模是可行的。将估计得到的参数代入方程，得到 GARCH（1，1）模型的表达式如下：

$$\begin{cases} RNCFI_t = -0.203RNCFI_{t-1} - 0.794RNCFI_{t-2} - 0.494RNCFI_{t-3} \\ \qquad + \varepsilon_t + 0.532\varepsilon_{t-1} + 1.075\varepsilon_{t-2} + 0.689\varepsilon_{t-3} + +0.448\varepsilon_{t-4} \\ \varepsilon_t = \sigma_t \eta_i, \eta_t \sim i.i.d.N(0,1) \\ \sigma_t^2 = 0.00000989 + 0.1128\varepsilon_{t-1}^2 + 0.8810\sigma_{t-1}^2 \end{cases} \quad (4.4.2)$$

Variable	Coefficient	Std. Error	z-Statistic	Prob.
AR(1)	-0.203327	0.109950	-1.849270	0.0644
AR(2)	-0.794438	0.039363	-20.18258	0.0000
AR(3)	-0.493590	0.108438	-4.551812	0.0000
MA(1)	0.532474	0.094637	5.626503	0.0000
MA(2)	1.075116	0.037790	28.44944	0.0000
MA(3)	0.688829	0.085326	8.072884	0.0000
MA(4)	0.447936	0.039917	11.22170	0.0000
Variance Equation				
C	9.89E-06	1.13E-05	0.873427	0.3824
RESID(-1)^2	0.112818	0.027868	4.599598	0.0000
GARCH(-1)	0.881043	0.023651	37.25235	0.0000
R-squared	0.214452	Mean dependent var		0.002096
Adjusted R-squared	0.205440	S.D. dependent var		0.057839
S.E. of regression	0.051557	Akaike info criterion		-3.342633
Sum squared resid	1.390178	Schwarz criterion		-3.262013
Log likelihood	895.7979	Hannan-Quinn criter.		-3.311077
Durbin-Watson stat	1.892027			

图 4-8　RNCFI 的 GARCH（1，1）模型的参数估计及统计结果

4.4.3 GARCH（1，1）模型效果检验及结果分析

用 ARCH–LM 检验法对拟合的 GARCH（1，1）模型进行效果检验，

主要是看拟合模型的残差是否具有异方差性和相关性。运用 Eviews 软件得到均值方程的残差序列的统计结果如图 4-9 所示。

Heteroskedasticity Test: ARCH

| F-statistic | 2.433228 | Prob. F(1,527) | 0.1194 |
| Obs*R-squared | 2.431236 | Prob. Chi-Square(1) | 0.1189 |

图 4-9 GARCH（1，1）拟合后残差序列的 LM 检验结果

从图 4-9 中可看出，F 检验统计量和 $Obs \times R^2$ 统计量的 P 值均大于 0.05，不能拒绝原假设，这说明拟合模型残差的异方差性已经被消除了，模型残差序列已经不存在异方差性。因此，在样本期内用 GARCH（1，1）模型对 RNCFI 进行建模分析是可行的。

在 GARCH（1，1）模型中，α 代表回报系数，表示为外来冲击对市场的影响程度，数值越大表明外来冲击对市场的影响越大，市场的反应越敏感；β 代表滞后系数，表示该市场波动记忆性的强度，这个数值越大表明该市场波动持续的时间越长；GARCH（1，1）中，需要满足 $\alpha+\beta \leqslant 1$，以保证其平稳的要求。同时值越是接近于 1 就表明该序列越是接近于稳定，也可以表示波动持续时间的长短，值越大波动持续性越强。从上述建立的模型中可以看出，其 α 为 0.112818，说明外部市场对宁波出口集装箱运价指数的冲击影响较小，当外界因素发生波动时该市场反应缓慢，这表明指数对外部环境的变化不敏感。β 为 0.881043，数值较大，这表明宁波出口集装箱运价指数受前一期波动的影响较大。α 比 β 的值小，这表明宁波出口集装箱运价指数波动的持续性要比其对于外部的冲击反应更强，某时刻的收益冲击将有持续的影响，波动率衰减缓慢，前期的波动对当期的波动会产生较大的影响。也就是说，当外界消息传递过来对市场形成冲击干扰时，不仅当期的市场收益率会产生剧烈的波动，而且该波动还会继续对后期的市场收益率产生影响，使后期的收益率仍然处于较高的波动水平，这说明该波动具有较强的延续性。同时这两个值之和小于 1，说明收益率序列中的条件方差受到市场波动所带来的影响是有限的，也就是说随着时间的变化，序列会慢慢趋于平稳。

4.5　基于 EGARCH 模型的波动杠杆效应分析

波动杠杆效应是指波动所存在的一种非对称的状态，也就是说当市场受到外界好消息或者坏消息冲击时，所表现出来的对于市场价格不同的影响程度。在一般情况下，市场经常表现出外来的坏消息对运价波动所产生的影响程度远远大于好消息所带来的影响程度。在另一方面，投资者对于风险厌恶的心态在某种程度上也可以在杠杆效应中有所体现，当市场上出现坏消息时，投资者会很快做出反应并且停止投资，而当市场上出现好消息时，投资者可能还会对这一消息处于观望状态。

4.5.1　EGARCH 模型阶数选择

在 GARCH 模型中对参数的约束非常严格，参数一定要是非负的且一定要是有界的，这在一定程度上限制了 GARCH 模型的使用范围。同时 GARCH 模型要求对正负扰动的反应一定要是对称，即如果扰动项为正说明真实值比预测值大，对于投资者而言就是超预期收益；如果扰动项为负，那么说明真实值比预测值小，对于投资者而言就出现了超预期亏损。但在现实情况中，投资者在面对收益或者亏损时的反应是不对称的，所以 GARCH 模型不一定适合用来描述干扰对集装箱航运市场所产生的波动非对称影响。指数自回归条件异方差（EGARCH）模型放宽了 GARCH 模型的非负性约束条件，可以反映宁波出口集装箱运价指数的波动非对称性，因此本节选用 EGAECH 模型做进一步分析。在 EGARCH 模型中，参数为（p，q），具体模型如下式所示：

$$\ln\sigma_t^2 = \omega + \sum_{i=1}^{p}\theta_i\left|\frac{\varepsilon_{t-i}}{\sigma_{t-i}}\right| + \gamma\frac{\varepsilon_{t-1}}{\sigma_{t-1}} + \sum_{j=1}^{q}\mu_j\ln\sigma_{t-j}^2 \qquad (4.5.1)$$

由于 GARCH（1，1）模型取得了较好的拟合效果，所以首先尝试 EGARCH（1，1）模型，发现其拟合结果较差，大部分变量存在不显著现象，进一步尝试（p，q）的其他组合，建立 EGARCH（1，1），EGARCH（1，2），EGARCH（2，1），EGARCH（2，2），根据 AIC 和 SC 准确，发现 EGARCH（2，1）模型拟合效果最优。

4.5.2 EGARCH 预测模型参数确定

本节选择利用 EGARCH（2.1）模型对 RNCFI 序列进行拟合并预测，这样既能把序列中方差的时变特征考虑进去，同时也可以将波动的非对称效应也考虑在内。模型拟合结果如图 4-10 所示，残差序列的 LM 检验结果如图 4-11 所示。

Variable	Coefficient	Std. Error	z-Statistic	Prob.
AR(1)	-0.306904	0.095508	-3.213399	0.0013
AR(2)	-0.785055	0.035077	-22.38106	0.0000
AR(3)	-0.554528	0.096441	-5.749920	0.0000
MA(1)	0.625114	0.090303	6.922375	0.0000
MA(2)	1.050164	0.044928	23.37436	0.0000
MA(3)	0.712010	0.088205	8.072180	0.0000
MA(4)	0.406449	0.039459	10.30042	0.0000
Variance Equation				
C(8)	-0.205708	0.060524	-3.398757	0.0007
C(9)	-0.081188	0.086305	-0.940713	0.3469
C(10)	0.290245	0.083748	3.465715	0.0005
C(11)	-0.064236	0.017377	-3.696513	0.0002
C(12)	0.992706	0.008172	121.4755	0.0000
R-squared	0.229811	Mean dependent var		0.002096
Adjusted R-squared	0.220975	S.D. dependent var		0.057839
S.E. of regression	0.051050	Akaike info criterion		-3.384104
Sum squared resid	1.362998	Schwarz criterion		-3.287359
Log likelihood	908.7874	Hannan-Quinn criter.		-3.346236
Durbin-Watson stat	1.870938			

图 4-10　RNCFI 的 EGARCH(2,1) 模型拟合结果

Heteroskedasticity Test: ARCH

F-statistic	0.258023	Prob. F(1,527)	0.6117
Obs*R-squared	0.258876	Prob. Chi-Square(1)	0.6109

图 4-11　EGARCH（2，1）拟合后残差序列的 LM 检验结果

由图 4-10 和图 4-11 可知，模拟拟合效果较好，ARMA 模型部分参数均显示显著，EGARCH 模型部分最高次项也显著。从残差序列 LM 检验结果可以看出，序列中的异方差已经消除。因此，根据模型拟合结果，可得以下模型：

$$\begin{cases} RNCFI_t = -307RNCFI_{t-1} - 0.785RNCFI_{t-2} - 0.555RNCFI_{t-3} \\ \qquad\quad + \varepsilon_t + 0.625\varepsilon_{t-1} + 1.050\varepsilon_{t-2} + 0.712\varepsilon_{t-3} + 0.406\varepsilon_{t-4} \\ \varepsilon_t = \sigma_t\eta_i, \eta_t \sim i.i.d.N(0,1) \\ \sigma_t^2 = -0.206 - 0.081\left|\dfrac{\varepsilon_{t-1}}{\sigma_{t-1}}\right| + 0.290\left|\dfrac{\varepsilon_{t-2}}{\sigma_{t-2}}\right| - 0.064\dfrac{\varepsilon_{t-1}}{\upsilon_{t-1}} + 0.993 \end{cases} \quad (4.5.2)$$

4.5.3 EGARCH 模型的杠杆效应拟合结果分析

前文运用 GARCH 模型对宁波出口集装箱运价指数波动的持续性和敏感性进行了分析，而 EGARCH 模型同样体现了运价指数收益率的波动特征。由图 4-10 中显示的 EGARCH(2,1) 模型结果可知，参数 r 可以很好地判断序列的杠杆效应，其他的参数与 GARCH 模型的参数值类似。当 $r=0$ 时，表示市场受到外来消息带来的正面冲击和负面冲击的影响程度相同；当 $r > 0$ 时，表示消息给市场带来的正面冲击对运价波动的影响要大于负面冲击带来的影响；当 $r < 0$ 时，说明消息给市场带来的负面冲击对运价波动的影响要比正面冲击带来的影响更大。需要分析杠杆效应的只需要看 r 的值，当置信水平为 95% 时，统计量的 P 值小于 0.05，所以 RNCFI 序列具有明显的杠杆效应，市场中同样的消息所带来的正面冲击和负面冲击对市场的影响程度明显不同，即利空消息和利好消息对于运价指数的波动有明显的差异。本模型中 r 的值为 -0.064 是一个负值，这表明宁波出口集装箱运价指数受到利空消息的影响程度要比利好消息的大，即表明当市场受到来自外界的坏消息时，市场的反应更激烈。

4.6 基于波动分析的运价指数预测及检验

4.6.1 宁波出口集装箱运价指数周收益率的预测

前文已经对宁波出口集装箱运价指数的波动敏感性、持续性以及杠杆效应进行了分析，现在运用前文所构建的 EGARCH 模型对运价指数进行预测。利用 EGARCH 模型开始对收序列的周收益率进行预测。前文中利用 2012 年 3 月至 2022 年 5 月的 534 个数据作为模型拟合数据，利用 2022 年 6 月的 5 个数据作为模型检验数据。定义预测收益率为 RNCFIF，得到收益率预测结果，如图 4-12 所示。

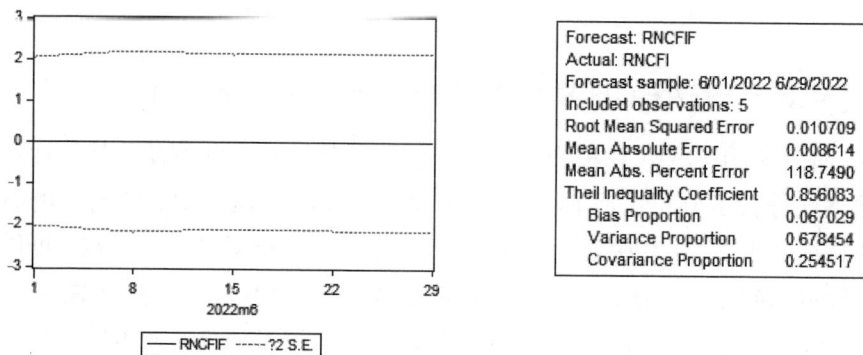

Forecast: RNCFIF	
Actual: RNCFI	
Forecast sample: 6/01/2022 6/29/2022	
Included observations: 5	
Root Mean Squared Error	0.010709
Mean Absolute Error	0.008614
Mean Abs. Percent Error	118.7490
Theil Inequality Coefficient	0.856083
Bias Proportion	0.067029
Variance Proportion	0.678454
Covariance Proportion	0.254517

图 4-12 RNCFI 的 EGARCH(2，1) 模型预测结果

图 4-12 显示的是宁波出口集装箱运价指数周收益率的预测情况。预测使用了条件期望预测方法，选择的是动态预测，也就是说用前面的结果对后面的结果进行预测。图中横坐标是预测数据的个数，纵坐标表示周收益率，实线表示预测的结果，虚线表示该序列为 90% 的置信区间。

利用 EGARCH 模型只能对周收益序列做短期的数据预测，而无法进行长期预测。因为时间越长，模型的各个参数就不再适应市场的新变化。同时一些不确定因素也会因为时间越长干扰就会越明显，导致预测结果与真实结果产生较大的偏差，从而失去可参考的价值。表 4-5 给出了自 2022 年 5 月 27 日到 2022 年 6 月 24 日一共 5 周的运价指数周收益率的真实值和预测值，每一期的预测数据都是建立在上一期的数据基础上动态预测得到的结果。将预测出来的收益率数据整理出来与实际数据进行对比，具体结果如表 4-4 所示。

表4-5 RNCFI的预测值与真实值的比较

日期	RNCFIF	RNCFI
2022/5/27	0.0038435	0.006729
2022/6/3	−0.000337	0.0096561
2022/6/10	−0.00099	0.0007346
2022/6/17	0.0004405	−0.019133
2022/6/24	0.000828	−0.00806

预测结果的标准误差定义为：

$$\sigma = \sqrt{\frac{\sum_{i=1}^{n}\left(Rf_i - Ri\right)^2}{n-1}}$$

其中，Rf_i 表示第 i 期的预测值，R_i 表示第 i 期的实际值，n 表示数据的个数，σ 表示预测的标准误差。根据上述误差公式，可以得到预测的标准误差为 0.011972492，误差值很小说明该模型的拟合效果是比较好的。

4.6.2 宁波出口集装箱运价指数的预测

在对指数的周收益率 RNCFI 进行预测之后，可根据 RNCFI 定义得到宁波出口集装箱运价指数的预测值。宁波出口集装箱运价指数与运价指数收益序列之间存在着取一阶差分的关系，即 $RNCFI_t = lnNCFI_t - lnNCFI_{t-1}$。假定 $NCFI_t$ 的预测值为 P_t，根据上式可以将 P_t 与 $RNCFIF_t$ 的关系表示为：$P_t = NCFI_{t-1} \times e^{RNCFIFt}$。根据此公式将预测结果与真实结果进行对比，比较结果见表 4-6。

表4-6 NCFI的预测值与真实值的比较

日期	P	NCFI	绝对误差	相对误差
2022/5/27	3494.004	3504.1	10.10	0.29%
2022/6/3	3502.919	3538.1	35.18	0.99%
2022/6/10	3534.598	3540.7	6.10	0.17%
2022/6/17	3542.260	3473.6	68.66	1.98%
2022/6/24	3476.477	3445.7	30.78	0.89%

从表 4-6 可以看出，NCFI 预测值的相对误差能控制在 2% 以内，准确率较高。需要说明的是，时间序列模型比较适合短期预测，长期预测的误差较大。

4.7　本章小结

本章选取了自 2012 年 3 月 7 日到 2022 年 6 月 24 日宁波出口集装箱运价指数的综合指数一共 539 期数据作为样本序列。将数据进行对数差分处理，得到周收益序列，然后对周收益序列进行平稳性和自相关性的检验，接着运用计量经济学中的 GARCH 模型和 EGARCH 模型对周收益率序列波动的持续性和敏感性以及是否存在杠杆效应进行了分析，最后利用 EGARCH 模型对宁波出口集装箱运价指数的周收益率进行预测，得到了指数周收益率序列的均值方程和条件方差方程。研究结果表明：宁波出口集装箱运价指数波动的持续性要比其对于外部冲击反应的敏感性更强，即当运价指数受到外界事件或者消息干扰时，它的影响不会很快的突显出来，但是这个影响也不会马上消失，会一直持续对指数产生长期的影响；宁波出口集装箱运价指数存在明显的杠杠效应，即该指数存在着信息影响非对称的现象，当市场上出现"利空"消息时运价指数反应更强烈，坏消息更容易对市场产生影响；用 EGARCH 模型对运价指数进行预测的整体效果较好。

第5章 宁波出口集装箱运价指数波动特征影响因素的实证分析

海上丝路指数之宁波出口集装箱运价指数（NCFI）的波动分析，可以反映丝绸之路经济带国际集装箱海运价格的波动特征，对相关航运企业和货主进行风险规避和风险对冲具有重要意义。本章采用 EGARCH 模型对海上丝路指数的波动性进行建模，通过对比剔除原油价格影响因素前后宁波出口集装箱运价指数波动非对称性特征的改变，来分析得到原油价格波动是造成宁波出口集装箱运价指数波动负向非对称性特征的重要原因。此外，本章还将验证全球经贸形势、船舶供应等因素并不是造成宁波出口集装箱运价指数波动负向非对称性因素的原因。

5.1 波动特征研究综述

聚集性和波动非对称性是描述运价指数波动特征的两大重要指标。波动聚集性（Volatility clustering）是指运价指数的变化往往是大的波动后跟随大的波动，小的波动后跟随小的波动，体现运价指数波动的持续性。波动非对称性（Volatility asymmetry）则是反映前期不同方向信息冲击对后期运价指数波动影响的差异性。如果负向信息冲击相比于正向信息冲击对后期波动的影响更大则称为具有负向非对称性，反之称为正向非对称性。

波动聚集性与波动非对称性指标最初常被用来研究股票市场的波动[40,41]，后被广泛应用于各类运价指数的波动性特征分析。陈庆辉[42]利用 GARCH 类模型分析了 1999 年至 2003 年国际干散货航运细分市场运价指数日收益率序列，发现具有明显的波动聚集性及波动负向非对称性。孙永[43]利用 EGARCH 模型对波罗的海运价指数的波动进行研究，发现存在波动正向非对称性。李耀鼎和宗蓓华[26]、陆克从等[44]、武佩剑和陈永平[45]的相关研究也证实波罗的海运价指数存在波动聚集性特征。朱玉华和赵刚[34]基于 ARCH 族模型对我国出口集装箱运价指数进行波动特征分析，发现具有明显的波动负向非对称性。范永辉[46]对四种不同船型的波罗的海干散货运价指数的波动非对称性进行分析，发现好望角型和巴拿马型存在正向波动非对称性，而灵便型和超灵便型存在负向波动非对称性。华丽静和岑仲迪[36]利用 EGARCH 模型对海上丝路运价指数的波动特征进行描述，发现存在明显的波动聚集性及波动非对称性。赵海[37]应用 GARCH 模型分析海上丝路运价指数的波动性，发现前一期受到的冲击对本期也存在明显的影响。从研究运价指数波动特征的诸多文献中可以看出，波动聚集性和波动非对称性是运价指数的共性，但关于波动非对称性方向的研究结论有时会截然相反，目前还没有关于运价指数波动非对称性影响机理的统一解释。

宁波出口集装箱运价指数主要受到供求关系和运输成本的影响。供求关系中的"供"主要受船舶完工交付的影响，"需"主要受全球经贸形势的影响，而运输成本主要受到船舶折旧成本和原油价格的影响。本章从上述运价指数影响因素着手研究宁波出口集装箱运价指数的波动性特征，重点研究国际原油价格因素对宁波出口集装箱运价指数波动性特征的影响及其影响机理。

5.2　样本及研究设计

为剔除新冠肺炎疫情造成航运受限等外生变量冲击带来的突发事件影响，本章以 2012 年 3 月 9 日（基期）至 2019 年 12 月 27 日共 408 周的宁波出口集装箱运价指数为研究样本，以同期国际原油结算价作为解释变量，重点分析国际原油价格对宁波出口集装箱运价指数波动特征的影响，同时对全球经贸形势、船舶完工交付等影响宁波出口集装箱运价指数走势的其他因素进行稳健性检验。

5.2.1 波动特征的度量方法

本章采用 Bollersler 提出的 EGARCH 模型来度量宁波出口集装箱运价指数波动的聚集性和非对称性，以 EGARCH（1,1）为例，如式（5.2.1）和式（5.2.2）所示：

$$y_t = \mu + \varepsilon_t, \quad \varepsilon_t \big| I_{t-1} \sim N(0, \sigma_t^2) \tag{5.2.1}$$

$$\ln \sigma_t^2 = \alpha_0 + \beta_1 \ln \sigma_{t-1}^2 + \gamma \frac{\varepsilon_{t-1}}{\sigma_{t-1}} + \alpha_1 \left(\frac{|\varepsilon_{t-1}|}{\sigma_{t-1}} - \sqrt{\frac{2}{\pi}} \right) \tag{5.2.2}$$

模型包括均值方程和波动方程两部分。相比于普通 GARCH 模型，EGARCH 模型在方差模型中波动率的对数建模，保证了波动率始终为正，此外 EGARCH 模型能够通过其方差方程中 γ 符号来度量宁波出口集装箱运价指数波动的非对称性的方向及其强弱。当 $\gamma < 0$ 时，单位负向信息冲击对后期波动的影响大于正向信息冲击对后期波动的影响，称为波动具有负向非对称性；反之，当 $\gamma > 0$ 时称为波动具有正向非对称性；如果 $\gamma = 0$ 或者系数的显著性不明显，则称波动的非对称性不明显。

5.2.2 NCFI 指数波动特征与原油价格波动特征相关性检验

考虑到原油价格是航运企业报价时的重要参考变量，需要检验宁波出口集装箱运价指数波动特征与原油价格本身的波动特征是否具有强相关关系。本章首先检验宁波出口集装箱运价指数和原油价格的波动特征是否具有一致性。若两者一致，进一步检验两者是否存在长期协整关系。若存在长期协整关系，则对剔除掉协整影响后的宁波出口集装箱运价指数进行波动特征建模，观察剔除协整关系前后宁波出口集装箱运价指数波动特征变化，进而论证原油价格本身波动特征对宁波出口集装箱运价指数波动特征的传导效应。

5.2.3 稳健性检验设计

考虑到其他因素对研究结果的干扰，本章以同期航运景气指数作为全球经贸形势的代理变量，以世界船舶完工量作为船舶完工交付影响的代理变量，对相关变量的影响效应进行稳健性检验。

5.3　影响因素实证分析

5.3.1 NCFI 指数的波动特征

对宁波出口集装箱运价指数（周数据）取对数收益率得到y_t序列，经检验y_t序列显示存在明显的 ARCH 效应和 GARCH 效应。考虑到要验证序列的波动非对称性，本章采用 EGARCH（1，1）模型对序列进行建模，得到的结果如表 5-1 所示。表 5-1 中 EGARCH1 的系数为 0.988827，系数越接近 1 表示波动聚集性越明显，显然宁波出口集装箱运价指数具有较强的波动聚集性特征；同时由 γ 系数为 -0.176894 可知宁波出口集装箱运价指数具有明显的波动非对称性特征。

表5-1　NCFI指数和原油现货价格指数的波动特征

变量	NCFI 的对数收益率序列	原油现货价格的对数收益率序列
均值方程		
常数	−0.003297 （0.2152）	−0.002235 （0.1161）
方差方程		
EARCH0	−0.126031 （0.0038）	−0.264609 （0.0057）
EGARCH1	0.988827 （0.0000）	0.978842 （0.0000）
EARCH1	0.084978 （0.0041）	0.152145 （0.0063）
波动非对称性 （γ）	−0.176894 （0.0000）	−0.130129 （0.0000）

注：表格中第一行是回归系数，括号内为 P 值。

5.3.2 原油现货价格的波动特征

考虑到航运是全球化经营，既可以在本土加油，也可以去海外加油，因此航运成本中的油价影响不局限于本国油价的变动，更多地取决于国际油价的走势。为此，本章选择布伦特原油现货价格作为原油价格变量。考虑到保持与宁波出口集装箱运价指数周数据频率的一致性，本章选择 2012 年 3 月 9 日至 2019 年 12 月 27 日共 408 周的布伦特原油现货周结算价 P_t 进行研究。对布伦特原油现货结算价的对数收益率序列进行 EGARCH（（1,1））建模，得到的结果见表 5-1 所示。表 5-1 中 EGARCH1 的系数为 0.978842，γ 系数为 −0.130129，显示同期布伦特原油现货具有和宁波出口集装箱运价指数同样的波动聚集性和波动负向非对称性。

5.3.3 NCFI 指数与原油现货价格协整关系

对 2012 年 3 月 9 日至 2019 年 12 月 27 日共 408 周的布伦特原油现货周结算价对数序列 $\ln P_t$，与同期宁波出口集装箱运价指数的对数序列 $\ln S_t$ 进行平稳性检验和协整检验，具体结果见表 5-2。由表 5-2 结果可以看出 $\ln P_t$ 和 $\ln S_t$ 序列均存在一阶单位根，且它们的一阶差分序列（对数收益率序列）是平稳序列，表明两者之间可能存在协整关系。

表5-2　NCFI指数对数序列和原油现货价格对数序列的单位根检验

	布伦特原油现货周结算价的对数序列 $\ln P_t$	NCFI 指数的对数序列 $\ln S_t$
H0：原序列有一个单位根	−1.871932（0.3455）	−2.141000（0.2288）
H0：对数收益率序列有一个单位根	−15.29294（0.0000）	−8.487141（0.0000）

注：表格中第一行是 T 统计量，括号里为 P 值。

进一步对宁波出口集装箱运价指数对数序列和原油现货价格对数序列进行协整检验，具体结果见表 5-3。由表 5-3 中的 5% 临界值和 P 值显示两个序列存在一阶协整关系，接着对两个序列进行协整建模，结果如式（5.3.1）和式（5.3.2）所示，其中括号内为 P 值。从式 (5.3.1) 式 (5.3.2) 中的协整方程可以看出，长期而言宁波出口集装箱运价指数对数序列 $\ln S_t$ 与原油现货价格对数序列 $\ln P_t$ 存在着 $\ln S_{t-1} \approx 0.735881\ln P_{t-1} + 3.472327$ 的长期协整关系。从修正方程可以看出，当 $\ln S_{t-1}$ 大于这种长期关系时后 1 期 $\Delta\ln S_t$ 做负向调整，调整系数为 -0.070196。

表5-3　NCFI指数对数序列与原油现货价格对数序列的协整关系

	特征值	迹统计量	5% 临界值	P 值
H0：没有协整关系	0.067216	30.61261	15.49471	0.0001
H0：最多只有 1 个协整关系	0.007888	3.127936	3.841466	0.0770

$$\Delta\ln S_t = -0.000202 - 0.070196(\ln S_{t-1} - 0.735881\ln P_{t-1} - 3.472327) + 0.372321\Delta\ln S_{t-1}$$
$$\quad(0.00286)\qquad(0.01584)\qquad\qquad(0.11350)\qquad\qquad\qquad\qquad(0.04851)$$
$$\quad -0.141409\Delta\ln S_{t-2} + 0.065672\Delta\ln P_{t-1} - 0.072045\Delta\ln P_{t-2}$$
$$\quad\quad(0.04929)\qquad\qquad(0.08104)\qquad\qquad(0.08164)$$

（5.3.1）

$$\Delta\ln P_t = -0.001151 + 0.010525(\ln S_{t-1} - 0.735881\ln P_{t-1} - 3.472327) - 0.030576\Delta\ln S_{t-1}$$
$$\quad(0.00177)\qquad(0.00984)\qquad\qquad(0.11350)\qquad\qquad\qquad\qquad(0.03013)$$
$$\quad -0.013539\Delta\ln S_{t-2} + 0.286589\Delta\ln P_{t-1} - 0.065444\Delta\ln P_{t-2}$$
$$\quad\quad(0.03062)\qquad\qquad(0.05033)\qquad\qquad(0.05071)$$

（5.3.2）

5.3.4　剔除掉协整关系后 NCFI 指数的波动特征

由于宁波出口集装箱运价指数与原油现货价格的对数收益率存在类似的波动聚集性和负向非对称性，同时协整检验显示两者的对数序列存在明显的协整关系。一个合理的猜测：宁波出口集装箱运价指数的波动聚集性和负向非对称性特征与原油价格本身的波动聚集性和负向非对称性特征有关。如果剔除掉原油现货价格的协整影响后，这种波动聚集性和负向非对称性特征减弱或者消失，则说明这一猜测正确，即宁波出口集装箱运价指数的波动聚集性和负向非对称性受到原油现货价格的强相关性影响。为此，本章对 NCFI 指数进行协整影响关系剔除后，得到新的序列 $\ln S_t^* = \ln S_t - 0.735881\ln P_t - 3.472327$，并对新序列 $\ln S_t^*$ 取差分后得到新的收益率序列 y_t^*。对收益率序列 y_t^* 进行 EGARCH（（1,1））建模，结果如表 5-4 所示。

表5-4 NCFI指数和原油现货价格指数的波动特征

变量	NCFI 对数收益率序列	协整调整后的 NCFI 对数收益率序列
均值方程		
常数	−0.003297 （0.2152）	−0.001262 （0.6662）
方差方程		
EARCH0	−0.126031 （0.0038）	−0.235929 （0.0136）
EGARCH1	0.988827 （0.0000）	0.979600 （0.0000）
EARCH1	0.084978 （0.0041）	0.164172 （0.0064）
波动非对称性 （γ）	−0.176894 （0.0000）	−0.066111 （0.0021）

注：表格中第一行是回归系数，括号内为 P 值。

观察表 5-4 中协整调整后宁波出口集装箱运价指数对数收益率序列的 EGARCH1 项和波动非对称性（γ）项的系数变化，我们可以明显地看到经协整调整后宁波出口集装箱运价指数对数收益率序列的波动聚集性特征并没有改变，但波动非对称性却显著降低。该结论证实之前假设：宁波出口集装箱运价指数波动负向非对称性主要是受到其重要成本之一——原油价格波动的波动负向非对称性影响。

5.4 稳健性检验

考虑到宁波出口集装箱运价指数还受到全球经贸形势和船舶完工交付量的影响，本章以航运景气指数作为全球经贸形势的代理变量，以世界船舶完工量作为船舶完工交付影响的代理变量，对相关变量的影响效应进行稳健性检验。

5.4.1 航运景气指数波动特征研究

海上丝路指数体系中的宁波航运景气指数反映航运市场景气度变动情况，本章以此作为全球经贸形势的代理变量，研究航运景气指数收益率序列的波动特征。宁波航运景气指数自 2013 年 9 月开始编制，为月度数据，自编制日至 2019 年 12 月共 76 个月度数据。对宁波航运景气指数月度数据取对数收益率后，进行 EGARCH((1,1)) 建模，结果如表 5-5 所示。从表 5-5 中可以看出宁波航运景气指数月数据的收益率序列既不存在波动聚集性，也不存在波动负向非对称性，可以排除宁波出口集装箱运价指数收益率序列的波动特征是受航运市场景气度变动的影响。

表5-5　航运景气指数月度数据的波动特征

变量	航运景气指数月数据对数收益率序列
均值方程	
常数	−0.002303 （0.8191）
方差方程	
EARCH0	−6.552644 （0.0876）
EGARCH1	−0.302065 （0.6757）
EARCH1	−0.536878 （0.0283）
波动非对称性 （γ）	−0.075625 （0.7491）

注：表格中第一行是回归系数，括号内为 P 值。

5.4.2 世界船舶完工量的影响效应

船舶的购买或租赁成本是航运成本中重要的固定成本，但是从图 5-1 中我们可以看到从 2013 年开始至 2019 年世界船舶完工量基本稳定，没有对市场形成明显的供应冲击，因此可以排除船舶供应对宁波出口集装箱运价指数波动负向非对称性的影响。

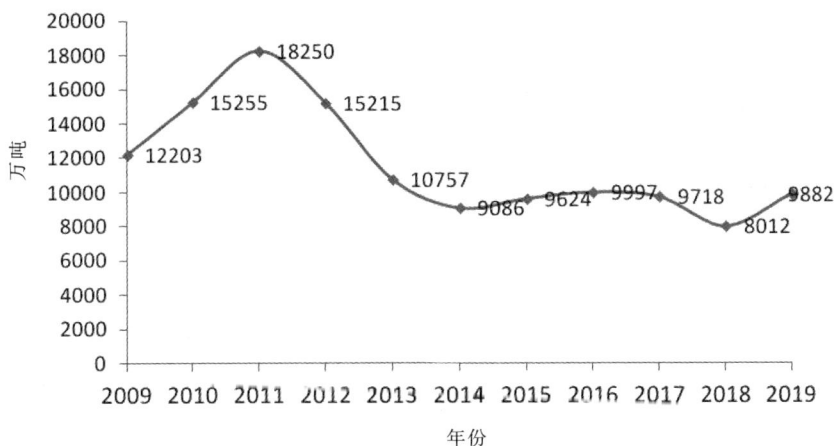

图 5-1　近年来世界船舶完工量统计（资料来源：船舶工业协会）

5.5　本章小结

　　波动非对称性特征是海上丝路指数区别于其他运线集装箱运价指数的重要微观结构之一，对其特征及其影响机理的深入分析，有助于相关航运公司提高风险认识和风险管理水平。本章采用 EGARCH 分析模型，通过对比剔除原油价格影响因素前后，海上丝路指数之宁波出口集装箱运价指数波动非对称性特征的改变，来分析宁波出口集装箱运价指数波动非对称性产生的原因。研究发现，控制原油价格波动因素后，宁波出口集装箱运价指数波动的负向非对称性减弱并趋于消失。这一实证结果表明，原油价格波动是造成宁波出口集装箱运价指数波动负向非对称性特征的重要原因。此外，本章还进一步验证了全球经贸形势、船舶供应等因素并不是造成宁波出口集装箱运价指数波动负向非对称性因素的原因。

　　本章的研究结果可以给出如下三点启示：

　　第一，宁波出口集装箱运价指数与原油现货价格之间存在明显的长期协整关系，这种长期协整关系是宁波出口集装箱运价指数的价值中枢，协整回归系数显示宁波出口集装箱运价指数变动的 73.14% 由原油价格变动决定。宁波出口集装箱运价指数水平围绕着这一价值中枢作误差调整，显示原油价格成本相对于其他成本而言，在宁波出口集装箱运价指数走势中起决定性的作用。

第二，原油价格波动的负向非对称性是引发宁波出口集装箱运价指数波动负非对称性的重要原因。负向非对称性是指坏消息相对于好消息对指数后期波动的影响更大。原油价格的这种波动负向非对称性与已有相关研究结论一致（冯春山等 [47]；Radchenko[48]），即前期原油价格下跌相比于前期原油价格上涨对后期原油价格波动的影响更大。作为航运重要成本，原油价格的这种波动负向非对称性将最终传导到宁波出口集装箱运价指数波动中，并使宁波出口集装箱运价指数的波动带有相似的波动非对称性。

第三，对原油价格进行适度的套期保值，是航运公司进行风险管理的重要内容。原油价格受政治、军事、经济、自然灾害等因素影响，往往呈现出剧烈频繁波动。原油价格的变动最终反映到航运运价的波动，且这种波动影响占据航运运价波动的绝大部分。因此，在缺乏相应航运指数期货等风险管理产品的现状下，原油期货为航运市场参与者提供了一个相对可靠的套期保值、转移风险的替代工具。此外，本章关于宁波出口集装箱运价指数波动非对称性特征的描述与机理分析也可以为将来设立海上丝路指数期货、期权等避险工具提供技术指导。

第6章 宁波出口集装箱运价指数与区域经济发展的关联度分析

宁波经济是外向度较高的开放型经济，国际航运与宁波区域经济发展之间存在紧密关系。本章将分析国际航运市场与宁波市区域经济发展之间的协调发展和两者关联度及因果关系，以动态反映国际航运市场与宁波区域经济发展之间的辩证关系，明晰国际航运市场与宁波区域经济发展之间的耦合协调程度，掌握两者之间的联动关系和未来走势，从而为政府只能经济发展政策提供理论依据。

6.1 关联度研究综述

6.1.1 耦合协调发展相关研究的文献综述

耦合是指两个或两个以上特征相近又各有差异的系统，在一定的条件下采取相应的措施，将它们进行强化与结合，使各个系统相互促进、优势互补、共同提升。一般可以用耦合度模型和耦合协调度模型来衡量系统或要素间的相互影响程度。目前，分析航运发展与经济发展之间耦合协调度的文献还比较少，而分析物流业与经济发展之间相互联系的文献已有不少。国外学者 Taniguchi 和 Heijden[49]、Neuyen 和 Tongzon[50] 运用向量自相关，Skjott-Larsen 等 [51] 采用 OECD 模型以及 Gogoneata[52] 借助计量经济学方法，来探索物流业与区域经济的协调发展问题。国内也有一些学者应用耦合协调度模型对区域物流与区域经济协调性进行了研究。赵阳等[53]采用 AHP–EVM 组合赋权法，构建耦合协调度模型对苏州 2002—2010 年物流发展水平和经济发展水平的耦合程度进行动态分析。白朋飞[54]运用动态耦合模型分析中国物流业与经济发展的耦合演化态势。朱坚真[55]采用熵权法选取港口经济与城市经济的耦合元素指标，以深圳港为例，运用耦合度模型与耦合协调度模型进行实证分析，动态把握港口经济与城市经济的耦合协调状态。陈红梅等人[56]动态分析了天津自贸区和京津冀区域经济之间的耦合协调度动态演化过程，构建了两系统间的耦合协调评价体系。李丽杰等人[57]构建了河北省区域物流与区域经济的评价指标体系，并对河北省 2009—2014 年的区域物流与区域经济耦合协调度进行了分析。甘信华[58]采用耦合协调度模型和数据分析法研究了苏南地区物流业与经济发展协调型分异及其时空演变特征。

6.1.2 计量分析相关研究的文献综述

计量模型能够定量地分析国际航运市场与宁波区域经济发展的互动关系，得出两者联动发展的必要性。已有不少文献分析物流业与经济发展之间的相互联系。何艳艳[59]以北部湾港港口物流与北部湾经济区经济发展水平为研究对象，基于 VAR 模型考察其港口物流对经济区经济发展的影响趋势，以计量的方式分析北部湾港货物吞吐量与北部湾经济区 GDP 之间存在的相互影响关系。刘佳佳[60]以广州港港口物流和城市经济发展为研究对象，运用 VAR 模型证实了两者之间的互动作用，并通过协同模型研究了两者之间的动态协同程度。李文顺等人[61]、郝添磊等[62]、林宝城等[63]、赵立波[64]、陈志新等[65]应用计量经济模型中的协整检验、VAR 模型、Granger 因果检验模型、脉冲响应分析、方差分解等方法对区域物流与经济发展的关系进行实证分析，探索两者之间的显著相互关系，揭示物流业与经济增长之间的互动性。许秀峰[66]构建了物流业与区域经济关系的回归分析模型，研究发现江苏 GDP 与物流能力之间呈三次多项式关系，物流能力与区域经济之间存在双向因果关系。朱文涛等人[67]运用 Logistics 回归模型，以及边际和弹性分析方法，定量测度了江苏省物流业发展对经济发展的作用。

6.2　宁波区域经济发展综合指数构建

反映区域经济发展的指标包括国民生产总值、财政、物价、投资、消费等，需要对这些指标进行综合评价以描述区域经济发展的总体状态。目前关于多指标综合评价的方法有很多，根据权重确定方法的不同，大致可以分为两类：一类是主观赋权法，如层次分析法、德尔菲法等，这类方法主观性较强，往往会由于人为主观因素导致结果不能完全真实地反映事物之间的现实关系。另一类是客观赋权法，如主成分分析法、因子分析法等，这类方法根据各指标之间的相关关系或各项指标值的变异程度来确定权数，以避免由于人为因素带来的偏差。本章采用主成分分析法来构建反映宁波区域经济发展的综合指数，以克服指标权重选择上的主观因素影响，从而客观地反映样本间的现实关系。

6.2.1　主成分分析法简介

主成分分析法的基本思想是删去重复的多余变量（关系紧密的变量），建立尽可能少的新变量，使得这些新变量是两两不相关的，而且这些新变量在反映问题的信息方面尽可能保持原有的信息。主成分分析法是一种降维的统计方法，它借助于一个正交变换，将其分量相关的原随机向量（比如 P 个分量）转化成其分量不相关的新随机向量。通常数学上的处理就是将原来 P 个指标作线性组合，作为新的综合指标。常用的做法是用 F_1（选取的第一个线性组合，即第一个综合指标）的方差来表达，即 $Var(F_1)$ 越大，表示 F_1 包含的信息越多。因此在所有的线性组合中选取的 F_1 应该是方差最大的，故称 F_1 为第一主成分。如果第一主成分不足以代表原来 P 个指标的信息，再考虑选取 F_2 即选第二个线性组合，为了有效地反映原来信息，F_1 已有的信息就不需要再出现再 F_2 中，用数学语言表达就是要求 $Cov(F1, F2)=0$，则称 F_2 为第二主成分，依此类推可以构造出第三、第四、……，第 P 个主成分。

6.2.2　指标选取和数据来源

按照系统性、全面性、科学性、数据可得性等原则，参考已有的研究文献，采用频度分析法对指标进行筛选，建立反映宁波区域经济发展的综合评价指标体系（详细指标见表6-1），包括 GDP、第二产业 GDP、社会消费品零售总额、外贸进出口总额、农村人均可支配收入、城镇人均可支配收入、公共财政预算收入、固定资产投资、PPI 指数等指标来描述宁波区域经济发展的总体状况。

表6-1 宁波区域经济发展综合评价指标体系

	GDP	单位	X_1
	第二产业 GDP	亿元	X_2
	第三产业 GDP	亿元	X_3
	社会消费品零售总额	亿元	X_4
宁波区域经济发展综合评价指标体系	外贸进出口总额	亿美元	X_5
	农村人均可支配收入	元	X_6
	城镇人均可支配收入	元	X_7
	公共财政预算收入	亿元	X_8
	固定资产投资	亿元	X_9
	PPI 指数	%	X_{10}

本章选取宁波 2012 年 3 月—2022 年 3 月的季度数据进行分析，数据来源于宁波统计信息网的《进度数据库》和《宁波市国民经济和社会发展统计公报》。

6.2.3 宁波区域经济发展综合指数构建

（1）数据的处理

各指标选取了季度数据，为消除季节性因素，表 6-1 中各指标选取了与上一年同期相比的增长率。为消除各指标间量纲和数量级的不同而造成的影响，使数据具有可比性，采用标准差法对原始数据进行标准化处理：

$$x^* = \frac{x - \mu}{\sigma}$$

这里 μ 为变量的样本均值，σ 为变量的样本标准差。

（2）主成分分析

根据主成分分析步骤，计算相关系数矩阵 R、对应的特征值及主成分载荷矩阵（如表 6-2、表 6-3 和表 6-4 所示），本章应用 SPSS 软件进行处理，其中主成分载荷矩阵利用因子载荷矩阵通过公式

$$主成分载荷 = 因子载荷 / \sqrt{对应特征值}$$

计算获得。

表6-2 相关系数矩阵R

		X_1	X_2	X_3	X_4	X_5	X_6	X_7	X_8	X_9	X_{10}
X_1	GDP	1.00	0.98	0.98	0.91	0.90	0.41	0.50	0.05	0.68	0.55
X_2	第二产业GDP	0.98	1.00	0.93	0.89	0.90	0.36	0.44	0.03	0.68	0.60
X_3	第三产业GDP	0.98	0.93	1.00	0.89	0.88	0.46	0.57	0.09	0.68	0.50
X_4	社会消费品零售总额	0.91	0.89	0.89	1.00	0.73	0.34	0.46	−0.16	0.59	0.40
X_5	外贸进出口总额	0.90	0.90	0.88	0.73	1.00	0.54	0.55	0.28	0.70	0.70
X_6	农村人均可支配收入	0.41	0.36	0.46	0.34	0.54	1.00	0.91	0.64	0.67	0.42
X_7	城镇人均可支配收入	0.50	0.44	0.57	0.46	0.55	0.91	1.00	0.61	0.59	0.46
X_8	公共财政预算收入	0.05	0.03	0.09	−0.16	0.28	0.64	0.61	1.00	0.35	0.34
X_9	固定资产投资	0.68	0.68	0.68	0.59	0.70	0.67	0.59	0.35	1.00	0.43
X_{10}	PPI指数	0.55	0.60	0.50	0.40	0.70	0.42	0.46	0.34	0.43	1.00

表6-3 相关矩阵的特征值及贡献率

	特征值	差分	比例	累积
1	6.335	4.352	63.354	63.354
2	1.983	1.251	19.832	83.186
3	0.732	0.334	7.321	90.507
4	0.398	0.094	3.983	94.490
5	0.304	0.179	3.043	97.533
6	0.125	0.063	1.249	98.782
7	0.062	0.030	0.620	99.402
8	0.032	0.005	0.321	99.723
9	0.027	0.026	0.269	99.992
10	0.001	0.001	0.008	100.000

表6-4　主成分载荷矩阵

		P_1	P_2	...
X_1	GDP	0.266	0.089	...
X_2	第二产业 GDP	0.371	−0.234	...
X_3	第三产业 GDP	0.364	−0.252	...
X_4	社会消费品零售总额	0.371	−0.185	...
X_5	外贸进出口总额	0.331	−0.311	...
X_6	农村人均可支配收入	0.371	−0.056	...
X_7	城镇人均可支配收入	0.269	0.454	...
X_8	公共财政预算收入	0.290	0.391	...
X_9	固定资产投资	0.125	0.608	...
X_{10}	PPI 指数	0.321	0.111	

根据相关系数矩阵可以看出，大部分的变量之间存在线性关系，部分变量间线性相关系数值达到 0.7 以上，这表明变量之间存在共同信息，利用主成分降维效果比较好。

由主成分特征值和贡献率（见表 6-3 和表 6-4）可知，前两个主成分特征值大于 1，并且累计贡献率达到 83%，基本能够反应原数据的大部分信息，所以提取前两个主成分，分别记为 P_1，P_2，P_3，P_4。

根据主成分载荷矩阵可以分别得到主成分得分计算表达式（式中 X 相关变量均为指标标准化后数据）：

$$P_1 = 0.266X_1 + 0.371X_2 + 0.364X_3 + 0.371X_4 + 0.331X_5$$
$$+ 0.371X_6 + 0.269X_7 + 0.290X_8 + 0.125X_9 + 0.321X_{10}$$

$$P_2 = 0.089X_1 - 0.234X_2 - 0.252X_3 - 0.185X_4 + 0.331X_5$$
$$- 0.056X_6 + 0.454X_7 + 0.391X_8 + 0.608X_9 + 0.111X_{10}$$

为综合反映区域经济发展状况，利用各主成分的贡献率，进行加权求和，得如下宁波区域经济发展综合指数：

$$P_{综合} = \frac{6.335P_1 + 1.982P_2}{6.334 + 1.983}$$

6.3　耦合协调度分析

下面研究国际航运业发展与宁波区域经济发展之间的辩证关系，明晰国际航运业发展与宁波区域经济发展之间的相互协调程度。我们采用宁波出口集装箱运价指数（NCFI）和宁波区域经济发展综合指数（$P_{综合}$）来分别反应国际航运业发展和宁波区域经济发展状况，并选择 2012 年 1 月—2022 年 3 月的季度数据（一个季度内的运价指数平均值）进行分析。

6.3.1　数据标准化处理

为克服两个子系统数据在数量级和量纲方面差异的影响，对数据采用极差标准化处理。另外，为避免数据归一化处理过程中出现数据为 0 而导致不适用于计算协调度系数，故对两个子系统指数进行调整，使其介于 0.1~1.0：

$$u_1 = 0.9 \times \frac{NCFI - \min\{NCFI\}}{\max\{NCFI\} - \min\{NCFI\}} + 0.1$$

$$u_2 = 0.9 \times \frac{P_{综合} - \min\{P_{综合}\}}{\max\{P_{综合}\} - \min\{P_{综合}\}} + 0.1$$

式中 u_1 和 u_2 分别表示标准化后的宁波出口集装箱运价指数和宁波区域经济发展综合指数；$NCFI$ 和 $P_{综合}$ 是原始的宁波出口集装箱运价指数和宁波区域经济发展综合指数；min、max 分别表示取最小值和最大值。

6.3.2　耦合度模型

宁波出口集装箱运价指数与宁波区域经济发展综合指数这两个系统的耦合度模型[5,10] 为：

$$C = \sqrt{(u_1 \times u_2)/(u_1 + u_2)^2},$$

其中 u_1 为标准化后的宁波出口集装箱运价指数，u_2 为标准化后的宁波区域经济发展综合指数，C 表示宁波出口集装箱运价指数与宁波区域经济发展综合指数的耦合度，其取值在 0～1 之间。C 值越小，表明宁波出口集装箱运价指数与宁波区域经济发展之间的耦合度越小，发展越不协调；C 值越大，两系统之间的耦合度越大，关联性越大，系统发展越协调。

6.3.3 耦合协调度模型

耦合度 C 主要是描述宁波出口集装箱运价指数与宁波区域经济发展综合指数两个系统之间的影响程度，在一些特殊情况下，往往不能真实反映两个系统之间作用的效果，或者说不能够与两个系统各自发展水平相协调。有可能会出现当宁波出口集装箱运价指数和宁波区域经济发展综合指数两者的数值都较小时，耦合度 C 计算结果却高于数值比较大时的计算结果。换句话说，在宁波出口集装箱运价指数与宁波区域经济发展综合指数都比较低时，两者却呈现出高耦合性，这肯定不符合实际发展需要。因此，为了避免上述问题的出现，更真实地反映宁波出口集装箱运价指数与宁波区域经济发展之间的协调发展程度，需要构建宁波出口集装箱运价指数与宁波区域经济发展综合指数之间的耦合协调度模型 [5,10]：

$$D = \sqrt{C \times T}, \ T = au_1 + \beta u_2,$$

其中 T 为宁波出口集装箱运价指数与宁波区域经济发展综合指数的综合协调指数，反映两者整体协同的效应或水平；α 和 β 为待定系数，笔者认为宁波出口集装箱运价指数与宁波区域经济发展都很重要，因此取 $\alpha=\beta=0.5$；u_1 和 u_2 为宁波出口集装箱运价指数与宁波区域经济发展综合指数；C 为耦合度；D 为耦合协调度，且 D 值也在 $0 \sim 1$ 之间。当 D 值接近于 0 时，表明两者的耦合协调度较低，处于低度协调状态；当 D 值接近于 1 时，表明两者的耦合协调度较高，处于相互促进的良性协调状态。根据目前学术界的主流分段方法，将 C 和 D 划分为四种类型 [5, 10]，具体评价标准见表6-5。

表6-5　耦合协调等级划分

耦合度 C	耦合等级	耦合协调度 D	耦合协调等级
（0，0.3）	低水平耦合阶段	（0，0.3）	低度协调
（0.3，0.5）	拮抗阶段	（0.3，0.5）	中度协调
（0.5，0.8）	磨合阶段	（0.5，0.8）	高度协调
（0.8，1）	高水平耦合阶段	（0.8，1）	极度协调

6.3.4 耦合协调度分析

根据耦合度和耦合协调度计算公式，计算宁波出口集装箱运价指数与宁波区域经济发展综合指数耦合度（C）及耦合协调度（D），并绘制两者的趋势图，如图 6-1 所示。

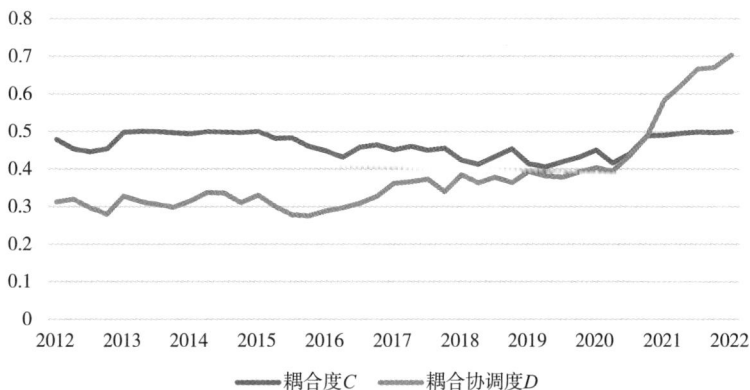

图 6-1　2012-2022 年宁波出口集装箱运价指数与宁波区域经济发展综合指数耦合度及耦合协调度变化趋势

（1）宁波出口集装箱运价指数与宁波区域经济的耦合度分析

从图 6-1 可见，宁波出口集装箱运价指数与宁波区域经济发展的耦合度有如下几个方面的表现：

① 整体来看，2012—2022 年宁波出口集装箱运价指数与宁波区域经济耦合度虽然有一定的起伏，但是总体比较平稳；从耦合等级来看，几乎都处于拮抗阶段与磨合阶段的临界点。这说明目前宁波出口集装箱运价指数与宁波区域经济之间达到了基本和谐状态，这对两个系统共同发展具有重要作用。

② 2012—2015 年，宁波出口集装箱运价指数与宁波区域经济的耦合度在经历震荡后，几乎处于水平状态，两个系统处于较为协调稳固的均衡状态。这主要是因为金融危机后政府采取了一系列强有力的宏观调控政策，使得宁波区域经济保持了较好增长。

③ 2015—2020 年，宁波出口集装箱运价指数与宁波区域经济的耦合

度出现了一定的下滑并波动，至 2020 年第四季度又回升到了较高水平。这是由于世界经济复苏缓慢及国内经济下行压力，导致自 2015 年开始，国际航运业与区域经济都有一个比较明显的下行过程；通过出台一系列稳增长、促改革、调结构、惠民生、防风险的政策措施，有效对冲了下行风险，经济增长积极因素增多，至 2020 年第四季度宁波出口集装箱运价指数与宁波区域经济的耦合度又回升到较好水平。

④ 2020 年以后，受疫情影响，国内出口量增加，宁波经济也受此影响较大，宁波出口集装箱运价指数与宁波区域经济的耦合度逐步缓慢提升，达到最高点。

（2）宁波出口集装箱运价指数与宁波区域经济的耦合协调度分析

耦合协调是耦合更高层次的协调，不仅体现在系统之间的相互影响，而且体现在两者作为整体的协同效应。从图 6-1 可见，宁波出口集装箱运价指数与宁波区域经济的耦合协调度有如下几个方面的表现：

① 2012——2022 年，宁波出口集装箱运价指数与宁波区域经济的耦合协调度变化大致与耦合度的变化趋势一致，但总体是震荡上行的过程。疫情以后，耦合协调度的升高明显，说明受疫情影响，宁波区域经济和国际航运之间关系愈发紧密。

② 2012——2015 年，宁波出口集装箱运价指数与宁波区域经济的耦合协调度，基本处于低度协调和中度协调之间震荡，其震荡要比耦合度更加明显。这主要是由于受到世界金融危机冲击，外贸出口受到了较大影响，从而导致宁波出口集装箱运价指数与宁波区域经济的耦合协调度逐步下降，并一直处于低位运行。2015 年下半年的耦合协调度甚至下降到 0.3 以下，并在 2015 年第四季度达到最低点。

③ 2016 年之后，宁波出口集装箱运价指数与宁波区域经济的耦合协调度出现了明显波动上行，目前已经达到了高度协调阶段。世界经济复苏缓慢和政府出台一系列稳增长、促改革、调结构、惠民生、防风险的政策措施，两者的相互作用，导致了两者的耦合协调度出现逐步回升的过程。目前，宁波出口集装箱运价指数与宁波区域经济的耦合协调水平已经处于高度协调状态。从整体上看，宁波出口集装箱运价指数和宁波区域经济综合评价指数不断上升，这也反映出两系统间通过不断地磨合与发展取得了双赢的效果。

从耦合协调度模型的分析结果来看，近两年宁波区域经济发展与宁波出口集装箱运价指数的耦合度已经处于磨合阶段，协调度处于高度协调水平，说明两者之间相互促进作用效果较往年有显著的提高，并越来越明显。宁波作为一个开放型经济发展大市，对外贸易对于宁波区域经济发展有着重要作用，如果两者能够协调发展，则有利于宁波区域经济的长远发展。金融危机后，全球贸易结构发生重大变化，对出口企业的高新技术应用水平、技术附加值等要求越来越高，这对宁波外贸冲击较大。2016 年 8 月宁波市政府出台了促进外贸稳增长的 22 条意见，2019 年 9 月出台了《实施"225"外贸双万亿行动方案》，这些举措有效推动了外贸稳定增长，促进了外贸转型升级，进一步提升了外贸发展环境。但是面临中美贸易战、新冠肺炎疫情等影响，世界经济形势存在很大不确定性，宁波对外贸易仍然存在很大困难，需要政府推进投融资体系改革，使资金更多流向中小企业；需要政府推动小微企业的创新能力提升；需要政府将中小企业发展纳入地方产业发展规划中，加强对其转型升级的业务指导和政策引导。

6.4　关联度计量分析

为了进一步定量地分析国际航运市场与宁波区域经济发展的互动关系，了解两个系统之间长期发展的因果关系和定量解释。本小节将对两个变量间进行 VAR 模型的分析。VAR 模型，即向量自回归模型（Vector autoregression model）是处理多个相关经济指标的动态关系的常用模型，由 Christopher Sims 于 1980 年提出。VAR 模型把系统中每一个内生变量作为系统中所有内生变量的滞后值的回归函数来构造模型，从而将单变量自回归模型推广到由多元时间序列变量组成的"向量"自回归模型。

6.4.1 数据选取

为能够系统地反映国际航运市场与宁波区域经济发展的互动关系，本节选取 2012 年 3 月—2022 年 3 月的宁波出口集装箱运价指数季度数据和宁波区域经济发展综合指数季度数据进行分析。

6.4.2 平稳性检验

大量实证研究表明，区域经济发展指数时间序列常常表现为 $I(1)$ 过程，即含有一个单位根，这表明某些外在的振荡对经济有永恒的影响。一般认为，ADF 稳定性检验法是目前最有效的时间序列稳定性检验工具。

如果在时间序列无差分情况下，t 统计值小于临界值，那么时间序列无单位根，是稳定的 $I(0)$ 序列；如果时间序列在无差分情况下不能拒绝检验，但在第一次差分情况下拒绝检验，那么时间序列是含有一个单位根的不稳定的 $I(1)$ 序列；如果时间序列在无差分情况下和在第一次差分情况下均不能拒绝检验，但在第二次差分情况下拒绝检验，那么时间序列是含有 2 个单位根的不稳定的 $I(2)$ 序列。以此类推，进行平稳性检验。

运用 Eviews 软件对宁波出口集装箱运价指数（NCFI）和宁波区域经济发展综合指数（$P_{综合}$）两组序列进行 ADF 检验，发现两组序列经过一阶差分后平稳，都为一阶单整序列（见表6-6）。

表6-6　ADF检验结果

变量	ADF 检验值	5% 临界值	P 值
NCFI	−0.833	−4.212	0.9535
DNCFI	−3.956	−4.212	0.0188
$P_{综合}$	−2.737	−4.205	0.2280
DP	−6.804	−4.227	0.0000

6.4.3 协整检验

由平稳性检验可知，NCFI 序列和 $P_{综合}$ 序列这两个对数序列均为 $I(1)$ 同阶单整序列，满足两变量 Johansen 协整检验的前提条件。然后，根据 AIC 和 SC 准则，确定滞后期为 2，进行协整检验，检验结果见表 6-7 和图 6-2。

表6-7　Johansen协整检验结果

检验名称	原假设	统计量	临界值（5%）	P 值
trace（迹统计量）	None	14.390	15.494	0.0728
	At most 1*	4.085	3.841	0.0433
maximum eigenvalue	None	10.306	14.265	0.1926
	At most 1*	4.085	3.841	0.0433

Unrestricted Cointegration Rank Test (Trace)

Hypothesized No. of CE(s)	Eigenvalue	Trace Statistic	0.05 Critical Value	Prob.**
None	0.255059	14.39030	15.49471	0.0728
At most 1 *	0.110149	4.084530	3.841466	0.0433

Trace test indicates no cointegration at the 0.05 level
* denotes rejection of the hypothesis at the 0.05 level
**MacKinnon-Haug-Michelis (1999) p-values

Unrestricted Cointegration Rank Test (Maximum Eigenvalue)

Hypothesized No. of CE(s)	Eigenvalue	Max-Eigen Statistic	0.05 Critical Value	Prob.**
None	0.255059	10.30577	14.26460	0.1926
At most 1 *	0.110149	4.084530	3.841466	0.0433

Max-eigenvalue test indicates no cointegration at the 0.05 level
* denotes rejection of the hypothesis at the 0.05 level
**MacKinnon-Haug-Michelis (1999) p-values

图 6-2　Johansen 协整检验结果图

trace 的检验判定原假设 None 表示两个变量之间不存在协整关系，该假设的 trace 值 14.390，不能拒绝，认为至少两个变量之间存在一个协整关系；At most 1 表示最多存在一个协整关系，该假设的 trace 值 4.085，可以拒绝原假设，认为至少两个变量之间存在两个协整关系。通过 trace 的检验判断 NCFI 和 $P_{综合}$ 之间存在协整关系。同样，maximum eigenvalue 的检验结果与 trace 相同。

6.4.4 VAR 模型滞后阶数选择和参数估计

本节运用 Eviews 软件对 NCFI 和 $P_{综合}$ 两个变量之间进行 VAR 模型估计。一般为了确定模型阶数，经常利用 AIC 和 BIC 准则，除此之外还有 FPE、HQ 准确等。很多情况下，不同准则或检验统计量选择的最优滞后阶数可能会不同。在这种情况下，一般采用"多数原则"，即超过半数的可用判断准则指向的那个滞后期很可能就是一个最优选择。利用 Eviews 软件，计算 VAR 模型滞后期数的各类准则结果，如图 6-3 所示。

Lag	LogL	LR	FPE	AIC	SC	HQ
0	-357.5907	NA	1625836.	19.97726	20.06523	20.00796
1	-275.1349	151.1689	20819.09	15.61860	15.88252	15.71072
2	-269.8854	9.040089	19478.12	15.54919	15.98905	15.70271
3	-253.8834	25.78088	10063.70	14.88241	15.49823	15.09735
4	-246.6988	10.77701*	8530.335*	14.70549*	15.49725*	14.98183*
5	-245.4057	1.795938	10101.50	14.85587	15.82358	15.19363

图 6-3　NCFI 序列和 $P_{综合}$ 序列 VAR 模型的滞后期选择结果

从图 6-3 可知，最优滞后阶数为 4，应该选择 VAR（4）模型进行后续分析。对 VAR（4）模型进行稳定性检验，得到单位检验图（如图 6-4 所示）。可知，所有的点均在单位圆中，说明构建的 VAR 模型稳定，能够用来预测未来的 NCFI 和 c 的交互影响。

R-squared	0.958953	0.971096
Adj. R-squared	0.947225	0.962838
Sum sq. resids	5.111606	983420.8
S.E. equation	0.427267	187.4091
F-statistic	81.76708	117.5906
Log likelihood	-15.88175	-240.9764
Akaike AIC	1.344959	13.51224
Schwarz SC	1.736804	13.90408
Mean dependent	0.245849	1111.804
S.D. dependent	1.859876	972.1641

Determinant resid covariance (dof adj.)	6099.587
Determinant resid covariance	3493.116
Log likelihood	-255.9346
Akaike information criterion	14.80728
Schwarz criterion	15.59097

图 6-4　VAR 模型拟合结果图

根据定阶结果，进行 VAR（4）模型的参数估计，得如下公式

$$P_{综合} = 0.411 \times P_{综合}(-1) + 0.050 \times P_{综合}(-2) + 0.042 \times P_{综合}(-3)$$
$$+ 0.495 \times P_{综合}(-4) + 9.497e \times NFCI(-1) + 2.474e\text{-}05 \times,$$
$$NFCI(-2) - 0.02 \times NFCI(-3) + 0.002 \times NFCI(-4)$$

$$NFCI = 109.630 \times P_{综合}(-1) + 138.183 \times P_{综合}(-2) - 216.850 \times P_{综合}(-3)$$
$$+ 1.276 \times P_{综合}(-4) + 1.461 \times NFCI(-1) - 0.399 \times NFCI(-2) -$$
$$0.310 \times NFCI(-3) + 0.2434 \times NFCI(-4)$$

模型拟合效果如图 6-4 所示。从模型的回归方程可以发现，回归方程的拟合优度均达到 0.95 以上，拟合效果较好。

6.4.5 格兰杰因果检验

在 VAR 模型基础上的格兰杰因果检验的实质是对一组系数显著性检验。可以检验 NCFI 和 $P_{综合}$ 的滞后项是否对彼此的当期值有影响。对 NCFI 和 $P_{综合}$ 进行格兰杰因果检验，结果见表 6-8。

表6-8　格兰杰因果检验结果

原假设	滞后期	P 值	结论
宁波区域经济发展综合指数不是宁波出口集装箱运价指数的格兰杰原因	1	0.0023	拒绝
宁波出口集装箱运价指数不是宁波区域经济发展综合指数的格兰杰原因	1	0.2667	不拒绝
宁波区域经济发展综合指数不是宁波出口集装箱运价指数的格兰杰原因	2	0.0481	拒绝
宁波出口集装箱运价指数不是宁波区域经济发展综合指数的格兰杰原因	2	0.7291	不拒绝
宁波区域经济发展综合指数不是宁波出口集装箱运价指数的格兰杰原因	3	0.0098	拒绝
宁波出口集装箱运价指数不是宁波区域经济发展综合指数的格兰杰原因	3	0.0591	拒绝

由表 6-8 可知，在滞后阶数为 1～3 的情况下，宁波区域经济发展综合指数均为宁波出口集装箱运价指数的格兰杰原因，P 值 < 0.1。但只有滞后阶数为 3 时，宁波出口集装箱运价指数才是宁波区域经济发展综合指数的格兰杰原因，P 值 < 0.1。这说明两个变量之间存在双向因果关系，相互影响作用显著。但是宁波区域经济发展综合指数对宁波出口集装箱运价指数的影响比较迅速，但宁波出口集装箱运价指数对宁波区域

经济发展综合指数的影响存在一定的滞后性。

对 VAR（4）模型进行格兰杰因果关系 LR 检验，得到以下结果（见图 6-5）。由此可知，在 VAR（4）模型中，宁波出口集装箱运价指数和宁波区域经济发展综合指数互为因果关系，均具有相互的促进作用。

Dependent variable: P

Excluded	Chi-sq	df	Prob.
NCFI	33.18483	4	0.0000
All	33.18483	4	0.0000

Dependent variable: NCFI

Excluded	Chi-sq	df	Prob.
P	16.33046	4	0.0026
All	16.33046	4	0.0026

图 6-5　格兰杰因果关系 LR 检验结果

综上所述，在短期来看，宁波区域经济发展综合指数涨跌对宁波出口集装箱运价指数有着直接影响，从长期来看，两者之间存在互动关系。

6.4.6 脉冲响应分析

脉冲响应分析可以进一步说明宁波区域经济发展综合指数和宁波出口集装箱运价指数之间的相互影响程度以及未来的影响趋势。本节采用一般脉冲响应方法模拟脉冲响应函数。横坐标表示冲击作用的滞后期数，纵坐标表述因变量对解释变量的响应。实线是脉冲响应函数，虚线表示正负两倍标注差偏离区间，如图 6-6 所示。

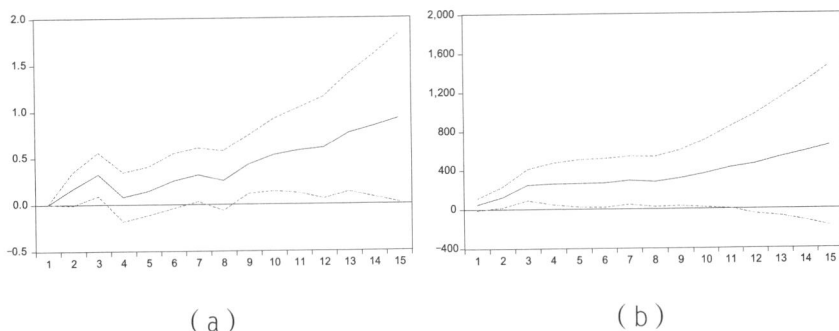

（a）　　　　　　　　　　　　（b）

图 6-6　NCFI 和 $P_{综合}$ 之间的脉冲响应图

从图 6-6 中可以看出，宁波区域经济发展综合指数对宁波出口集装箱运价指数的影响均为正向冲击。在第三期后会有一个波动出现，整体趋势向上。宁波区域经济发展对宁波出口集装箱运价指数存在长期的正面影响，并且逐步提升。

反之，宁波出口集装箱运价指数在前期对宁波区域经济发展的影响较小，但逐步递增，整体趋势较为平缓，长期影响有快速增加的趋势。说明宁波出口集装箱运价指数对宁波区域经济发展的影响存在一定的滞后性，但其发展会长期、稳定地促进宁波区域经济的提升。

6.4.7　方差分解分析

方差分解是分解的内生变量，观察其对于结构的贡献力度是多少，从而评价不同结构冲击的重要性。方差分解结果见图 6-7。

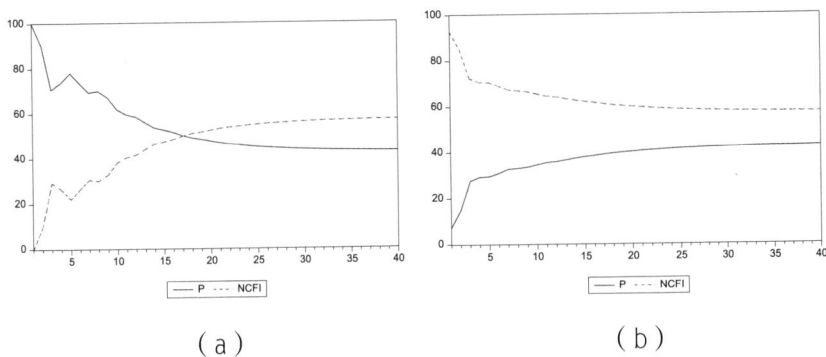

（a）　　　　　　　　　　　　（b）

图 6-7　方差分解趋势图

从图看出，NCFI 对 $P_{综合}$ 的影响逐步增大，并在第 3 期之后增速放缓。17 期以后，$P_{综合}$ 的预测方差有 50% 以上是由 NCFI 变动引起的。同样 $P_{综合}$ 对 NCFI 的影响也是随着时间推移逐步增大，在第三期后增速放缓，但 NCFI 的预测方差，大约 40% 是由 $P_{综合}$ 的变化引起的。由此看出，宁波出口集装箱运价指数对宁波区域经济的发展有着较大的促进作用。长期来看，宁波区域经济的发展，很大程度依赖于宁波出口集装箱运价指数的变化。反之宁波区域经济的发展也促进宁波出口集装箱运价指数的发展，对宁波出口集装箱运价指数的短期影响较大，长期影响趋于稳定。两者之间存在相互促进的关系。

6.5　结论和对策建议

6.5.1 结论

由耦合协调度模型的分析结果可知，近两年宁波区域经济发展与宁波出口集装箱运价指数耦合协调度还处于高度协调水平，这说明两者之间相互促进作用越来越显著，但耦合度依旧处于磨合阶段。宁波作为一个开放型经济发展大市，对外贸易对于宁波区域经济发展有着重要作用，两者需要协调发展，才有利于宁波经济的长远发展。

由计量分析模型可知，短期来看，宁波区域经济发展综合指数的涨跌会直接影响宁波出口集装箱运价指数的涨跌。长期来看，宁波出口集装箱运价指数的波动对宁波区域经济发展综合指数的影响更加强烈。

（1）由协整检验结果得到，宁波出口集装箱运价指数与宁波区域经济发展综合指数两者之间存在协整关系，具有长期稳定的联动关系。从格兰杰因果检验可以看出，两者存在互为因果的关系。只是宁波出口集装箱运价指数对宁波区域经济发展综合指数的影响存在滞后性，其影响更加长期且影响力更大。

（2）从脉冲响应和方差分解分析得到，宁波出口集装箱运价指数对宁波区域经济发展综合指数的影响是长期且稳定的，而且是宁波区域经济发展综合指数的主要影响因素。

6.5.2 对策建议

针对宁波出口集装箱运价指数与宁波区域经济发展综合指数两者的相互关系，有如下对策建议：

（1）重视宁波出口集装箱运价指数与宁波区域经济发展综合指数的正向关系。由协整检验和误差修正模型可以看出，宁波出口集装箱运价指数与宁波区域经济发展综合指数之间存在协整关系，具有长期和短期的正相关性。当预期到宁波出口集装箱运价指数出现较大波峰时，应重视宁波区域经济发展出现的波峰，认真分析当前经济是否存在过热现象，并选择合适的经济政策予以治理；另一方面，当预期到宁波出口集装箱运价指数会出现较大波谷时，应充分意识到区域经济可能出现下行趋势，并及时推出相应的经济政策以避免区域经济大幅下滑。

（2）建立科学的宁波出口集装箱运价指数预测模型。由于宁波出口集装箱运价指数对宁波区域经济发展具有较强的联动关系，预测宁波出口集装箱运价指数的未来走势可为分析宁波区域经济发展的变化趋势提供科学依据，进而为制定区域经济政策提供理论基础。在建立宁波出口集装箱运价指数预测模型时，应仔细分析宁波出口集装箱运价指数的数据特征及各预测方法的适用条件。在此基础上，比较各预测方法的预测效果，进而建立合适的预测模型。

（3）巩固和提升对外贸易优势来改善宁波区域经济和国际航运业的协调发展。宁波作为一个开放型经济发展大市，对外贸易对于宁波区域经济发展有着重要作用，如果两者不能协调发展，不利于宁波经济的长远发展。金融危机后，全球贸易结构发生重大变化，对出口企业的高新技术应用水平、技术附加值等要求越来越高，这对宁波外贸冲击较大。2016 年 8 月宁波市政府出台了促进外贸稳增长的 22 条意见，有效推动了外贸稳定增长、促进了外贸转型升级、进一步提升了外贸发展环境。目前外贸型中小企业转型虽然有一定改善，但仍然存在较多困难，需要政府推进投融资体系改革，使资金更多流向中小企业；需要政府推动小微企业的创新能力提升；需要政府将中小企业发展纳入地方产业发展规划中，加强对其转型升级的业务指导和政策引导。

6.6 本章小结

本章研究了探讨了宁波出口集装箱运价指数与宁波区域经济发展之间的协调发展问题，并研究了两者之间的关联度，定量分析了两者之间的联动关系和因果关系，并利用脉冲响应分析和方差分解分析量化两者之间的相互作用，进而为制定区域经济政策提供理论基础。

首先建立反映宁波区域经济发展的评价指标体系，并利用主成分分析法构建反映宁波区域经济发展的综合指数。采用耦合协调分析法，定性地分析了宁波出口集装箱运价指数与宁波区域经济发展之间相互配合和彼此促进的程度，动态反映国际航运市场与宁波区域经济发展之间的辩证关系，明晰国际航运市场与宁波区域经济发展之间的耦合协调程度。其次建立两者之间的 VAR 模型，利用单位根检验法（ADF 检验法）来验证宁波出口集装箱运价指数和宁波区域经济发展综合指数两个数据序列的平稳性；通过进行协整检验判定两者是否存在长期稳定的关系；利用格兰杰因果检验判定两者之间的相互影响关系；通过脉冲响应和方差分解分析得到两者之间的相互影响的程度。最后根据实证结果给出了分析结果和对策建议。

第 7 章　集装箱运费衍生品

风险是指事件结果的不确定性。风险可能使人获得意外收益，风险也可能使人遭受意外损失。在航运市场中，存在着运价风险、成本风险、利率风险、汇率风险、安全风险等各种风险[68,69]。面对风险，不同的人会有不同的态度：有的人选择回避风险，宁愿放弃可能获得意外收益的机会，甚至愿意付出一定的代价来消除风险；有的人愿意承担风险，期望从风险资产的市场价格变动中获得风险利润[70]。航运衍生品是满足航运市场风险管理需要的工具。

7.1　金融衍生品概述

金融衍生品，又称金融衍生工具，是指从基础资产派生出来的金融风险管理工具。现代意义上的金融衍生产品交易开始于 1972 年美国芝加哥期货交易所推出的外汇期货。20 世纪 70 年代产生的金融衍生产品交易主要是期货和期权交易。到了 20 世纪 80 年代，互换交易获得了长足的发展。20 世纪 90 年代以来，基于套期保值、投融资管理等多种风险管理需要，越来越多的企业参与到金融衍生产品交易。目前，金融衍生产品按照交易方法不同可以分成四类[71]：远期合约、期货合约、期权合约和互换合约。

（1）金融远期合约

金融远期合约是一种交易双方现在约定在未来某一确定的时间，以确定的价格买卖一定数量的某种金融资产的合约。合约中要规定交易的标的物、有效期和执行价格等内容。根据基础资产划分，常见的金融远期合约包括远期股权合约、远期债权合约、远期利率协议、远期汇率协议四个大类。

远期合约的主要特点是：远期交易是交易双方对未来某一确定时间的交易达成协议，协议是现在定下来的，但合约的履行、货款的交割是在未来时刻；远期合约是必须要履行的，交易双方都存在风险；合约条款是为买卖双方量身定制的；合约是通过场外交易达成的。

（2）金融期货合约

金融期货合约是标准化的金融远期合约。按照标的资产不同一般可以分为三类：外汇期货、利率期货和股票指数期货。相对于金融远期而言，它具有以下特点：

①指定交易所。金融期货合约必须在指定的交易所内集中交易。

②合约标准化。金融期货合约是符合交易所规定的标准化合约，对于交易对象的品质、数量及到期日、交易时间、交割等级都有严格而详尽的规定。

③保证金逐日结算。必须在交易前交纳合约金额的5%~15%作为保证金，并由清算公司进行逐日结算，如有盈余可以支取，如有损失且账面保证金低于维持水平时必须及时补足。

④头寸结束多样性。结束期货头寸的方法有三种，第一，由对冲或反向操作结束原有头寸，即买卖与原头寸数量相等、方向相反的期货合约；第二，采用现金或现货交割；第三，实行期货转现货交易。

⑤交易参与者大众化。期货交易更具有大众意义，交易参与者可以是银行、公司、财务机构、个人等。

（3）金融期权

金融期权，又称选择权，是指期权持有人在规定的期限内具有按交易双方约定的价格购买或出售一定数量某种金融资产的权利。期权的持有者又称为期权买方，拥有在约定期限内以约定价格购买或出售一定数量某种金融资产的权利；期权的出售者又称为期权卖方，在取得期权费后在约定的期限内必须无条件地服从买方的权利行使并履行期权合约中的承诺。

1）期权的类型

按权利类型、行权时间、标的物等分类标准，可以将期权分成不同的类别。

① 按期权的权利划分，分看涨期权和看跌期权两种类型。看涨期权是指期权的买方向期权的卖方支付一定数额的权利金后，拥有在期权合约的有效期内，按事先约定的价格向期权卖方买入一定数量的期权合约规定的特定标的物的权利，但不负有必须买进的义务；而期权卖方有义务在期权规定的有效期内，应期权买方的要求，以期权合约事先规定的价格卖出期权合约规定的特定标的物。看跌期权是指期权的买方向期权的卖方支付一定数额的权利金后，拥有在期权合约的有效期内，按事先约定的价格向期权卖方卖出一定数量的期权合约规定的特定标的物的权利，但不负有必须卖出的义务；而期权卖方有义务在期权规定的有效期内，应期权买方的要求，以期权合约事先规定的价格买入期权合约规定的特定标的物。

② 按期权的行权时间划分，主要有欧式期权和美式期权两种类型。欧式期权是指在期权合约规定的到期日方可行使权利，期权的买方在合约到期日之前不能行使权利。美式期权是指在期权合约规定的有效期内任何时候都可以行使权利。百慕大期权是一种可以在到期日前所规定的一系列时间行权的期权。

③ 按期权合约标的划分，有股票期权、股指期权、商品期权以及外汇期权等种类。

2）期权的要素

期权合约主要有三项要素：期权费、执行价格和合约到期日。

期权费，又称权利金，是期权的价格。期权费是期权的买方为获取期权合约所赋予的权利而必须支付给卖方的费用。对于期权的买方来说，期权费是其损失的最高限度。

执行价格是指期权的买方行使权利时事先约定的买卖价格。执行价格确定后，在期权合约规定的权利行使期内，无论价格怎样波动，只要期权的买方要求执行该期权，期权的卖方就必须以此价格履行义务。

合约到期日是指期权合约必须履行的最后日期。欧式期权规定只有在合约到期日方可执行期权。美式期权规定在合约到期日之前的任何一个交易日（含合约到期日）均可执行期权。

（4）互换合约

互换合约是指交易双方约定在未来某一期限相互交换各自持有的资产或现金流的交易形式。较为常见的是外汇互换合约和利率互换合约。互换合约主要是企业或金融机构之间的场外合约，是根据双方的需要量身定制的。

7.2　航运运费衍生品发展现状

航运需求是由国际贸易派生出来的需求，受供求、天气、政策以及燃油价格、港口装卸等多种因素综合影响，航运价格的波幅和频率明显大于一般商品价格，从而使得航运业是一个风险很高的行业。由于航运企业不能储存运力，所以航运市场供求很难调节，这导致运价很容易大幅波动。由于运费收入是航运企业最主要收入，运价波动会对航运企业产生巨大影响，所以运价风险是其所面临的首要风险。经营成本的波动对航运企业利润影响也比较大，例如燃油费用占运输成本的比重很高，而燃油价格的不确定性必定会给航运企业带来巨大的经营成本风险。航运业属于资金密集型行业，航运企业经常需要融资来购买船舶，这必然会产生利率风险与汇率风险。安全风险主要是指海上长距离航行时遭遇到的意外事故和不可抗力造成的损失或法律责任风险。

为应对航运价格剧烈波动带来的巨大风险，航运经营者就将金融衍生品引入到航运市场的交易当中，从而促使了航运衍品市场的诞生和发展。经过多年的发展，航运市场已经推出了很多种类的航运运费衍生品，其中最主要的是航运运费指数期货、航运远期运费协议和航运运费期权。

（1）航运运费指数期货

波罗的海运费指数期货（Baltic International Freight Futures Exchange, BIFFEX）是世界上第一个航运运费衍生品，于 1985 年由波罗的海航运交易所推出，其标的指数是波罗的海运价指数（Baltic Freight Index, BFI）。BIFFEX 的交易方式与股票市场中的股指期货比较类似。BIFFEX 一经推出就受到市场欢迎，但是它也存在一些弊端，主要表现在如下几个方面[72,73]：首先是合约标的指数是一揽子航线运价组合，与船东实际需求航线的关联性不强，导致期货套期保值率低；其次是合约的流动性不足，缺乏对新参与者的吸引力；第三是很多市场参与者不熟悉航运运费衍生品，影响了参与积极性。随着航运远期运费协议（Forward Freight Agreement，FFA）的诞生，BIFFEX 于 2002 年 4 月退出了航运运费衍生品市场。

（2）航运远期运费协议

远期运费协议（FFA）是目前航运运费衍生品市场中交易最活跃的品种[73]。FFA 是买卖双方达成的一种有关远期运价的合约，在合约中买卖双方约定未来某个确定时间内，账面结算合同约定航线的运费价格与运价指数之间的差额[69]。FFA 是买卖双方协商达成的，合同中对航线、价格、数量和期限等具体细节都有明确约定。FFA 弥补了 BIFFEX 在灵活性和针对性上的不足。FFA 最初由克拉克森于 1991 年首次提出，欧洲两家著名航运公司于 1992 年签订了第一份干散货 FFA。自从第一份 FFA 达成以来，FFA 市场迅速发展和不断完善。2000 年 FFA 市场交易了 1600 手，2006 年达到了 165 万手，2021 年全球干散货 FFA 成交量达到 252 万手，市场规模达到千亿美元。由于国际航运市场的巨大波动性，FFA 市场得到了长足发展，航运业参与者可通过交易远期运费协议对冲和规避风险。尽管 FFA 有着良好的对冲效果，但在市场较好的情况下，其劣势也比较明显，而具有潜在高投机收益机会的航运运费期权就可以体现出它的优势。

（3）航运运费期权

航运期权是指持有人在未来某一特定时间以事先规定的价格购买或出售一定数量特定标的物的权利，而不承担必须买入或卖出的义务。航运运费期权最早由伦敦金融期货期权交易所于 1991 年引入，成交了以 BIFFEX 为基础的首单航运欧式期权[69]。2005 年奥斯陆国际航运交易所与挪威期货与期权结算所联合推出了以液体散货航运运价指数为基础的亚式期权，并在 2006 年推出了第一个真正意义上的干散货航运运费期权[73]。运费期权的交易方法与 FFA 几乎是一样的。目前，运费期权的交易主要集中在波罗的海航运交易所、奥斯陆航运交易所和纽约航运交易所[73,75]。其中奥斯陆航运交易所的航运期权交易额最大，主要是针对干散货海运市场和油轮运输市场的运费期权，大部分期权类型是亚式期权，其执行价取一段时间内的平均价格以避免运费价格的人为操纵。运费期权具有高保值和潜在的高投机收益特点，被航运经营者所看好。

7.3 航运运费衍生品功能

与一般的金融衍生品一样，航运运费衍生品的主要功能包括套期保值、投机套利和价格发现。

（1）套期保值功能。套期保值是指在航运衍生品市场做出与现货市场交易方向相反但数量相当的运费衍生品交易，以实现提前锁定航运价格的目的 [73]。利用套期保值来规避航运价格波动风险的经济学原理是：对于航运服务，影响其现货价格和衍生品价格的经济因素是相同的，航运远期价格和航运衍生品价格的变动方向和幅度基本是一致的，因此航运现货市场的亏损可以由航运衍生品市场的盈利来补偿，从而达到提前锁定航运价格的目的。套期保值功能是航运运费衍生品最主要功能，是衍生品市场最初诞生的原因。

（2）投机套利功能。投机者根据现有航运市场信息预测未来航运市场的价格变化趋势，预计价格上涨时持有多头头寸，预计价格下跌时持有空头头寸，以此获取风险利润。投机者也可以利用不同市场之间的偏离来进行套利 [73]。航运投机者也是航运衍生品市场中不可缺少的参与者，是套期保值业务存在的必要条件和业务发展的必然结果。套期保值者通过航运衍生品交易将面临的航运价格风险转移出去，这种风险转移实现的基本前提是必须要有人愿意承担风险。投机者恰好承担了套期保值者所转移的航运价格变动风险。投机是航运衍生品市场的润滑剂，频繁的投机活动可以增加航运衍生品市场的流动性，从而促进套期保值策略的实施。

（3）价格发现功能。价格发现，也称为价格形成，是指在航运衍生品市场中大量买家和卖家公开竞价形成的市场交易价格，具有很强的权威性和超前性。在航运衍生品市场中，大量交易商通过竞价形成的航运衍生品价格，可以体现出市场参与者对航运市场的供求关系和价格状况的综合预期 [73]。航运参与者可以利用中远期航运价格所包含的前瞻信息来合理安排生产经营。

7.4　集装箱运费衍生品

集装箱运输具有高效率、高效益、可多式联运、管理方便等优点，所以集装箱运输得到了快速发展。根据国际航运咨询分析机构 Alphaliner 调研，2021 年集装箱海运贸易量达到 2.07 亿 TEU，年度增长率 6.5%。但是集装箱运输容易受到经济、政治、自然环境等各个因素的影响，特别是近年来受到全球金融危机和新冠肺炎疫情等因素的影响，集装箱运价波动越来越剧烈。2015 年至 2017 年，国际集装箱运输市场面临低谷，集装箱运价接连探底，大量班轮公司面临重组、破产、被兼并的窘境。2019 年至 2021 年，全球集装箱运输价格大涨五倍以上，创下集装箱航运史上的最高纪录，这导致外贸企业的物流成本大幅提高，迫使部分外贸企业主动放弃订单。全球集装箱航运价格的剧烈波动令航运业和外贸企业苦不堪言，对具有对冲运价风险功能的集装箱运费衍生品提出了迫切的现实需求。

2010 年 1 月全球第一笔集装箱运价衍生品成功交易，其以上海出口集装箱运价指数（SCFI）作为结算标的。2010 年 6 月和 8 月，伦敦清算所和新加坡交易所亚洲清算行先后与上海航运交易所签约，为 SCFI 衍生品的交易提供相应的清算服务。与此同时，上海航运交易所也开始在国内积极搭建航运衍生品交易平台，并于 2011 年 6 月正式推出针对上海 – 欧洲、上海 – 美西两条航线的出口集装箱中远期运价交易产品。上海出口集装箱中远期运价交易产品一经推出就受到了市场广泛欢迎，首月的日均单边交易量约 3 万手、日均持仓量约 3.6 万手，在保证交易平台流动性的同时形成了对冲航运运价风险的有效机制。上海出口集装箱中运期运价交易是全球第一个场内交易的集装箱运价指数期货。相比场外交易，场内交易的集装箱运价指数期货具有流动性好、参与者多、风险小等优点 [73]。2014 年 2 月上海航运交易所将出口集装箱运价指数产品改造成集装箱运力交割产品。

2022 年 5 月 26 日国务院办公厅印发了《关于推动外贸保稳提质的意见》，明确提出"加紧研究推进在上海期货交易所、大连商品交易所上市海运运价、运力期货"。据《经济日报》报道 [74]，大连商品交易所研发的期货品种为集装箱运力期货，上海期货交易所联合上海航运交易所研发的期货品种为集装箱运价指数期货，目前两者均已完成上市准备工作。大连商品交易所集装箱运力期货的交易标的为集装箱运力，具有以人民币报价、采取实物交割等特点，将是全球首个采用实物交割的航运期货品种；在航线选择方面，以我国国际海运规模较大的美西航线作为交易航线，上海、宁波为合约标的起运港，洛杉矶、长滩为合约标的目的港；在交割制度方面，采取一次性交割和滚动交割方式。上海期货交易所集装箱指数期货将以上海出口集装箱结算运价指数作为结算指数，交易航线为欧洲航线，以美元计价；起运港为上海，目的港为汉堡、鹿特丹、安特卫普、弗利克斯托、勒阿弗尔。

7.5　宁波出口集装箱运价指数衍生品开发

宁波舟山港是我国外贸产业链、供应链畅通运转的关键一环。宁波舟山港拥有万吨级以上大型泊位近170座，5万吨级以上的大型、特大型深水泊位超过100座，是中国超大型巨轮进出最多的港口，也是世界上少有的深水良港。2021年，宁波舟山港完成货物吞吐量12.24亿吨，连续第13年保持全球第一；完成集装箱吞吐量3108万标准箱，是继上海港、新加坡港之后全球第三个3000万级集装箱大港 [75,76]。

宁波舟山港的集装箱运输市场同样面临着集装箱运价的剧烈波动，这必然会促使班轮公司、货主公司、贸易公司、货代公司、金融机构等航运参与者都有强烈的意愿参与集装箱运费衍生品市场；同时宁波舟山港作为全球第三大集装箱运输港，也有足够的航运参与者来参与集装箱衍生品的交易。

（1）班轮公司和货主公司。尽管班轮公司和大型货主公司主要采用长期协议来提前锁定运输利润或运输成本，但是他们也面临着各种违约风险，所以运用运费衍生品交易可以进一步对冲运价风险和规避违约风险 [73]。而且集装箱中远期交易合约具有价格发现功能，使得班轮公司和货主公司可以利用中远期航运价格所包含的前瞻信息来合理配置运力或安排生产经营 [73]。

（2）贸易公司和货代公司。一般的贸易公司和货代公司都没有足够的体量来签署长期协议，只能通过即期市场来购入集装箱运力，这样就不可避免地承担了集装箱运价的波动风险[73]。因此，贸易公司和货代公司都具有运用集装箱运费衍生品进行套期保值的强烈需求。

（3）金融机构。有船舶融资业务的金融机构也有在航运衍生品市场进行风险对冲的需求；金融机构也可以凭借自己的专业知识利用航运衍生品市场进行资产管理以实现利润最大化；金融机构也可以通过参与航运衍生品的交易和结算服务来拓展业务范围[73]。

（4）机构投资者和个人投资者。航运衍生品的交易，可以拓展机构投资者和个人投资者的投资品种和投资渠道，满足机构投资者和个人投资者的投资和投资需求。同时，机构投资者和个人投资者的积极参与，可以活跃航运衍生品市场，增加航运衍生品市场的流动性。

宁波出口集装箱运价指数是反映从宁波舟山港出口的集装箱货运市场情况和价格波动趋势的一种航运价格指数，包括综合指数和 21 条分航线指数。与上海出口集装箱综合运价指数类似，我们也可以开发基于宁波出口集装箱运价指数的运价指数期货、运价远期合约和运费期权等系列集装箱运费衍生品，以满足集装箱航运参与者实施套期保值、投机套利和价格发现的需求。考虑到已有以上海出口集装箱运价指数为标的开发的集装箱运价指数期货，因此为避免产品的过于一致，先期可以优先开发集装箱运费期权。而且与远期运费协议、运价指数期货相比，运费期权持有者拥有更好的灵活性：当航运现货市场的发展趋势违背其意愿时，期权持有者可以选择放弃行使权利，而在市场利好时则可以行使权利来获取利润。期权类型可以包括欧式运费期权、美式运费期权、亚式运费期权，特别是为了避免价格的人为操纵，可以重点开发亚式运费期权。本书的下面章节会重点阐述集装箱运费期权的定价模型及其计算。

基于宁波出口集装箱运价指数的集装箱运费期权的大量交易，可以为集装箱航运参与者提供风险管理工具，以实现套期保值、投机套利和价格发现等功能；可以促进国际航运要素在宁波舟山港的进一步聚集，优化航运资源的配置，进而推动宁波乃至长三角地区的国际贸易发展；也有利于提高海上丝路指数在国际社会的地位，提高航运定价话语权。

7.6　本章小结

　　本章首先介绍了金融衍生品的功能和主要的金融衍生品种类，然后介绍了航运运费衍生品的发展历程及主要品种，接着介绍了航运运费衍生品的主要功能，紧接着介绍了集装箱运费衍生品的发展现状，最后分析了开发基于宁波出口集装箱运价指数的衍生品的必要性，并建议先期开发集装箱运费期权。

第8章　集装箱运费期权的定价模型

期权定价方法主要分为蒙特卡洛模拟法、偏微分方程法和二叉树法。本章介绍蒙特卡洛模拟法和偏微分方程法来分别定价欧式运费期权、美式运费期权和亚式运费期权。

8.1　蒙特卡洛模拟法

蒙特卡罗模拟法是定价期权的常用方法。蒙特卡罗模拟法利用随机数对许多不同的路径进行抽样，每个路径都可以计算出一个终值，并将这个终值按无风险利率进行贴现，贴现后的终值算术平均值就是该期权的估计值。应用蒙特卡洛模拟法对期权进行定价的理论依据是风险中性定价原理：在风险中性测度下，期权价值能够表示为其到期回报的贴现的期望值。蒙特卡罗模拟法能够处理许多盈亏状态很复杂的情况，能够求解路径依赖型期权。

8.1.1 欧式和亚式运费期权的蒙特卡洛模拟

首先针对欧式运费期权和亚式运费期权给出具体的蒙特卡洛模拟步骤：

① 模拟宁波出口集装箱运价指数的发展路径：将时间区间$[0,T]$分成n个小区间，相应的时间节点记为$0 = t_0 < t_1 < \cdots < t_{n-1} < t_n = T$，根据前面确定的预测模型 (4.5.2)，可得第$i$次模拟的宁波出口集装箱运价指数路

径$S_{0,i}, S_{1,i}, \cdots, S_{n,i}$。

② 具体路径下的运费期权价值计算：根据具体期权类型（欧式和亚式），设计具体的蒙特卡罗模拟算法，求出该路径下运费期权的价值$F_{pay-off}(S_{0,i}, S_{1,i}, \cdots, S_{n,i})$；

③ 重复模拟：重复步骤 ① 和 ②共N次；

④ 期望价值：计算运费期权的期望价值$\hat{E}\left(F_{pay-off}\right) = \dfrac{1}{N} \sum\limits_{i=1}^{N} F_{pay-off}(S_{0,i}, S_{1,i}, \cdots, S_{T,i})$。

欧式运费期权的第i次模拟路径下的期权价值为

$$F_{pay-off}(S_{0,i}, S_{1,i}, \cdots, S_{n,i}) = \begin{cases} \mathrm{e}^{-rT} \max\left\{S_n^i - E, 0\right\}, & 看涨期权 \\ \mathrm{e}^{-rT} \max\left\{E - S_n^i, 0\right\}, & 看跌期权 \end{cases}$$

而亚式运费期权的第i次模拟路径下的期权价值依赖于该次模拟下的宁波出口集装箱运价指数发展路径，即

$$F_{pay-off}(S_{0,i}, S_{1,i}, \cdots, S_{n,i}) = \begin{cases} \mathrm{e}^{-rT} \max\left\{\dfrac{1}{n}\sum\limits_{j=1}^{n} S_j^i - E, 0\right\}, & 看涨期权 \\ \mathrm{e}^{-rT} \max\left\{E - \dfrac{1}{n}\sum\limits_{j=1}^{n} S_j^i, 0\right\}, & 看跌期权 \end{cases}$$

例 8.1.1 某欧式看涨运费期权的标的物为宁波出口集装箱运价指数，当前运价指数为 3480.6 点，执行价为 3600 点，1 个点的价值为 30 美元，无风险利率r为 0.03，剩余期限为 8 周。则按照宁波出口集装箱运价指数满足随机过程（4.5.2），选取时间步长为 1 周，应用蒙特卡洛模拟法，随机生成 10000 条价格路径，求得各条路径下的期权价值，取平均后可得该欧式运费期权的价值为 836.748 美元。

例 8.1.2 某亚式看涨运费期权的标的物为宁波出口集装箱运价指数，剩余期限为 8 周，无风险利率r为 0.03，当前运价指数为 3480.6 点，执行价为 3600 点，1 个点的价值为 30 美元。则按照宁波出口集装箱运价指数满足随机过程（4.5.2），选取时间步长为 1 周，应用蒙特卡洛模拟法，随机生成 10000 条价格路径，求得各条路径下的期权价值，取平均后可得该亚式运费期权的价值为 188.4450 美元。

8.1.2 美式运费期权的蒙特卡洛模拟

美式运费期权的定价既需要确定对应运价指数和时间的期权价值，也需要确定期权在该时刻是否需要行权。因此，美式运费期权的蒙特卡洛模拟相比欧式运费期权和亚式运费期权要有更高的复杂度和更大的运算量。本节应用最小二乘蒙特卡罗模拟法 [5] 来定价美式运费期权，其基本步骤如下：

① 模拟宁波出口集装箱运价指数的发展路径：将时间区间 $[0,T]$ 分成 n 个小区间，相应的时间节点记为 $0 = t_0 < t_1 < \cdots < t_{n-1} < t_n = T$，根据前面确定的预测模型 (4.5.2)，可得第 i 次模拟的宁波出口集装箱运价指数路径 $S_{0,i}, S_{1,i}, \cdots, S_{n,i}$，共模拟 N 条路径。

② 参考期权价值计算：对于每条路径，从倒数第二个节点开始，将未来继续持有期权的价值贴现，得每条路径下该时间节点的参考期权价值，记为 $\{v_j\}_{j=1}^n$。

③ 最小二乘回归处理：对所有路径在该时间节点上的宁波出口集装箱运价指数和参考期权价值进行线性回归，并将每条路径在该时间节点处的运价指数代入该线性回归函数，得相应的线性回归拟合值 $\{v_j^*\}_{j=1}^n$，以此取代由下一时刻期权价值贴现而来的参考期权价值。

④ 行权判断：判断在该时刻是否执行期权，如果执行期权的收益大于线性回归拟合值，那么选择行权并将该时刻的期权价值更新为执行期权后的收益。

⑤ 迭代计算：重复步骤②～④，直至初始时刻，得到每条路径的最佳行权策略及其对应的持有价值。

⑥ 期望价值：将每条路径得初始时刻持有价值取算术平均值，即得美式期权价值的估计值。

例 8.1.3　某美式看跌运费期权的标的物为宁波出口集装箱运价指数，剩余期限为 8 周，无风险利率 r 为 0.03，当前运价指数为 3480.6 点，执行价为 3400 点，1 个点的价值为 30 美元。则按照宁波出口集装箱运价指数满足随机过程（4.5.2），选取时间步长为 1 周，应用蒙特卡洛模拟法，随机生成 10000 条价格路径，求得各条路径下的期权价值，取平均后可得该美式运费期权的价值为 1704.867 美元。

8.1.3 蒙特卡洛模拟法的精度控制

设运费期权的真实价值为 θ，则当模拟次数 N 充分大时有

$$P\left(\left|\hat{E}(F_{pay-off})-\theta\right|<Z_{\alpha/2}\cdot\frac{\sigma}{\sqrt{N}}\right)\approx 1-\alpha$$

这里 $\hat{E}(F_{pay-off})$ 是有 N 次模拟得到的蒙特卡洛估计值，α 和 $Z_{\alpha/2}$ 分别是显著水平和正态分布在 $\alpha/2$ 处的分位数。σ 可以用样本标准差 $\sqrt{\frac{1}{N-1}\sum_{j=1}^{n}\left(F_{pay-off}(S_{0,i},S_{1,i},\cdots,S_{n,i})-\theta\right)^2}$ 来代替。如果 β 是给定的误差上限，那么要求在置信水平 $1-\alpha$ 上控制误差 $\left|\hat{E}(F_{pay-off})-\theta\right|<\beta$ 等价于要求满足

$$Z_{\alpha/2}\cdot\frac{\sqrt{\frac{1}{N-1}\sum_{j=1}^{n}\left(F_{pay-off}(S_{0,i},S_{1,i},\cdots,S_{n,i})-\theta\right)^2}}{\sqrt{N}}<\beta$$

由上式可知，可以通过增加模拟次数来变动样本标准差，从而得到满足精度要求的模拟结果。

8.2 偏微分方程法

偏微分方程定价模型是期权定价的常用方法，其具有运算速度快、利于性态分析等优点。1973 年 Fischer Black 和 Myron Scholes 开创性地推导了著名的 Black-Scholes 期权定价公式 [78]，其是一个偏微分方程的解。Black-Scholes 定价模型是建立在风险中性原则基础之上的，这导致该模型具有很强的实用性和可操作性。以 Robert Merton 为代表的金融数学研究者又对 Black-Scholes 偏微分方程定价模型进行了各种各样的推广和改进，使得该定价模型被广泛应用于定价各类金融衍生产品。由于在期权定价理论方面做出的杰出贡献，Myron Scholes 和 Robert Merton 获得了1997 年的诺贝尔经济学奖。本节分别对欧式运费期权、美式运费期权和亚式运费期权建立 Black-Scholes 模型。

8.2.1 欧式运费期权偏微分方程定价模型

为建立欧式运费期权的 Black-Scholes 定价模型，首先给出 Black-

Scholes 模型的基本假设：

①　市场中不存在套利机会，符合无套利原理；

②　无风险利率 $r > 0$ 是常数；

③　市场中不存在卖空限制、交易费用和税收；

④　运费期权的存续期为 $[0, T]$；

⑤　宁波出口集装箱运价指数 S_t 遵循几何 Brown 运动。

$$dS_t = \mu S_t dt + \sigma(t) S_t dW_t \tag{8.2.1}$$

其中 μ 为期望回报率，$\sigma(t)$ 为 t 时刻的宁波出口集装箱运价指数的波动率，W_t 是标准 Brown 运动。

运费期权的价值 $v_t = v(S_t, t)$ 依赖于宁波出口集装箱运价指数 S_t 和时间 t。下面利用 Δ – 对冲技巧和 Ito 引理来导出运费期权价值的偏微分方程定价模型（详细的理论讨论可参见文献 [70,79]）。为此构造如下投资组合

$$\Pi_t = v_t - \Delta S_t$$

其中 Δ 是宁波出口集装箱运价指数远期合约的份数，Δ 的选取要使得在 $(t, t+dt)$ 时段内投资组合 Π_t 是无风险的。在 $(t, t+dt)$ 时段内，投资组合 Π_t 的变化量为

$$d\Pi_t = dv_t - \Delta dS_t \tag{8.2.2}$$

考虑到投资组合 Π_t 是无风险的和无套利机会的，因此资产回报率必为 r，故有

$$d\Pi_t = r\Pi_t dt \tag{8.2.3}$$

结合式（8.2.2）和式（8.2.3）可得

$$dv_t - \Delta dS_t = r\Pi_t dt = r(v_t - \Delta S_t)dt \tag{8.2.4}$$

由于宁波出口集装箱运价指数 S_t 遵循随机过程（8.2.1），因此对 $v_t = v(S_t, t)$ 应用 Ito 引理可得

$$dv_t = \left(\frac{\partial v_t}{\partial t} + \mu S_t \frac{\partial v_t}{\partial S_t} + \frac{1}{2} \sigma^2(t) S_t^2 \frac{\partial^2 v_t}{\partial S_t^2} \right) dt + \sigma(t) S_t \frac{\partial v_t}{\partial S_t} dW_t \tag{8.2.5}$$

将式（8.2.1）和式（8.2.5）代入式（8.2.4）可得

$$\left[\frac{\partial v_t}{\partial t} + \mu S_t\left(\frac{\partial v_t}{\partial S_t} - \Delta\right) + \frac{1}{2}\sigma^2(t)S_t^2\frac{\partial^2 v_t}{\partial S_t^2}\right]\mathrm{d}t + \sigma(t)S_t\left(\frac{\partial v_t}{\partial S_t} - \Delta\right)\mathrm{d}W_t$$
$$= r(v_t - \Delta S_t)\mathrm{d}t \tag{8.2.6}$$

由于等式（8.2.6）右边是无风险的，因此等式左边随机项 $\mathrm{d}W_t$ 前的系数必为 0，即只能取 $\Delta = \dfrac{\partial v_t}{\partial S_t}$ 时等式才成立。将它代入式（8.2.6）中，消去 $\mathrm{d}t$，可知运费期权价值 $v(S,t)$ 满足如下 Black–Scholes 方程

$$\frac{\partial v}{\partial t} + \frac{1}{2}\sigma^2(t)S^2\frac{\partial^2 v}{\partial S^2} = r\left(v - \frac{\partial v}{\partial S}S\right)$$

因此，运费期权价值 $v(S,t)$ 满足如下定解问题：

$$\begin{cases} -\dfrac{\partial v}{\partial t} - \dfrac{1}{2}\sigma^2(t)S^2\dfrac{\partial^2 v}{\partial S^2} - rS\dfrac{\partial v}{\partial S} + rv = 0, \quad 0 < S < \infty, 0 < t \leqslant T \\ v(S,T) = \begin{cases} \max\{S-E,0\}, & \text{看涨期权} \\ \max\{E-S,0\}, & \text{看跌期权} \end{cases} \end{cases} \tag{8.2.7}$$

其中 E 为运费期权约定的执行价，这是一个一维抛物方程，这里 $\sigma(t)$ 可能是依赖于时间 t 的函数，这导致式（8.2.7）可能无法给出准确解的解析表达式。第 9 章将给出求解上述抛物方程的两种数值方法。

注：尽管第 3 章里已经分析了宁波出口集装箱运价指数不完全符合对数正态分布，但是第 4 章里的时间序列模型又只适合短期预测，长期预测常常会导致较大的误差。因此，为方便模型建立，此处近似地假设宁波出口集装箱运价指数遵循几何 Brown 运动。模型中的波动率 $\sigma(t)$ 理论上来说应该是标的指数未来的波动率，但是由于未来的事件还没有发生，所以波动率 $\sigma(t)$ 很难预测。目前，波动率估计方法主要有两种：一种估计方法是从期权报价中来获得未来波动率的信息，即采用隐含波动率；另一种估计方法是利用历史数据来计算历史波动率，以此近似作为未来的波动率。由于目前航运衍生品市场中还没有运费期权交易，所以无法获得隐含波动率，实际计算中只能采用历史波动率。对于后续的美式运费期权和亚式运费期权的波动率，实际计算中也都只能采用历史波动率。

8.2.2 美式运费期权偏微分方程定价模型

美式期权是能在期权存续期内任意时间行使权利的期权合约，从数学模型上来说，其表现为一个自由边界问题，即存在一条最优执行边界 $S_f(t)$ 将区域 $\sum: \{0 \leqslant S < \infty, 0 \leqslant t \leqslant T\}$ 分成两个部分，一部分是继续持有区域 $\sum_1$，另一部分是终止持有区域 $\sum_2$。下面以美式看跌期权为例来说明这两个区域（特别说明，本小节及后续小节中使用的符号，如果与 §8.2.1 中的符号相同，那么表示同样的含义）：

（1）继续持有区域： $\sum_1 = \left\{(S,t) \mid S_f \leqslant S < \infty, 0 \leqslant t \leqslant T\right\}$ ，

$v(S,t) > \max\{E - S, 0\}$；

（2）终止持有区域： $\sum_2 = \left\{(S,t) \mid 0 \leqslant S \leqslant S_f, 0 \leqslant t \leqslant T\right\}$ ，

$v(S,t) = \max\{E - S, 0\}$ ，

其中对于 $0 \leqslant t \leqslant T$ 都有 $S_f(t) < E$。

同样假设 Black-Scholes 模型的基本假设条件成立，那么在持有区域 $\sum_1$ 中，利用 Δ - 对冲技巧和 Ito 引理，按照 §8.2.1 中的推导步骤可以导出运费期权价值 $v(S,t)$ 满足如下的 Black-Scholes 方程

$$Lv \equiv -\frac{\partial v}{\partial t} - \frac{1}{2}\sigma^2(t)S^2\frac{\partial^2 v}{\partial S^2} - rS\frac{\partial v}{\partial S} + rv = 0, \quad (S,t) \in (S_f, +\infty) \times [0,T]$$

在最优执行边界 $S_f(t)$ 上满足

$$v(S_f(t),t) = E - S_f(t), \quad \frac{\partial v}{\partial S}(S_f(t),t) = -1$$

而且当 $S \to \infty$ 时有 $v \to 0$，当 $t = T$ 时有 $v(S,T) = \max\{E - S, 0\}$. 因此，结合上面微分方程和初边值条件可知美式看跌运费期权的价值 $v(S,t)$ 满足如下的一维抛物自由边界问题

$$\begin{cases} Lv = 0, & (S,t) \in (S_f, +\infty) \times [0,T] \\ v(S,T) = \max\{E - S, 0\}, & S \in (S_f, +\infty) \\ v(S_f(t),t) = E - S_f(t), & t \in [0,T] \\ \dfrac{\partial v}{\partial S}(S_f(t),t) = -1, & t \in [0,T] \\ v(S,t) = 0, & S \to +\infty, t \in [0,T] \end{cases} \quad （8.2.8）$$

自由边界问题（8.2.8）还可以改成连续线性互补方程[80]：在区域

$\sum : \{0 \leqslant S < \infty, 0 \leqslant t \leqslant T\}$ 上寻求 $v(S,t)$，使得

（1）在继续持有区域 $\sum_1$ 上有

$$v(S,t) > \max\{E - S, 0\} \quad 和 \quad Lv = 0$$

（2）在终止持有区域 $\sum_2$ 上有

$$v(S,t) = \max\{E - S, 0\} \quad 和 \quad Lv = rE > 0$$

因此，美式看跌运费期权的价值 $v(S,t)$ 满足如下的连续线性互补方程

$$\begin{cases} Lv \geqslant 0, & (S,t) \in (0, +\infty) \times [0, T) \\ v(S,t) \geqslant \max\{E - S, 0\}, & (S,t) \in (0, +\infty) \times [0, T) \\ Lv \cdot \left[v(S,t) - \max\{E - S, 0\}\right] = 0, & (S,t) \in (0, +\infty) \times [0, T) \\ v(S,T) = \max\{E - S, 0\}, & S \in (0, +\infty) \\ v(0,t) = E, & t \in [0, T] \\ v(S,t) = 0, & S \to +\infty, t \in [0, T] \end{cases} \quad (8.2.9)$$

自由边界问题（8.2.8）或连续线性互补方程（8.2.9）都无法获得解析解，因此都需要应用数值方法来求解。第10章将给出求解连续线性互补方程（8.2.9）的三种数值方法。

8.2.3 亚式运费期权偏微分方程定价模型

亚式期权是强路径依赖期权，它在到期日的收益依赖于整个期权有效期内标的资产所经历价格的平均值。这里的平均值 J_t 可分为两种情况：

$$J_t = \begin{cases} \dfrac{1}{t} \int_0^t S_\tau \mathrm{d}\tau, & 算术平均 \\ \mathrm{e}^{\frac{1}{t} \int_0^t \ln S_\tau \mathrm{d}\tau}, & 几何平均 \end{cases}$$

与之相应的亚式期权也分成两类：算术平均亚式期权和几何平均亚式期权。按照亚式期权在到期日的收益又可以分为两种类型（以看涨期权为例）：

$$收益 = \begin{cases} \max\{J_T - E, 0\}, & 固定执行价格 \\ \max\{S_T - J_T, 0\}, & 浮动执行价格 \end{cases}$$

因此，亚式期权可以分为具有固定执行价的算术平均亚式期权、具

有固定执行价的几何平均亚式期权、具有浮动执行价的算术平均亚式期权、具有浮动执行价的几何平均亚式期权这样四个类型。如果将看涨和看跌、到期执行和到期前都可执行也都作为分类标准，那么亚式期权的种类就更多了。

下面同样按照文献 [70,79] 中给出的亚式期权定价模型的推导过程，应用 Δ – 对冲技巧和 Ito 引理来导出亚式运费期权的定价模型。设亚式运费期权的价值为 $v = v(S_t, J_t, t)$，其依赖于宁波出口集装箱运价指数 S_t，有效期内的平均指数 J_t 和时间 t。为推导 v 适合的方程，构造一个投资组合 Π：购入一份亚式期权，卖出 Δ 份标的指数远期合约，则

$$\Pi = v - \Lambda S \qquad （8.2.10）$$

并选取适当的 Δ，使得投资组合 Π_t 在 $(t, t + \mathrm{d}t)$ 时段内是无风险的，即

$$\mathrm{d}\Pi = r\Pi\mathrm{d}t = r(v - \Delta S)\mathrm{d}t \qquad （8.2.11）$$

由式（8.2.10）和 Ito 引理可得

$$
\begin{aligned}
\mathrm{d}\Pi &= \mathrm{d}v - \Delta\mathrm{d}S \\
&= \left(\frac{\partial v}{\partial t} + \frac{1}{2}\sigma^2(t)S^2\frac{\partial^2 v}{\partial S^2} \right)\mathrm{d}t + \frac{\partial v}{\partial S}\mathrm{d}S + \frac{\partial v}{\partial J}\mathrm{d}J - \Delta\mathrm{d}S \qquad （8.2.12） \\
&= \left(\frac{\partial v}{\partial t} + \frac{1}{2}\sigma^2(t)S^2\frac{\partial^2 v}{\partial S^2} + \frac{\partial v}{\partial J}\frac{\mathrm{d}J}{\mathrm{d}t} \right)\mathrm{d}t + \left(\frac{\partial v}{\partial S} - \Delta \right)\mathrm{d}S
\end{aligned}
$$

选取 $\Delta = \dfrac{\partial v}{\partial S}$，则由式（8.2.11）和式（8.2.12）可得

$$\frac{\partial v}{\partial t} + \frac{1}{2}\sigma^2(t)S^2\frac{\partial^2 v}{\partial S^2} + rS\frac{\partial v}{\partial S} + \frac{\partial v}{\partial J}\frac{\mathrm{d}J}{\mathrm{d}t} - rv = 0 \qquad （8.2.13）$$

其中

$$J_t = \begin{cases} \dfrac{1}{t}\displaystyle\int_0^t S_\tau\mathrm{d}\tau, & \text{算术平均} \\[3mm] \mathrm{e}^{\frac{1}{t}\int_0^t \ln S_\tau\mathrm{d}\tau}, & \text{几何平均} \end{cases} \qquad （8.2.14）$$

$$\frac{\mathrm{d}J_t}{\mathrm{d}t} = \begin{cases} \dfrac{1}{t}(S_t - J_t), & \text{算术平均} \\[3mm] J_t\dfrac{\ln S_t - \ln J_t}{t}, & \text{几何平均} \end{cases} \qquad （8.2.15）$$

将式（8.2.14）和式（8.2.15）代入式（8.2.13）可得算术平均亚式期

权的定价模型为

$$\begin{cases} \dfrac{\partial v}{\partial t} + \dfrac{1}{2}\sigma^2(t)S^2\dfrac{\partial^2 v}{\partial S^2} + rS\dfrac{\partial v}{\partial S} + \dfrac{S-J}{t}\dfrac{\partial v}{\partial J} - rv = 0 \\[2mm] v(S,J,T) = \begin{cases} (J-E)^+, & \text{具有固定执行价格的看涨期权} \\ (E-J)^+, & \text{具有固定执行价格的看跌期权} \\ (S-J)^+, & \text{具有浮动执行价格的看涨期权} \\ (J-S)^+, & \text{具有浮动执行价格的看跌期权} \end{cases} \end{cases} \quad (8.2.16)$$

几何平均亚式期权的定价模型为

$$\begin{cases} \dfrac{\partial v}{\partial t} + \dfrac{1}{2}\sigma^2(t)S^2\dfrac{\partial^2 v}{\partial S^2} + rS\dfrac{\partial v}{\partial S} + J\dfrac{\ln S - \ln J}{t}\dfrac{\partial v}{\partial J} - rv = 0 \\[2mm] v(S,J,T) = \begin{cases} (J-E)^+, & \text{具有固定执行价格的看涨期权} \\ (E-J)^+, & \text{具有固定执行价格的看跌期权} \\ (S-J)^+, & \text{具有浮动执行价格的看涨期权} \\ (J-S)^+, & \text{具有浮动执行价格的看跌期权} \end{cases} \end{cases} \quad (8.2.17)$$

算术平均亚式期权定价模型（8.2.16）不能获得解析解，需要应用数值方法来求解。第11章将给出求解具有固定执行价格的算术平均亚式看涨运费期权定价模型的三种数值方法。为方便数值运算，模型（8.2.16）中的算术平均 $J_t = \dfrac{1}{t}\int_0^t S_\tau \mathrm{d}\tau$ 用 $A_t = \int_0^t S_\tau \mathrm{d}\tau$ 来替换，那么具有固定执行价格的算术平均亚式看涨运费期权的定价模型就变换为

$$\begin{cases} -\dfrac{\partial v}{\partial t} - \dfrac{1}{2}\sigma^2(t)S^2\dfrac{\partial^2 v}{\partial S^2} - rS\dfrac{\partial v}{\partial S} - S\dfrac{\partial v}{\partial A} + rv = 0 \\[2mm] v(S,A,T) = \max\left(\dfrac{A}{T} - E, 0\right) \\[2mm] u(0,A,t) = \mathrm{e}^{-r(T-t)}\max\left(\dfrac{A}{T} - E, 0\right) \end{cases} \quad (8.2.18)$$

第11章将考虑方程（8.2.18）的数值求解。

8.3　本章小结

本章应用蒙特卡洛模拟法和偏微分方程法分别对欧式、美式和亚式运费期权进行了定价建模。蒙特卡罗模拟法利用随机数对许多不同的路径进行抽样，每个路径都可以计算出一个终值，并将这个终值按无风险利率进行贴现，贴现后的终值算术平均值就是该运费期权的估计值。蒙特卡罗模拟法能够处理许多盈亏状态很复杂的情况，但是蒙特卡洛模拟法也存在运算量大、精度低的缺点。偏微分方程法主要利用Δ–对冲技巧和 Ito 引理来导出运费期权的偏微分方程定价模型，并阐述了模型参数的估计方法。偏微分方程定价模型具有运算速度快、利于性态分析等优点，但偏微分方程定价模型的建立需要满足一些假设条件，对于实际问题，这些假设条件只能是近似成立。

第 9 章 欧式运费期权定价模型的数值计算

§8.2.1 中已经给出了欧式看涨运费期权的偏微分方程定价模型为

$$
\begin{cases}
-\dfrac{\partial v}{\partial t} - \dfrac{1}{2}\sigma^2(t)S^2\dfrac{\partial^2 v}{\partial S^2} - rS\dfrac{\partial v}{\partial S} + rv = 0, & S > 0, 0 \leqslant t < T \\
v(S,T) = \max\{S - E, 0\}, & S \geqslant 0 \\
v(0,T) = 0, & 0 \leqslant t \leqslant T
\end{cases}
\quad（9.0.1）
$$

这里 $v(S,t)$ 表示期权价值，S 是运价指数，t 是时间，T 是期权到期时间，$\sigma(t) \geqslant \alpha > 0$ 是运价指数的波动率，r 是无风险利率，E 是期权执行价格，本章研究一维抛物方程（9.0.1）的数值求解。

9.1 连续问题逼近

为数值求解上述定价模型，我们首先需要将无穷区域 $(0,+\infty) \times (0,T)$ 截断为有限区间 $\Omega = (0, S_{\max}) \times (0,T)$，则欧式看涨运费期权定价模型（9.0.1）就近似为

$$\begin{cases} -\dfrac{\partial w}{\partial t} - \dfrac{1}{2}\sigma^2(t)S^2\dfrac{\partial^2 w}{\partial S^2} - rS\dfrac{\partial w}{\partial S} + rw = 0, & (S,t)\in\Omega \\ w(S,T) = \max\{S-E,0\}, & S\in[0,S_{\max}] \\ w(0,t) = 0, & t\in[0,T] \\ w(S_{\max},t) = S_{\max} - E\mathrm{e}^{-r(T-t)}, & t\in[0,T] \end{cases} \quad (9.1.1)$$

其中，在上界$S = S_{\max}$处的边界条件是按照欧式看涨期权的定义选取的。方程（9.1.1）的解的存在唯一性证明可参见文献[81]。文献[82]已经给出了定义区域无穷截断的误差估计为

$$|v(S,t) - w(S,t)| \leqslant E\exp\left(-\dfrac{\ln^2(S_{\max}/S)}{2\alpha^2(T-t)}\right), \quad (x,t)\in\Omega \quad (9.1.2)$$

由于终值函数$\max\{S-E,0\}$在$S = E$处是不光滑的，这导致当t接近T和S接近E时$w(S,t)$也是不光滑的。准确解的不光滑性将导致数值离散格式在$S = E$和$t = T$附近区域具有很大的截断误差。为此，我们利用磨光技术来处理终值函数的不光滑性。令

$$\pi_\varepsilon(y) = \begin{cases} y, & y \geqslant \varepsilon \\ c_0 + c_1 y + \cdots + c_9 y^9, & -\varepsilon < y < \varepsilon \\ 0, & y \leqslant -\varepsilon \end{cases}$$

这里$0 < \varepsilon \ll 1$是一个转折系数。为使$\max\{y,0\}$的逼近函数在$y = 0$处是四阶光滑的，$\pi_\varepsilon(y)$需要满足

$$\pi_\varepsilon(-\varepsilon) = \pi_\varepsilon'(-\varepsilon) = \pi_\varepsilon''(-\varepsilon) = \pi_\varepsilon'''(-\varepsilon) = \pi_\varepsilon^{(4)}(-\varepsilon) = 0$$

$$\pi_\varepsilon(\varepsilon) = \varepsilon, \pi_\varepsilon'(\varepsilon) = 1, \pi_\varepsilon''(\varepsilon) = \pi_\varepsilon'''(\varepsilon) = \pi_\varepsilon^{(4)}(\varepsilon) = 0$$

利用上述 10 个光滑化条件可得

$$c_0 = \dfrac{35}{256}\varepsilon, c_1 = \dfrac{1}{2}, c_2 = \dfrac{35}{64\varepsilon}, c_4 = -\dfrac{35}{128\varepsilon^3}$$

$$c_6 = \dfrac{7}{64\varepsilon^5}, c_8 = -\dfrac{5}{256\varepsilon^7}, c_3 = c_5 = c_7 = c_9 = 0$$

将终值函数$\max\{S-E,0\}$用光滑函数$\pi_\varepsilon(S-E)$来替换，那么原来的一维抛物方程就变换为如下问题：

$$\begin{cases} Lu(S,t) \equiv -\dfrac{\partial u}{\partial t} - \dfrac{1}{2}\sigma^2(t)S^2\dfrac{\partial^2 u}{\partial S^2} - rS\dfrac{\partial u}{\partial S} + ru = 0, & (S,t) \in \Omega \\[2mm] u(S,T) = \pi_\varepsilon(S - E), & S \in [0, S_{\max}] \\[2mm] u(0,t) = 0, & t \in [0,T] \\[2mm] u(S_{\max},t) = S_{\max} - Ee^{-r(T-t)}, & t \in [0,T] \end{cases} \quad (9.1.3)$$

利用 Black–Scholes 微分算子 L 满足极大模原理可得

$$|u(S,t) - w(S,t)| \leqslant C\left\| \pi_\varepsilon(S - E) - \max\{S - E, 0\} \right\|_{\bar{\Omega}}, \quad (x,t) \in \bar{\Omega} \quad (9.1.4)$$

其中 $\|\cdot\|_{\bar{\Omega}}$ 表示闭区域 $\bar{\Omega}$ 上的无穷模，具体可参见文献 [81]。结合方程（9.1.2）和方程（9.1.4）可知，对于充分大的 E 和充分小的 ε，方程（9.1.3）和原方程（9.0.1）的解是充分接近的。按照 Willmott 等人 [83] 的估计，上界一般不会超过执行价格的三至四倍，所以实际数值计算中我们选取 $S_{\max} = 4E$。下面我们就研究一维线性抛物方程（9.1.3）的数值求解。

9.2　有限差分策略

本节采用文献 [84] 中的有限差分法来求解定价模型（9.1.3），对于空间定义区间 $[0, S_{\max}]$ 我们构造一个分片等距网格 $\bar{\Omega}^N = \{S_i \mid 0 \leqslant i \leqslant N\}$，其中网格点选取为

$$S_i = \begin{cases} h & i = 1 \\[2mm] h[1 + \dfrac{\alpha^2}{r}(i-1)] & i = 2, \cdots, N/4 - 1 \\[2mm] E & i = N/4 \\[2mm] E + \varepsilon & i = N/4 + 1 \\[2mm] E + \varepsilon + \dfrac{S_{\max} - E - \varepsilon}{3N/4 - 1}(I - N/4 - 1) & i = N/4 + 2, \cdots, N \end{cases} \quad (9.2.1)$$

其中

$$h = \frac{E - \varepsilon}{1 + \dfrac{\alpha^2}{r}(N/4 - 2)}$$

为了有效处理非光滑的终值函数，我们在 $S = E$ 附近区域进行了网格加密。对于时间离散，我们在时间定义区间 $[0,T]$ 上构造含有 K 个网格

区间的等距网格 $\bar{\Omega}^K$。因此，对于定义区域 Ω，我们构造了一个分片等距网格 $\Omega^{N \times K} = \Omega^N \times \Omega^K$，其中空间网格步长 $h_i = S_i - S_{i-1}$ 和时间网格步长 $\Delta t = t_j - t_{j-1}$ 分别为

$$h_i = \begin{cases} h & i = 1 \\ \dfrac{\alpha^2}{r} h & i = 2, \cdots, N/4-1 \\ \varepsilon & i = N/4, N/4+1 \\ \dfrac{S_{\max} - E - \varepsilon}{3N/4-1} & i = N/4+2, \cdots, N \end{cases}$$

和

$$\Delta t = T/K, \qquad j = 1, \cdots, K$$

在分片等距网格 $\Omega^{N \times K}$ 上，我们构造如下有限差分格式来一维抛物方程（9.1.3）：

$$\begin{cases} L^{N,K} U_i^j = 0, & 1 \leqslant i < N, 0 \leqslant j < K \\ U_i^K = \pi_\varepsilon(S_i - E), & 1 \leqslant i < N \\ U_0^j = 0, \ U_N^j = S_{\max} - E e^{-r(T-t)}, & 0 \leqslant j \leqslant K \end{cases} \qquad (9.2.2)$$

其中

$$L^{N,K} U_i^j = -\frac{U_i^{j+1} - U_i^j}{\Delta t} - \frac{(\sigma^j)^2 S_i^2}{h_i + h_{i+1}} \left(\frac{U_{i+1}^j - U_i^j}{h_{i+1}} - \frac{U_i^j - U_{i-1}^j}{h_i} \right) - r S_i \frac{U_{i+1}^j - U_{i-1}^j}{h_i + h_{i+1}} + r U_i^j$$

下面证明离散算子 $L^{N,K}$ 满足如下的离散极大模原理。

引理 9.2.1 离散算子 $L^{N,K}$ 在分片等距网格 $\Omega^{N \times K}$ 上满足离散极大模原理，即如果网格函数 v_i^j 和 w_i^j 满足 $v_0^j \geqslant w_0^j$，$v_N^j \geqslant w_N^j (0 \leqslant j < K)$，$v_i^K \geqslant w_i^K$ $(0 \leqslant i \leqslant N)$ 和 $L^{N,K} v_i^j \geqslant L^{N,K} w_i^j$ $(1 \leqslant i < N, 0 \leqslant j < K)$，那么对于所有的 i, j 都成立 $v_i^j \geqslant w_i^j$。

证明：令

$$a_i = -\frac{(\sigma^j)^2 S_i^2}{(h_i + h_{i+1}) h_i} + \frac{r S_i}{h_i + h_{i+1}}, \quad b_i = \frac{(\sigma^j)^2 S_i^2}{h_i h_{i+1}} + r$$

$$c_i = -\frac{(\sigma_i^j)^2 S_i^2}{(h_i + h_{i+1}) h_{i+1}} - \frac{r S_i}{h_i + h_{i+1}}, \qquad i = 1, \cdots, N-1$$

则有

$$L^{N,K}U_i^j = -\frac{U_i^{j+1} - U_i^j}{\Delta t} + a_i U_{i-1}^j + b_i U_i^j + c_i U_{i+1}^j$$

通过简单计算可得：对于充分大的 N 有

$$a_i < -\frac{\alpha^2 S_1 S_i}{(h_i + h_{i+1})h_i} + \frac{r S_i}{h_i + h_{i+1}} \leq \frac{(-\alpha^2 S_1 + r h_i) S_i}{(h_i + h_{i+1})h_i}$$

$$= \frac{(-\alpha^2 h + r\dfrac{\alpha^2}{r} h) S_i}{(h_i + h_{i+1})h_i} = 0, \qquad 2 \leq i < N/4$$

和

$$a_i \leq \frac{(-\alpha^2 S_i + r h_i) S_i}{(h_i + h_{i+1})h_i} < 0, \qquad N/4 \leq i \leq N-1$$

成立。而且易知

$$b_i > 0, c_i < 0, \ 1 \leq i \leq N-2$$

和

$$b_1 + c_1 > 0$$

$$a_i + b_i + c_i > 0, \quad 2 \leq i \leq N-2$$

$$a_{N-1} + b_{N-1} > 0$$

成立，因此我们证得与离散算子 $L^{N,K}$ 相对应的系数矩阵为 M– 阵，应用 Kellogg 和 Tsan 在文献 [85] 引理 3.1 中给出的结果可知引理成立。

下面给出有限差分策略（9.2.2）的误差估计。

定理 9.2.2 令 u 是一维抛物方程（9.1.3）的解，U 是离散方程（9.2.2）的解. 如果准确解 u 满足 $S^2 \dfrac{\partial^4 u}{\partial S^4} \in C(\bar{\Omega})$, $S \dfrac{\partial^3 u}{\partial S^3} \in C(\bar{\Omega})$，那么有如下的误差估计

$$\left| u(S_i, t_j) - U_i^j \right| \leq C(h^2 + \Delta t), \quad 1 \leq i \leq N, 0 \leq j \leq K$$

这里 C 是一个独立于 h 和 Δt 的正常数。

证明： 对于 $0 < i < N$ 和 $0 < j < K$，利用泰勒展开式可得

$$| L^{N,K} (u_i^j - U_i^j) | = | L^{N,K} u_i^j - (Lu)_i^j |$$

$$\leq C \int_{t_{j-1}}^{t_{j+1}} | \frac{\partial^2 u}{\partial t^2} (S_i, t) | \, \mathrm{d}t + Ch \int_{S_{i-1}}^{S_{i+1}} \left[S_i^2 | \frac{\partial^4 u}{\partial S^4} (S, t_j) | + S_i | \frac{\partial^3 u}{\partial S^3} (S, t_j) | \right] \mathrm{d}S$$

$$\leq C(h^2 + \Delta t),$$

上述估计已经利用了假设条件 $S^2 \dfrac{\partial^4 u}{\partial S^4} \in C(\bar{\Omega})$ 和 $S \dfrac{\partial^3 u}{\partial S^3} \in C(\bar{\Omega})$，$C$ 是独立于 h 和 Δt 的正常数。应用引理 9.2.1 和障碍函数 $W_i^j = C(h^2 + \Delta t)(1 + T - t_j)$ 可得

$$\left| u(S_i, t_j) - U_i^j \right| \leq C(h^2 + \Delta t), \quad 1 \leq i \leq N, 0 \leq j \leq K$$

至此完成定理证明。

下面用数值实验来验证上述理论结果的正确性，我们选取 $N = 2048$ 和 $K = 1024$ 时的数值解作为"准确解"，其他数值解都与这个"准确解"进行比较以计算误差和收敛速率。由于只知道网格点上的"准确解"，为此我们利用线性插值来得到任何点处的"准确解"。令 $\bar{U}(S, t)$ 表示"准确解"，其是数值解 $U^{2048,1024}$ 的线性插值函数。则有限差分策略（9.2.2）的无穷模误差为

$$\mathrm{e}^{N,K} = \max_{i,j} | U_{ij}^{N,K} - \bar{U}(S_i, t_j) |$$

相应的收敛速率为

$$R^{N,K} = \log_2 \left(\frac{\mathrm{e}^{N,K}}{\mathrm{e}^{2N,K}} \right)$$

表 9-1 给出了当 $S_{\max} = 100, T = 1, r = 0.06$ 和 $E = 25$ 时的无穷模误差和收敛速率。从表 9-1 可知：对于充分大的 K，$\mathrm{e}^{N,K} / \mathrm{e}^{2N,K}$ 是接近于 4 的，这表明定理 9.2.2 的收敛估计是正确的。

表9-1　数值实验的无穷模误差和收敛速率

σ	K	N	误差	收敛速率
0.2(1+t)	1 024	128	6.4037×10^{-2}	1.233
		256	2.7252×10^{-2}	1.629
		512	8.8086×10^{-3}	2.183
		1024	1.9404×10^{-3}	—

σ	K	N	误差	收敛速率
0.4(1+t)	1024	128	5.7359×10^{-2}	1.592
		256	1.9032×10^{-2}	1.945
		512	4.9439×10^{-3}	2.293
		1024	1.0088×10^{-3}	—

注：上述数值例子中的参数选取与实际的宁波出口集装箱运价指数没有完全一致，目的是方便计算误差。本书后续数值例子也会选取方便误差计算的参数。实际计算中，按宁波出口集装箱运价指数相关数据进行计算，同样能保证理论结果是成立。

9.3 指数时间积分法

本节应用文献[86]中的指数时间积分法来求解欧式看涨运费期权定价模型（9.0.1）。与上一节中的方法一样，对于空间定义区间$[0, S_{\max}]$我们构造一个分片等距网格$\bar{\Omega}^N = \{S_i \mid 0 \le i \le N\}$，其中网格点也选取为式（9.2.1）。在分片等距网格Ω^N上，对 Black-Scholes 微分算子L作中心差分离散可得

$$L^N U_i(t) = \frac{\mathrm{d}U_i(t)}{\mathrm{d}t} - \frac{\sigma^2(t)S_i^2}{h_i + h_{i+1}}\left(\frac{U_{i+1}(t) - U_i(t)}{h_{i+1}} - \frac{U_i(t) - U_{i-1}(t)}{h_i}\right)$$

$$-rS_i \frac{U_{i+1}(t) - U_{i-1}(t)}{h_i + h_{i+1}} + rU_i(t), \qquad i = 1, 2, \cdots, N-1$$

则一维抛物方程就离散成如下的初值问题：

$$\frac{\mathrm{d}U}{\mathrm{d}t} = A(t)U(t) + f(t), \quad U(0) = \pi_\varepsilon(S - E) \qquad (9.3.1)$$

其中$U(t) = (U_1(t), \cdots, U_{N-1}(t))^T$，$A(t)$是$(N-1)$阶方阵，$f(t)$和$\pi_\varepsilon(S-E)$都是$(N-1)$维列向量，其表达式分别为

$$A(t) = \begin{bmatrix} b_1 & c_1 & \cdots & & & 0 \\ a_2 & b_2 & c_2 & \cdots & & \vdots \\ \vdots & a_3 & b_3 & c_3 & \cdots & \\ & \vdots & \vdots & \vdots & \vdots & \vdots \\ & & & \cdots & a_{N-2} & b_{N-2} & c_{N-2} \\ 0 & \cdots & & & a_{N-1} & b_{N-1} \end{bmatrix}$$

和

$$f(t) = \begin{pmatrix} a_1 U_0(t) \\ 0 \\ \vdots \\ 0 \\ c_{N-1} U_N(t) \end{pmatrix}, \quad \pi_\varepsilon(S-E) = \begin{pmatrix} \pi_\varepsilon(S_1-E) \\ \pi_\varepsilon(S_2-E) \\ \vdots \\ \pi_\varepsilon(S_{N-1}-E) \end{pmatrix}$$

这里

$$a_i(t) = \frac{\sigma^2(t)S_i^2}{(h_i+h_{i+1})h_i} - \frac{rS_i}{h_i+h_{i+1}}, \quad b_i(t) = -\frac{\sigma^2(t)S_i^2}{h_i h_{i+1}} - r$$

$$c_i(t) = \frac{\sigma^2(t)S_i^2}{(h_i+h_{i+1})h_{i+1}} + \frac{rS_i}{h_i+h_{i+1}}, \quad 1 \leq i < N$$

引理 9.3.1 对于每个 t，矩阵 $-A(t)$ 是 M- 阵。

证明：对于充分大的 N，容易验证有

$$a_i(t) > \frac{\sigma^2(t)S_1 S_i}{(h_i+h_{i+1})h_i} - \frac{rS_i}{h_i+h_{i+1}} \geq \frac{(\alpha^2 S_1 - rh_i)S_i}{(h_i+h_{i+1})h_i}$$

$$= \frac{(\alpha^2 h - r\frac{\alpha^2}{r}h)S_i}{(h_i+h_{i+1})h_i} = 0, \qquad 2 \leq i < N/4$$

和

$$a_i(t) \geq \frac{(\alpha^2 S_i - rh_i)S_i}{(h_i+h_{i+1})h_i} > 0, \qquad N/4 \leq i \leq N-1$$

成立，显然地，我们还有如下不等式

$$b_i(t) < 0, c_i(t) > 0, \ 1 \leq i \leq N-2$$

和

$$b_1(t) + c_1(t) < 0$$

$$a_i(t) + b_i(t) + c_i(t) < 0, \quad 2 \leq i \leq N-2$$

$$a_{N-1}(t) + b_{N-1}(t) < 0$$

成立，因此，我们证得对于每个t矩阵$-A(t)$都是 M- 阵。

接着求解线性方程组（9.3.1）可得

$$U(t) = e^{\int_0^t A(s)\mathrm{d}s}\left[U(0) + \int_0^t e^{-\int_0^s A(y)\mathrm{d}y} f(s)\mathrm{d}s \right]$$

由此可导出如下递推式

$$U(t_j + \Delta t) = e^{\int_{t_j}^{t_j+\Delta t} A(s)\mathrm{d}s}\left[U(t_j) + \int_{t_j}^{t_j+\Delta t} e^{-\int_{t_j}^s A(y)\mathrm{d}y} f(s)\mathrm{d}s \right] \qquad （9.3.2）$$

其中，$t_j = j\Delta t$，$0 \leqslant j \leqslant K$，$\Delta t$是时间步长。对式（9.3.3）利用梯形
积分公式求解可得

$$U(t_j + \Delta t) \approx e^{\Delta t A(t_j)}\left[U(t_j) + \int_{t_j}^{t_j+\Delta t} e^{-(s-t_j)A(t_j)} f(s)\mathrm{d}s \right]$$

$$= e^{\Delta t A(t_j)} U(t_j) + \int_{t_j}^{t_j+\Delta t} e^{(t_j+\Delta t-s)A(t_j)} f(s)\mathrm{d}s$$

$$\approx e^{\Delta t A(t_j)} U(t_j) + \int_{t_j}^{t_j+\Delta t} e^{(t_j+\Delta t-s)A(t_j)}\left[\Delta t^{-1}(t_j + \Delta t - s) f(t_j) + \Delta t^{-1}(s - t_j) f(t_j + \Delta t) \right]\mathrm{d}s$$

$$= e^{\Delta t A(t_j)} U(t_j) + (\Delta t A(t_j))^{-1}\left[\Delta t e^{\Delta t A(t_j)} + A^{-1}(t_j) - A^{-1}(t_j)e^{\Delta t A(t_j)} \right] f(t_j)$$

$$+ (\Delta t A(t_j))^{-1}\left[A^{-1}(t_j)e^{\Delta t A(t_j)} - \Delta t I - A^{-1}(t_j) \right] f(t_j + \Delta t)$$

为求得上述方程的数值解，只需要对$e^{\Delta t A(t)}$进行数值估计即可。如下
(b,d)阶 Padé 逼近公式 [87,88]

$$e^z \approx R_{b,d}(z) = \frac{P_d(z)}{Q_b(z)}$$

常用来逼近指数函数e^z，其中$P_d(z)$和$Q_b(z)$分别是d和b阶实系数多项
式，而且多项式的常数项为 1。本节我们采用$(2,1)$阶 Padé 逼近公式来近
似e^z：

$$e^z \approx \frac{1 + (1-c)z}{1 - cz + (c - \frac{1}{2})z^2}$$

即采用如下公式

$$R(\Delta t A(t_j)) = \left[I - c\Delta t A(t_j) + (c - \frac{1}{2})(\Delta t)^2 A^2(t_j) \right]^{-1}\left[I + (1-c)\Delta t A(t_j) \right]$$

近似$e^{\Delta t A(t_j)}$。因此，式（9.3.2）可以离散为

$$U(t_j + \Delta t) = R(\Delta t A(t_j))U(t_j) + \frac{\Delta t}{2}\Big[V(\Delta t A(t_j))\boldsymbol{f}(t_j) + W(\Delta t A(t_j))\boldsymbol{f}(t_j + \Delta t)\Big]$$

$$（9.3.4）$$

这里$j = 0,1,2,\cdots,K$

$$V(\Delta t A(t_j)) = \Big[I - c\Delta t A(t_j) + (c - \frac{1}{2})(\Delta t)^2 A^2(t_j)\Big]^{-1}$$

$$W(\Delta t A(t_j)) = \Big[I - c\Delta t A(t_j) + (c - \frac{1}{2})(\Delta t)^2 A^2(t_j)\Big]^{-1}\Big[I - 2(c - \frac{1}{2})\Delta t A(t_j)\Big]$$

由文献[87]可知，当$\frac{1}{2} < c < 2 - \sqrt{2}$时离散格式（9.3.4）是收敛的。

由引理9.3.1和文献[89]易知如下引理成立。

引理9.3.2 对于每个t，矩阵$A(t)$的非负特征值的实数部分都是负的。

下面给出离散格式（9.3.4）的稳定性结果。

定理9.3.3 离散格式（9.3.4）是无条件稳定的。

证明： 对于每个固定的t，令$\lambda_i (i = 1,2,\cdots,N-1)$是矩阵$A(t)$的特征值，则

$$\frac{1 + (1-c)\Delta t \lambda_i}{1 - c\Delta t \lambda_i + (c - \frac{1}{2})(\Delta t)^2 \lambda_i^2}$$

是矩阵

$$\Big[I - c\Delta t A(t) + (c - \frac{1}{2})(\Delta t)^2 A^2(t)\Big]^{-1}\Big[I + (1-c)\Delta t A(t)\Big]$$

的特征值，令$\overline{\lambda}_i$是λ_i的共轭复数。利用引理9.3.2可知

$$\Big[1 + (1-c)\Delta t \lambda_i\Big]\cdot\Big[1 + (1-c)\Delta t \overline{\lambda}_i\Big]$$

$$-\Big[1 - c\Delta t \lambda_i + (c - \frac{1}{2})(\Delta t)^2 \lambda_i^2\Big]\cdot\Big[1 - c\Delta t \overline{\lambda}_i + (c - \frac{1}{2})(\Delta t)^2 \overline{\lambda}_i^2\Big] < 0$$

由上式可得

$$\left|\frac{1 + (1-c)\Delta t \lambda_i}{1 - c\Delta t \lambda_i + (c - \frac{1}{2})(\Delta t)^2 \lambda_i^2}\right| < 1$$

由此可证得定理成立。

下面用数值实验来验证上述理论结果的正确性．我们选取 $N = 2048$ 和 $K = 1024$ 时的有限差分策略（9.2.2）的数值解作为"准确解"，其他数值解都与这个"准确解"进行比较以计算误差和收敛速率．令 $\bar{U}(S,0)$ 表示在 $t = 0$ 时的"准确解"，其是有限差分策略（9.2.2）的数值解 $U^{2048,1024}$ 的线性插值函数．则我们计算指数时间积分策略（9.3.4）在 $t = 0$ 时的无穷模误差为

$$e^{N,K} = \max_i |U_{i,0}^{N,K} - \bar{U}(x_i,0)|,$$

相应的收敛速率为

$$R^{N,K} = \log_2(\frac{e^{N,K}}{e^{2N,2K}})$$

表 9–2 给出了当 $S_{\max} = 100, T = 1, r = 0.06$ 和 $E = 25$ 时的无穷模误差和收敛速率．从表 9–2 可知：对于充分大的 K，$e^{N,K}/e^{2N,2K}$ 是稳定接近于 2 的，这表明指数时间积分策略（9.3.4）是收敛的和稳定的。

表9–2　数值实验的无穷模误差和收敛速率

σ	K	N	误差	收敛速率
	64	128	1.0112×10^{-2}	0.797
	128	256	5.8215×10^{-3}	0.984
$0.2(1+t)$	256	512	2.9435×10^{-3}	1.163
	512	1024	1.3148×10^{-3}	–
	64	128	2.6453×10^{-2}	1.018
	128	256	1.3061×10^{-2}	1.058
$0.4(1+t)$	256	512	6.2731×10^{-3}	1.186
	512	1024	2.7571×10^{-3}	–

9.4　本章小结

本章给出了两种求解欧式运费期权定价模型的数值方法．首先将欧式运费期权定价模型的无穷定义区域截断成有限区域，用四阶光滑函数来逼近终值函数，以使得新方程适合数值求解，并给出新方程逼近原方程的误差估计．然后对新方程构造数值求解方法：第一个方法构造有限差

分策略，对时间导数项在等距网格上进行 Euler 离散，对空间导数项在分片等距网格上进行中心差分离散，证得该离散策略是稳定的，而且该离散策略关于时间变量是一阶收敛和关于空间变量是二阶收敛的；第二个方法对空间导数项也是在分片等距网格上进行中心差分离散，而对于时间导数项采用指数时间积分法，证得该离散策略也是无条件稳定的。对比两个方法，第二个方法中每一个时间步都需要求逆矩阵，运算量相比第一个方法要大一些。

第 10 章 美式运费期权定价模型的数值计算

§ 8.2.2 中已经给出了美式看跌运费期权的偏微分方程定价模型，其可表达为如下的连续线性互补问题

$$
\begin{cases}
Lv(S,t) \geqslant 0, & S > 0, t \in [0,T) \\
v(S,t) - g(S) \geqslant 0, & S > 0, t \in [0,T] \\
Lv(S,t) \cdot [v(S,t) - g(S)] = 0, & S > 0, t \in [0,T) \\
v(S,T) = g(S), & S \geqslant 0, t = T \\
v(0,t) = E, & S = 0, t \in [0,T] \\
v(S,t) \to 0, & S \to +\infty, t \in [0,T]
\end{cases}
$$

这里$v(S,t)$表示美式看跌运费期权的价值，S是运价指数，t是时间，T是期权到期时间，E是运费期权的执行价格，微分算子L满足

$$
Lv(S,t) \equiv -\frac{\partial v}{\partial t} - \frac{1}{2}\sigma^2(t)S^2\frac{\partial^2 v}{\partial S^2} - rS\frac{\partial v}{\partial S} + r(t)v
$$

$g(S) = \max\{E - S, 0\}$为终值条件，$\sigma(t) \geqslant \alpha > 0$是运价指数的波动率，$r$是无风险利率。由上述定价模型可知：

（1）在最优执行边界S_f之上，$Lv = 0$；

（2）在最优执行边界S_f之下，$Lv = rE > 0$，且$v(S,t) = g(S)$。

为数值求解上述定价模型，我们首先需要将无穷区域$(0, +\infty)$ 截断为有限区间$(0, S_{max})$。按照 Willmott 等人 [83] 的估计，上界一般不会超过执行价格的三至四倍，所以我们选择$S_{max} = 4E$。在上界$S = S_{max}$处的边界条件，选择$v(S_{max}, t) = 0$。按照 Kangro 和 Nicolaides[82] 的估计，由上述无穷

截断引起的误差是可以忽略不计的。因此，下面我们就研究如下线性互补问题：

$$
\begin{cases}
Lv(S,t) \geqslant 0, & (S,t) \in (0,S_{max}) \times (0,T) \\
v(S,t) - g(S) \geqslant 0, & (S,t) \in (0,S_{max}) \times [0,T] \\
Lv(S,t) \cdot [v(S,t) - g(S)] = 0, & (S,t) \in (0,S_{max}) \times [0,T] \\
v(S,T) = g(S), & S \in [0,S_{max}] \\
v(0,t) = E, \ v(S_{max},t) = 0, & t \in [0,T]
\end{cases}
\tag{10.0.1}
$$

本章给出三种数值方法来求解上述定价模型。

10.1 罚方法

本节应用文献 [90] 中的罚方法来求解美式运费看跌期权定价模型（10.0.1）。罚方法最先是由 Zvan 等人[91]引入到美式期权定价模型求解的。Nielsen 等人 [92] 改进了上述工作，构造了一个具有较好光滑性的罚项来获得罚方程，以逼近连续线性互补问题，然后采用数值离散方法来求解罚方程。

10.1.1 罚方程

对于线性互补问题（10.0.1），我们应用如下罚方法来求解。令 $0 < \mu \ll 1$ 是一个小参数。则线性互补问题（10.0.1）用如下罚方程来逼近：

$$
\begin{cases}
L_{\mu}v(S,t) = 0, & (S,t) \in (0,S_{max}) \times (0,T) \\
v(S,T) = g(S), & S \in [0,S_{max}] \\
v(0,t) = E, \ v(S_{max},t) = 0, & t \in [0,T]
\end{cases}
\tag{10.1.1}
$$

这里

$$
L_{\mu}v(S,t) \equiv Lv(S,t) - \frac{C\mu}{v(S,t) + \mu - q(S)}
$$

$C \geqslant rE$ 是正常数，$q(S) = E - S$，当 $v(S,t) \gg q(S)$ 时，罚项

$$
\frac{C\mu}{v(S,t) + \mu - q(S)}
$$

是与 μ 同阶的，这时式（10.1.1）中的第一个方程就近似于 Black-

Scholes 方程，因此式（10.0.1）中的第一个方程式和约束条件是满足的；当 $v(S,t)$ 接近于 $q(S)$ 时，罚项就近似等于 C，这确保了式（10.0.1）中的第一个不等式和约束条件也是满足的。因此，罚项的选择确保了方程（10.1.1）的解是非常接近于原来的线性互补方程（10.0.1）的解。

10.1.2 离散策略

下面对上述半线性偏微分方程进行有限差分离散．对于空间定义区间 $[0,S_{\max}]$ 我们构造一个分片等距网格 $\bar{\Omega}^N = \{S_i \mid 0 \leqslant i \leqslant N\}$，其中网格点选取为

$$S_i = h\left[1 + \frac{\alpha^2}{r}(i-1)\right], \quad i = 1, 2, \cdots, N \qquad (10.1.2)$$

这里

$$h = \frac{S_{\max}}{1 + \dfrac{\alpha^2}{r}(N-1)}$$

对于时间离散，我们在时间定义区间 $[0,T]$ 上构造含有 K 个网格区间的等距网格 $\bar{\Omega}^K$．因此，对于定义区域 $\Omega = (0,S_{\max}) \times (0,T)$，我们构造了一个分片等距网格 $\Omega^{N\times K} = \Omega^N \times \Omega^K$，其中空间网格步长 $h_i = S_i - S_{i-1}$ 和时间网格步长 $\Delta t = t_j - t_{j-1}$ 分别为

$$h_i = \begin{cases} h, & i = 1 \\ \dfrac{\alpha^2}{r}h, & i = 2, \cdots, N \end{cases}$$

和

$$\Delta t = T / K, \qquad j = 1, \cdots, K$$

在分片等距网格 $\Omega^{N\times K}$ 上，我们构造如下有限差分格式来离散半线性偏微分方程：

$$
\begin{cases}
L_\mu^{N,K} V_i^j \equiv -\dfrac{V_i^{j+1} - V_i^j}{\Delta t} - \dfrac{(\sigma^j)^2 S_i^2}{h_i + h_{i+1}}\left(\dfrac{V_{i+1}^j - V_i^j}{h_{i+1}} - \dfrac{V_i^j - V_{i-1}^j}{h_i}\right) \\[3mm]
\quad - rS_i \dfrac{V_{i+1}^j - V_{i-1}^j}{h_i + h_{i+1}} + rV_i^j - \dfrac{C\mu}{V_i^j + \mu - q_i} = 0, \qquad 1 \leqslant i < N, 0 \leqslant j < K \\[3mm]
V_i^K = \pi_\varepsilon(E - S_i), \qquad\qquad\qquad\qquad\qquad\qquad\quad 0 \leqslant i \leqslant N \\[2mm]
V_0^j = E, \ V_N^j = 0, \qquad\qquad\qquad\qquad\qquad\qquad\quad 0 \leqslant j < K
\end{cases}
$$

$$(10.1.3)$$

在获得离散方程的数值解 V_i^j 后，可按如下方式求得最优执行边界 $S_f(t)$：对于每个 t_j，使得 $V_i^j = g_i$ 成立的最大 S_i 即为对应时间 t_j 的最优执行边界。

接下去给出上述离散策略的误差估计。结合式（10.1.1）和式（10.1.3）可知误差函数 $z_i^j = V_i^j - v_i^j (0 \leqslant i \leqslant N, 0 \leqslant j \leqslant K)$ 是满足如下离散方程

$$
\begin{cases}
-\dfrac{z_i^{j+1} - z_i^j}{\Delta t} - \dfrac{(\sigma^j)^2 S_i^2}{h_i + h_{i+1}}\left(\dfrac{z_{i+1}^j - z_i^j}{h_{i+1}} - \dfrac{z_i^j - z_{i-1}^j}{h_i}\right) - rS_i \dfrac{z_{i+1}^j - z_{i-1}^j}{h_i + h_{i+1}} + rz_i^j + \dfrac{C\mu}{(\xi_i^j + \mu - q_i)^2} z_i^j \\[3mm]
= \left(\dfrac{v_i^{j+1} - v_i^j}{\Delta t} - \dfrac{\partial v}{\partial t}(S_i, t_j)\right) + rS_i\left(\dfrac{v_{i+1}^j - v_{i-1}^j}{h_i + h_{i+1}} - \dfrac{\partial v}{\partial S}(S_i, t_j)\right) \\[3mm]
\quad + \dfrac{1}{2}(\sigma^j)^2 S_i^2\left[\dfrac{2}{h_i + h_{i+1}}\left(\dfrac{v_{i+1}^j - v_i^j}{h_{i+1}} - \dfrac{v_i^j - v_{i-1}^j}{h_i}\right) - \dfrac{\partial^2 v}{\partial S^2}(S_i, t_j)\right], \quad 1 \leqslant i < N, 0 \leqslant j < K \\[3mm]
z_i^K = 0, \qquad\qquad\qquad\qquad\qquad\qquad\qquad\qquad\qquad\quad 0 \leqslant i \leqslant N \\[2mm]
z_0^j = z_N^j = 0, \qquad\qquad\qquad\qquad\qquad\qquad\qquad\qquad\quad 0 \leqslant j < K
\end{cases}
$$

其中 $\xi_i^j = v_i^j + \lambda z_i^j$，$0 < \lambda < 1$。令

$$
\overline{L}_\mu^{N,K} u_i^j \equiv -\dfrac{u_i^{j+1} - u_i^j}{\Delta t} - \dfrac{(\sigma^j)^2 S_i^2}{h_i + h_{i+1}}\left(\dfrac{u_{i+1}^j - u_i^j}{h_{i+1}} - \dfrac{u_i^j - u_{i-1}^j}{h_i}\right)
$$

$$
\quad - rS_i \dfrac{u_{i+1}^j - u_{i-1}^j}{h_i + h_{i+1}} + ru_i^j + \dfrac{C\mu}{(\xi_i^j + \mu - q_i)^2} u_i^j
$$

$$R_i^j \equiv \left(\frac{v_i^{j+1} - v_i^j}{\Delta t} - \frac{\partial v}{\partial t}(S_i, t_j) \right) + rS_i \left(\frac{v_{i+1}^j - v_{i-1}^j}{h_i + h_{i+1}} - \frac{\partial v}{\partial S}(S_i, t_j) \right)$$

$$+ \frac{1}{2}(\sigma^j)^2 S_i^2 \left[\frac{2}{h_i + h_{i+1}} \left(\frac{v_{i+1}^j - v_i^j}{h_{i+1}} - \frac{v_i^j - v_{i-1}^j}{h_i} \right) - \frac{\partial^2 v}{\partial S^2}(S_i, t_j) \right]$$

下面证明离散算子 $\bar{L}_\mu^{N,K}$ 满足如下的离散极大模原理。

引理 10.1.1 离散算子 $\bar{L}_\mu^{N,K}$ 在分片等距网格 $\Omega^{N \times K}$ 上满足离散极大模原理，即如果网格函数 u_i^j 和 w_i^j 满足 $u_0^j \geqslant w_0^j$，$u_N^j \geqslant w_N^j (0 \leqslant j < K)$，$u_i^K \geqslant w_i^K$ $(0 \leqslant i \leqslant N)$ 和 $\bar{L}_\mu^{N,K} u_i^j \geqslant \bar{L}_\mu^{N,K} w_i^j$ $(1 \leqslant i < N, 0 \leqslant j < K)$，那么对于所有的 i, j 都成立 $u_i^j \geqslant w_i^j$。

证明：令

$$a_i = -\frac{(\sigma^j)^2 S_i^2}{(h_i + h_{i+1})h_i} + \frac{rS_i}{h_i + h_{i+1}}, \quad b_i = \frac{(\sigma^j)^2 S_i^2}{h_i h_{i+1}} + r + \frac{C\mu}{(\xi_i^j + \mu - q_i)^2}$$

$$c_i = -\frac{(\sigma^j)^2 S_i^2}{(h_i + h_{i+1})h_{i+1}} - \frac{rS_i}{h_i + h_{i+1}}, \qquad i = 1, \cdots, N-1$$

则有

$$\bar{L}_\mu^{N,K} u_i^j = -\frac{u_i^{j+1} - u_i^j}{\Delta t} + a_i u_{i-1}^j + b_i u_i^j + c_i u_{i+1}^j$$

通过简单计算，可知对于充分大的 N 有

$$a_i < -\frac{\alpha^2 S_1 S_i}{(h_i + h_{i+1})h_i} + \frac{rS_i}{h_i + h_{i+1}} \leqslant \frac{(-\alpha^2 S_1 + rh_i)S_i}{(h_i + h_{i+1})h_i}$$

$$= \frac{(-\alpha^2 h + r \dfrac{\alpha^2}{r} h)S_i}{(h_i + h_{i+1})h_i} = 0, \qquad 2 \leqslant i < N-1$$

成立，而且容易知道

$$b_i > 0, \ c_i < 0, \ 1 \leqslant i \leqslant N-2$$

和

$$b_1 + c_1 > 0$$

$$a_i + b_i + c_i > 0, \quad 2 \leqslant i \leqslant N-2$$

$$a_{N-1} + b_{N-1} > 0$$

成立，因此我们证得与离散算子 $\bar{L}_\mu^{N,K}$ 相对应的系数矩阵为 M– 阵，应用 Kellogg 和 Tsan 在文献 [85] 引理 3.1 中给出的结果可知引理成立。

下面给出有限差分策略的误差估计。

定理 10.1.2 令 v 是连续方程（10.1.1）的解，V 是离散方程（10.1.3）的解，则有如下的误差估计

$$\left| V_i^j - v(S_i, t_j) \right| \leqslant C(\Delta t + h^2), \qquad 0 \leqslant i \leqslant N, 0 \leqslant j \leqslant K$$

这里 C 是一个独立于 Δt 和 h 的正常数。

证明： 利用泰勒展开式可得

$$| R_i^j | \leqslant C_1 \int_{t_{j-1}}^{t_{j+1}} \left| \frac{\partial^2 v}{\partial t^2}(S_i, t) \right| \mathrm{d}t + C_2 h \int_{x_{i-1}}^{x_{i+1}} \left[S_i^2 \left| \frac{\partial^4 v}{\partial S^4}(S, t_j) \right| + S_i \left| \frac{\partial^3 v}{\partial S^3}(S, t_j) \right| \right] \mathrm{d}S$$

$$\leqslant C_3 \left(\Delta t + h^2 \right)$$

对于 $0 < i < N$ 和 $0 < j < K$ 成立，这里 $C_i (i = 1, 2, 3)$ 都是独立于 Δt 和 h 的正常数。应用引理 10.1.1 和障碍函数 $W_i^j = C(h^2 + \Delta t)$ 可得

$$\left| V_i^j - v(S_i, t_j) \right| \leqslant C(\Delta t + h^2), \qquad 0 \leqslant i \leqslant N, \quad 0 \leqslant j \leqslant K$$

这里 C 是充分大且独立于 Δt 和 h 的正常数，至此证明定理成立。

10.1.3 数值实验

下面用数值实验来验证上述理论结果的正确性．我们应用 Newton 迭代法来求解非线性方程（10.1.3）。在每个时间网格点 t_j，迭代算法的初始猜测值选取为 $[V_i^j]^{(0)} = V_i^{j+1}$，迭代终值条件选取为

$$\max_i \left| [V_i^j]^{(m)} - [V_i^j]^{(m-1)} \right| \leqslant 10^{-5}$$

另外，还选取 $\mu = 0.0001$ 和 $C = rE$。考虑到上述美式期权无法获得准确解的解析表达式，我们选取 $N = 2048$ 和 $K = 1024$ 时的数值解作为"准确解"，其他数值解都与这个"准确解"进行比较以计算误差和收敛速率．由于只有网格点上的"准确解"，为此我们利用线性插值来得到任何点处的"准确解"。令 $\bar{V}(S, t)$ 表示"准确解"，其是数值解 $V^{2048, 1024}$ 的线性插值

函数，则度量离散策略（10.1.3）的无穷模误差为

$$e^{N,K} = \max_{i,j} |V_{ij}^{N,K} - \bar{V}(S_i, t_j)|$$

相应的收敛速率为

$$R^{N,K} = \log_2(\frac{e^{N,K}}{e^{2N,K}})$$

表 10-1 给出了当 $S_{\max} = 100, T = 1, r = 0.06$ 和 $E = 25$ 时的无穷模误差和收敛速率，从表 10-1 可知：对于充分大的 K，$e^{N,K} / e^{2N,K}$ 是接近于 4 的，这表明定理 10.1.2 的收敛估计是正确的。

表10-1　数值实验的无穷模误差和收敛速率

σ	K	N	误差	收敛速率
0.2	1024	128	6.8029×10^{-2}	1.122
		256	3.1260×10^{-2}	1.312
		512	1.2587×10^{-2}	1.881
		1024	3.4184×10^{-3}	–
0.4	1024	128	6.5298×10^{-2}	1.244
		256	2.7577×10^{-2}	1.635
		512	8.8779×10^{-2}	2.187
		1024	1.9491×10^{-3}	–

10.2　样条差分法

本节应用文献 [93] 中的样条差分法来求解定义区域无穷截断后的美式看跌运费期权定价模型（10.0.1）。样条法的优点在于其数值解是分片光滑的，很容易获得非网格节点处的数值解。

10.2.1　离散策略

对于定义区域 $\Omega = (0, S_{\max}) \times (0, T)$ 的网格离散，本节构造与 §10.1 中完全一样的分片等距网格 $\Omega^{N \times K} = \Omega^N \times \Omega^K$，即对于空间定义区间 $[0, S_{\max}]$，构造一个分片等距网格 $\bar{\Omega}^N = \{S_i \,|\, 0 \leqslant i \leqslant N\}$，其中网格点选取为式（10.1.2）

的形式；对于时间定义区间$[0,T]$，构造含有K个网格区间的等距网格$\bar{\Omega}^K$。

在等距网格$\bar{\Omega}^K$上，对线性互补问题（10.0.1）中的时间导数项采用隐式 Euler 法离散，可得如下时间半离散格式

$$
\begin{cases}
\tilde{L}v^j(S) \geqslant \dfrac{v^{j+1}(S)}{\Delta t}, & S \in (0, S_{\max}) \\
v^j(S) - g(S) \geqslant 0, & S \in (0, S_{\max}) \\
\left[\tilde{L}v^j(S) - \dfrac{v^{j+1}(S)}{\Delta t} \right] \cdot \left[v^j(S) - g(S) \right] = 0, & S \in (0, S_{\max}) \\
v^K(S) = g(S), & S \in [0, S_{\max}] \\
v^j(0) = E, \quad v^j(S_{\max}) = 0
\end{cases}
\tag{10.2.1}
$$

其中$v^j(S)$是准确解$v(S,t)$在时间层t_j处的估计解。

$$
\tilde{L}v^j(S) = -\frac{1}{2}(\sigma^j)^2 S^2 \frac{\mathrm{d}^2 v^j}{\mathrm{d}S^2} - rS\frac{\mathrm{d}v^j}{\mathrm{d}S} + \left(r + \frac{1}{\Delta t} \right) v^j(S)
$$

接着采用二次样条函数$u(S) \in C^1([0, S_{\max}])$来估计方程式（10.2.1）的解$v^j(S)$，其中$u(S)$在每一个网格区间$[S_i, S_{i+1}]$上具有如下形式：

$$
u(S) = u_i + (S - x_i)u_i' + \frac{1}{2}(S - S_i)^2 u_i'', \quad S \in [S_i, S_{i+1}] \tag{10.2.2}
$$

参考文献 [94,95] 中给出的方法来选取配置点：

$$
\xi_i = \beta_{1,i} S_{i-1} + (1 - \beta_{1,i}) S_i, \quad [S_{i-1}, S_i]
$$

$$
\eta_i = \beta_{2,i} S_i + (1 - \beta_{2,i}) S_{i+1}, \quad [S_i, S_{i+1}]
$$

这里$1 \leqslant i < N$，$0 < \beta_{1,i}, \beta_{2,i} < 1$．则相应的配置方程为

$$
-\frac{1}{2}(\sigma^j)^2 \xi_i^2 u''(\xi_i) - r\xi_i u'(\xi_i) + \left(r + \frac{1}{\Delta t} \right) u(\xi_i) = \tilde{L}u(\xi_i), \quad \xi_i \in [S_{i-1}, S_i] \tag{10.2.3}
$$

$$
-\frac{1}{2}(\sigma^j)^2 \eta_i^2 u''(\eta_i) - r\eta_i u'(\eta_i) + \left(r + \frac{1}{\Delta t} \right) u(\eta_i) = \tilde{L}u(\eta_i), \quad \eta_i \in [S_i, S_{i+1}] \tag{10.2.4}
$$

由二次样条函数（10.2.2）可知$u''(\xi_i) = u_{i-1}''$，$u''(\eta_i) = u_i''$。又由$\xi_i - S_{i-1} = h_i(1 - \beta_{1,i})$和$\eta_i - S_i = h_{i+1}(1 - \beta_{2,i})$可得

$$\begin{cases} u(\xi_i) = u_{i-1} + h_i\left(1-\beta_{1,i}\right)u'_{i-1} + \dfrac{1}{2}h_i^2\left(1-\beta_{1,i}\right)^2 u''_{i-1} \\[3mm] u(\eta_i) = u_i + h_{i+1}\left(1-\beta_{2,i}\right)u'_i + \dfrac{1}{2}h_{i+1}^2\left(1-\beta_{2,i}\right)^2 u''_i \\[3mm] u'(\xi_i) = u'_{i-1} + h_i\left(1-\beta_{1,i}\right)u''_{i-1} \\[3mm] u'(\eta_i) = u'_i + h_{i+1}\left(1-\beta_{2,i}\right)u''_i \end{cases} \quad (10.2.5)$$

在区间$\left[S_i, S_{i+1}\right]$上，将上述关于$u(\eta_i)$，$u'(\eta_i)$，$u''(\eta_i)$的表达式以及

$$\begin{cases} u_{i+1} = u_i + h_{i+1}u'_i + \dfrac{1}{2}h_{i+1}^2 u''_i \\[3mm] u'_{i+1} = u'_i + h_{i+1}u''_i \end{cases}$$

代入式（10.2.4）可得

$$\begin{cases} u'_i = \dfrac{\left(u_{i+1}-u_i\right)Q_i + \left(r+\dfrac{1}{\Delta t}\right)h_{i+1}^2 u_i - h_{i+1}^2 \tilde{L}u(\eta_i)}{h_{i+1}P_i} \\[5mm] u'_{i+1} = \dfrac{2\left(u_{i+1}-u_i\right)}{h_{i+1}} - \dfrac{\left(u_{i+1}-u_i\right)Q_i + \left(r+\dfrac{1}{\Delta t}\right)h_{i+1}^2 u_i - h_{i+1}^2 \tilde{L}u(\eta_i)}{h_{i+1}P_i} \end{cases} \quad (10.2.6)$$

其中

$$Q_i = -(\sigma^j)^2\eta_i^2 - 2r\eta_i h_{i+1}\left(1-\beta_{2,i}\right) + \left(r+\dfrac{1}{\Delta t}\right)h_{i+1}^2\left(1-\beta_{2,i}\right)^2$$

$$P_i = -(\sigma^j)^2\eta_i^2 + r\eta_i h_{i+1}\left(-1+2\beta_{2,i}\right) - \left(r+\dfrac{1}{\Delta t}\right)h_{i+1}^2\beta_{2,i}\left(1-\beta_{2,i}\right)$$

在区间$\left[S_{i-1}, S_i\right]$上，利用配置方程（10.2.3）和上述同样的技巧可得

$$u'_i = \dfrac{2\left(u_i-u_{i-1}\right)}{h_i} - \dfrac{\left(u_i-u_{i-1}\right)W_i + \left(r+\dfrac{1}{\Delta t}\right)h_i^2 u_{i-1} - h_i^2 \tilde{L}u(\xi_i)}{h_i M_i} \quad (10.2.7)$$

其中

$$W_i = -(\sigma^j)^2\xi_i^2 - 2r\xi_i h_i\left(1-\beta_{1,i}\right) + \left(r+\dfrac{1}{\Delta t}\right)h_i^2\left(1-\beta_{1,i}\right)^2$$

$$M_i = -(\sigma^j)^2\xi_i^2 + r\xi_i h_i\left(-1+2\beta_{1,i}\right) - \left(r+\dfrac{1}{\Delta t}\right)h_i^2\beta_{1,i}\left(1-\beta_{1,i}\right)$$

结合式（10.2.6）和（10.2.7）可得如下的样条差分策略

$$a_i^- u_{i-1} + a_i^c u_i + a_i^+ u_{i+1} = q_i^- \tilde{L}u(\xi_i) + q_i^+ \tilde{L}u(\eta_i) \qquad （10.2.8）$$

其中

$$a_i^- = -\frac{Z_i}{h_i M_i}, \quad a_i^+ = -\frac{Q_i}{h_{i+1} P_i}, \quad a_i^c = \frac{2}{h_i} - \left(r + \frac{1}{\Delta t}\right)\frac{h_{i+1}}{P_i} + \frac{Q_i}{h_{i+1} P_i} - \frac{W_i}{h_i M_i}$$

$$q_i^- = -\frac{h_i}{M_i}, \quad q_i^+ = -\frac{h_{i+1}}{P_i}, \quad Z_i = -(\sigma^j)^2 \xi_i^2 + 2r\xi_i h_i \beta_{1,i} + \left(r + \frac{1}{\Delta t}\right)h_i^2 \beta_{1,i}^2$$

上述公式中，参数$\beta_{1,i}$和$\beta_{2,i}$提供了两个自由度。对于$1 \leqslant i < N$，我们选取$\beta_{1,i} = \Delta t$和$\beta_{2,i} = 1 - \Delta t$。后面将证明该选取方式可以保证与离散算子相应的系数矩阵为 M− 阵。

结合式（10.2.1）和式（10.2.8）可得如下的全离散格式

$$\begin{cases} L^{N,K} V_i^j \geqslant 0, & (i,j) \in \tilde{\Omega}_h \\ V_i^j - g_i \geqslant 0, & (i,j) \in \tilde{\Omega}_h \\ L^{N,K} V_i^j \cdot \left[V_i^j - g_i\right] = 0, & (i,j) \in \tilde{\Omega}_h \\ V_i^K = g_i, & i = 0, 1, \cdots, N \\ V_0^j = E, \ V_N^j = 0, & j = K-1, \cdots, 1, 0 \end{cases} \qquad （10.2.9）$$

其中

$$L^{N,K} V_i^j \equiv a_i^- V_{i-1}^j + a_i^c V_i^j + a_i^+ V_{i+1}^j - \frac{q_i^-}{\Delta t}\left[\beta_{1,i} V_{i-1}^{j+1} + \left(1 - \beta_{1,i}\right) V_i^{j+1}\right] -$$

$$\frac{q_i^+}{\Delta t}\left[\beta_{2,i} V_i^{j+1} + \left(1 - \beta_{2,i}\right) V_{i+1}^{j+1}\right]$$

和

$$\tilde{\Omega}_h = \{(i,j) \mid 1 \leqslant i \leqslant N-1, 0 \leqslant j \leqslant K-1\}$$

考虑到每一步数值求解中只有网格节点处的数值解，所以V^{j+1}在ξ_i和η_i处的近似值采用了线性插值，离散线性互补问题（10.2.9）存在唯一解V，具体可参见文献 [96]。在获得离散方程的数值解V后，如前所述，同样可求得最优执行边界$S_f(t)$：对于每个t_j，使得$V_i^j = g_i$成立的最大S_i即为对应时间t_j的最优执行边界。

10.2.2 误差分析

下面证明离散算子$L^{N,K}$满足如下的离散极大模原理。

引理 10.2.1 如果对于 $1 \leqslant i < N$ 都有 $\beta_{1,i} = \Delta t$ 和 $\beta_{2,i} = 1 - \Delta t$，那么离散算子 $L^{N,K}$ 在分片等距网格 $\Omega^{N \times K}$ 上满足离散极大模原理，即如果网格函数 u_i^j 和 w_i^j 满足 $u_0^j \geqslant w_0^j$，$u_N^j \geqslant w_N^j (0 \leqslant j < K)$，$u_i^K \geqslant w_i^K (0 \leqslant i \leqslant N)$ 和 $L^{N,K} u_i^j \geqslant L^{N,K} w_i^j (1 \leqslant i < N, 0 \leqslant j < K)$，那么对于所有的 i, j 都成立 $u_i^j \geqslant w_i^j$。

证明： 当 $\beta_{1,i} = \Delta t$ 和 $\beta_{2,i} = 1 - \Delta t$ 时，容易验证对于充分小的 Δt 和 h 有

$$Z_i < 0, \quad M_i < 0, \quad Q_i < 0$$

成立。通过简单计算即可得

$$P_i < -\alpha^2 \eta_i^2 + r \eta_i h_{i+1} = \eta_i \left[-\alpha^2 \eta_i + r h_{i+1} \right]$$

$$< \eta_i \left[-\alpha^2 S_i + r h_{i+1} \right] < \eta_i \left[-\alpha^2 h + r \frac{\alpha^2}{r} h \right] = 0$$

因此，对于 $1 \leqslant i < N$ 和 $0 \leqslant j < K$ 都有

$$a_i^- < 0, \; a_i^+ < 0, \; q_i^- > 0, \; q_i^+ > 0$$

和

$$a_i^c = -a_i^- - a_i^+ + \left(r + \frac{1}{\Delta t} \right) q_i^- + \left(r + \frac{1}{\Delta t} \right) q_i^+ > 0$$

$$a_i^- + a_i^c + a_i^+ - \frac{1}{\Delta t} \left(q_i^- + q_i^+ \right) = r \left(q_i^- + q_i^+ \right) > 0$$

成立，这表明与离散算子 $L^{N,K}$ 相应的系数矩阵为 M-阵，应用 Kellogg 和 Tsan 在文献 [85] 引理 3.1 中给出的结果可知引理成立。

应用泰勒展开式可得如下截断误差估计。

$$\tau_i^j(v) = L^{N,K} v_i^j - q_i^- Lv(\xi_i, t_j) - q_i^+ Lv(\eta_i, t_j)$$

$$= p_0 v(S_i, t_j) + p_1 \frac{\partial v}{\partial S}(S_i, t_j) + p_2 \frac{\partial^2 v}{\partial S^2}(S_i, t_j) + p_3 \frac{\partial v}{\partial t}(S_i, t_j) + \sum_{n=1}^{12} \pi_{i,n}^j(v)$$

其中 $p_0 = p_1 = p_2 = p_3 = 0$

$$\pi_{i,1}^j(v) = a_i^+ R_2 \left(S_i, S_{i+1}, v_j(S) \right), \quad \pi_{i,2}^j(v) = -a_i^- R_2 \left(S_i, S_{i-1}, v_j(S) \right)$$

$$\pi_{i,4}^j(v) = -\frac{1}{2} (\sigma^j)^2 S_i^2 q_i^+ R_0 \left(S_i, \eta_i, \frac{\mathrm{d}^2 v_j}{\mathrm{d}S^2} \right)$$

$$\pi_{i,5}^{j}(v) = -rS_i q_i^- R_1\left(S_i, \xi_i, \frac{dv_j}{dS}\right), \quad \pi_{i,6}^{j}(v) = -rS_i q_i^+ R_1\left(S_i, \eta_i, \frac{dv_j}{dS}\right)$$

$$\pi_{i,7}^{j}(v) = \left(r + \frac{1}{\Delta t}\right) q_i^- R_2\left(S_i, \xi_i, v_j(S)\right), \quad \pi_{i,8}^{j}(v) = \left(r + \frac{1}{\Delta t}\right) q_i^+ R_2\left(S_i, \eta_i, v_j(S)\right)$$

$$\pi_{i,9}^{j}(v) = -\frac{q_i^-}{\Delta t}\left[\beta_{1,i} R_1\left(\xi_i, S_{i-1}, v(S, t_{j+1})\right) + \left(1 - \beta_{1,i}\right) R_1\left(\xi_i, S_i, v(S, t_{j+1})\right)\right]$$

$$\pi_{i,10}^{j}(v) = -\frac{q_i^-}{\Delta t}\left[\beta_{2,i} R_1\left(\eta_i, S_i, v(S, t_{j+1})\right) + \left(1 - \beta_{2,i}\right) R_1\left(\eta_i, S_{i+1}, v(S, t_{j+1})\right)\right]$$

$$\pi_{i,11}^{j}(v) = -\frac{q_i^-}{\Delta t} R_1\left(S_i, \xi_i, v(S, t_j)\right) - \frac{q_i^+}{\Delta t} R_1\left(S_i, \eta_i, v(S, t_j)\right)$$

$$\pi_{i,12}^{j}(v) = -q_i^- \Delta t R_1\left(t_j, t_{j+1}, v(\xi_i, t)\right) - q_i^+ \Delta t R_1\left(t_j, t_{j+1}, v(\eta_i, t)\right)$$

和

$$R_n(S, z, u) = \frac{(z - S)^{n+1}}{(n+1)!} u^{(n+1)}(y) \quad y \in (S, z), \ n = 0, 1, 2$$

因此，如果对于 $1 \leq i < N$ 都选取 $\beta_{1,i} = \Delta t$ 和 $\beta_{2,i} = 1 - \Delta t$，那么有

$$\left|\tau_i^j\right| \leq C\left(q_i^- + q_i^+\right)\left(h^2 + \Delta t\right), \quad 1 \leq i < N, 0 \leq j < K \qquad （10.2.10）$$

成立，下面在两个网格点集上分别应用极大模原理来导出样条差分策略的误差估计。

定理 10.2.2 令 $v(S,t)$ 是连续线性互补问题（10.0.1）的解，V 是离散线性互补方程（10.2.9）的解。如果对于 $1 \leq i < N$ 都选取 $\beta_{1,i} = \Delta t$ 和 $\beta_{2,i} = 1 - \Delta t$，那么有如下的误差估计

$$\left|v(S_i, t_j) - V_i^j\right| \leq C\left(h^2 + \Delta t\right), \quad 0 \leq i \leq N, \ 0 \leq j \leq K$$

这里 C 是一个独立于 Δt 和 h 的正常数。

证明： 令

$$\bar{\Omega}_h = \{(i, j) \mid 0 \leq i \leq N, 0 \leq j \leq K\}$$

$$\Omega^{(1)} = \{(i, j) \in \tilde{\Omega}_h \mid v(S_i, t_j) = g_i\}$$

$$\Omega^{(2)} = \tilde{\Omega}_h \setminus \Omega^{(1)}, \quad \partial\Omega_h = \bar{\Omega}_h \setminus \tilde{\Omega}_h$$

由式（10.0.1）可知

$$Lv(S_i, t_j) \geq 0 , \quad (i, j) \in \Omega^{(1)}$$

$$Lv(S_i, t_j) = 0 , \quad (i, j) \in \Omega^{(2)}$$

再令

$$\Omega_h^{(1)} = \{(i, j) \in \tilde{\Omega}_h \mid V_i^j = g_i\} , \quad \Omega_h^{(2)} = \tilde{\Omega}_h \setminus \Omega_h^{(1)}$$

则容易验证

$$L^{N,K} V_i^j = 0 , \quad (i, j) \in \Omega_h^{(2)} \tag{10.2.11}$$

定义如下障碍函数

$$\Phi_i^j = C(h^2 + \Delta t) > 0 , \quad (i, j) \in \tilde{\Omega}_h \tag{10.2.12}$$

其中 C 是一个充分大而且独立于 Δt 和 h 的正常数。

对于 $(i, j) \in \Omega_h^{(2)}$，

$$L^{N,K}\left(v(S_i, t_j) - V_i^j + \Phi_i^j\right) = L^{N,K} v(S_i, t_j) + L^{N,K} \Phi_i^j$$

$$= \left[L^{N,K} v(S_i, t_j) - q_i^- Lv(\xi_i, t_j) - q_i^+ Lv(\eta_i, t_j) + L^{N,K} \Phi_i^j\right]$$

$$+ q_i^- Lv(\xi_i, t_j) + q_i^+ Lv(\eta_i, t_j) \geq 0$$

上述估计中利用了式 $Lv(\xi_i, t_j) \geq 0$，$Lv(\eta_i, t_j) \geq 0$ 和式（10.2.10）- 式（10.2.12）. 在 $\Omega_h^{(2)}$ 的"边界"上有

$$v(S_i, t_j) - V_i^j + \Phi_i^j = v(S_i, t_j) - g_i + \Phi_i^j \geq 0 \quad (i, j) \in \Omega_h^{(1)}$$

和

$$v(S_i, t_j) - V_i^j + \Phi_i^j = \Phi_i^j \geq 0 \quad (i, j) \in \partial \Omega_h$$

成立。则在 $\Omega_h^{(2)}$ 上应用引理 10.2.1 中的极大模原理可得

$$v(S_i, t_j) - V_i^j + \Phi_i^j \geq 0 , \quad (i, j) \in \Omega_h^{(2)}$$

因此，

$$v(S_i, t_j) - V_i^j + \Phi_i^j \geq 0 , \quad (i, j) \in \bar{\Omega}_h \tag{10.2.13}$$

对于 $(i,j) \in \Omega^{(2)}$，显然有 $Lv(S_i,t_j) = 0$ 和 $L^{N,K}V_i^j \geqslant 0$，而且对于充分大的 C 有

$$L^{N,K}\left(v(S_i,t_j) - V_i^j - \Phi_i^j\right) = \left[L^{N,K}v(S_i,t_j) - q_i^- Lv(\xi_i,t_j) - q_i^+ Lv(\eta_i,t_j) - L^{N,K}\Phi_i^j\right]$$

$$+ q_i^- Lv(\xi_i,t_j) + q_i^+ Lv(\eta_i,t_j) - L^{N,K}V_i^j$$

$$\leqslant \left\{L^{N,K}v(S_i,t_j) - q_i^- Lv(\xi_i,t_j) - q_i^+ Lv(\eta_i,t_j) - L^{N,K}\Phi_i^j\right.$$

$$+ \left[q_i^- \beta_{1,i}\left(1-\beta_{1,i}\right) + q_i^+ \beta_{2,i}\left(1-\beta_{2,i}\right)\right]O(h^2)\right\}$$

$$+ q_i^-\left[\beta_{1,i}Lv(S_{i-1},t_j) + \left(1-\beta_{1,i}\right)Lv(S_i,t_j)\right]$$

$$+ q_i^+\left[\beta_{2,i}Lv(S_i,t_j) + \left(1-\beta_{2,i}\right)Lv(S_{i+1},t_j)\right] - L^{N,K}V_i^j$$

$$\leqslant \left\{L^{N,K}v(S_i,t_j) - q_i^- Lv(\xi_i,t_j) - q_i^+ Lv(\eta_i,t_j) - L^{N,K}\Phi_i^j\right.$$

$$+ \left[q_i^- \beta_{1,i}\left(1-\beta_{1,i}\right) + q_i^+ \beta_{2,i}\left(1-\alpha_{2,i}\right)\right]O(h^2) + \left(q_i^- + q_i^+\right)O(\Delta t)\right\} - L^{N,K}V_i^j \leqslant 0$$

成立，上述估计中利用了 $\beta_{1,i} = 1 - \beta_{2,i} = \Delta t$ 和式（10.2.10）。在 $\Omega^{(2)}$ 的"边界"上有

$$v(S_i,t_j) - V_i^j - \Phi_i^j = g_i - V_i^j - \Phi_i^j \leqslant 0, \quad (i,j) \in \Omega^{(1)}$$

和

$$v(S_i,t_j) - V_i^j - \Phi_i^j = -\Phi_i^j \leqslant 0, \quad (i,j) \in \partial\Omega_h$$

则在 $\Omega^{(2)}$ 上同样应用引理 10.2.1 中的极大模原理可得

$$v(S_i,t_j) - V_i^j - \Phi_i^j \leqslant 0, \quad (i,j) \in \Omega^{(2)}$$

因此，

$$v(S_i,t_j) - V_i^j - \Phi_i^j \leqslant 0, \quad (i,j) \in \bar{\Omega}_h \qquad （10.2.14）$$

结合式（10.2.13）和式（10.2.14）可得

$$\max_{(i,j) \in \bar{\Omega}_h}\left|v(S_i,t_j) - V_i^j\right| \leqslant \max_{(i,j) \in \bar{\Omega}_h}\Phi_i^j \leqslant C\left(h^2 + \Delta t\right)$$

至此证明定理成立。

10.2.3 数值实验

下面用数值实验来验证上述理论结果的正确性. 我们应用映射法来求

解离散线性互补方程（10.2.9）。假设已知 V^{j+1}，那么先求解如下的离散方程

$$\begin{cases} L^{N,K}V_i^{j+1/2} = 0, & i = 1, \cdots, N-1 \\ V_0^{j+1/2} = E, \ V_N^{j+1/2} = 0 \end{cases}$$

得解 $\{V^{j+1/2}\}$，然后再令

$$V_i^j = \max\{V_i^{j+1/2}, g_i\}$$

这保证了离散线性互补问题（10.2.9）中的约束条件也是满足的。

考虑到美式期权定价模型无法获得准确解的解析表达式，我们选取 $N = 2048$ 和 $K = 1024$ 时的二次样条估计解作为"准确解" $\tilde{V}(S, t)$，其他数值解都与这个"准确解"进行比较以计算误差和收敛速率. 则度量 $t = 0$ 处的无穷模误差为

$$e^{N,K} = \max_{i,j}\left|V_{i,0}^{N,K} - \tilde{V}(S_i, 0)\right|$$

相应的收敛速率为

$$R^{N,K} = \log_2\left(\frac{e^{N,K}}{e^{2N,K}}\right).$$

表 10-2 给出了当 $S_{\max} = 100, T = 1, r = 0.08$ 和 $E = 25$ 时的无穷模误差和收敛速率。从表 10-2 可知：对于充分大的 K，$e^{N,K} / e^{2N,K}$ 是接近于 4 的，这表明定理 10.2.2 的收敛估计是正确的。

表10-2　数值实验的无穷模误差和收敛速率

σ	K	N	误差	收敛速率
0.1	1024	128	2.1941×10^{-2}	2.391
		256	4.1844×10^{-3}	1.717
		512	1.2729×10^{-3}	1.987
		1024	3.2114×10^{-4}	——
0.4	1024	128	1.0108×10^{-2}	2.021
		256	2.4905×10^{-3}	2.078
		512	5.8978×10^{-4}	2.467
		1024	1.0669×10^{-4}	——

10.3 HODIE 有限差分法

本节应用文献 [97] 中的 HODIE 有限差分法来求解定义区域无穷截断后的美式看跌运费期权定价模型（10.0.1）。HODIE 有限差分法的优点在于其比较容易推广到高阶收敛策略。

10.3.1 离散策略

类似前面两节中定义区域 $\Omega = (0, S_{\max}) \times (0, T)$ 的网格离散，本节构造与前面两节完全一样的分片等距网格 $\Omega^{N \times K} = \Omega^N \times \Omega^K$. 即对于空间定义区间 $[0, S_{\max}]$，构造一个分片等距网格 $\bar{\Omega}^N = \{S_i \,|\, 0 \leqslant i \leqslant N\}$，其中网格点选取为式（10.1.2）的形式；对于时间定义区间 $[0, T]$，构造含有 K 个网格区间的等距网格 $\bar{\Omega}^K$.

在等距网格 $\bar{\Omega}^K$ 上，对线性互补问题（10.0.1）中的时间导数项也采用隐式 Euler 法离散，可得如下时间半离散格式

$$
\begin{cases}
\tilde{L}v^j(S) \geqslant v^{j+1}(S), & S \in (0, S_{\max}) \\
v^j(S) - g(S) \geqslant 0, & S \in (0, S_{\max}) \\
\left[\tilde{L}v^j(S) - v^{j+1}(S) \right] \cdot \left[v^j(S) - g(S) \right] = 0, & S \in (0, S_{\max}) \\
v^K(S) = g(S), & S \in [0, S_{\max}] \\
v^j(0) = E, \quad v^j(S_{\max}) = 0 &
\end{cases}
\tag{10.3.1}
$$

其中 $v^j(S)$ 是准确解 $v(S, t)$ 在时间层 t_j 处的估计解。

$$
\tilde{L}v^j(S) = v^j(S) + \Delta t \left[-\frac{1}{2}(\sigma^j)^2 S^2 \frac{\mathrm{d}^2 v^j}{\mathrm{d}S^2} - rS \frac{\mathrm{d}v^j}{\mathrm{d}S} + rv^j(S) \right]
$$

接着对时间半离散方程（10.3.1）构造 HODIE 有限差分离散格式 . 对于微分算子 $\tilde{L}$，应用 HODIE 技巧构造如下的离散格式

$$
\tilde{L}^N U_i \equiv a_i^- U_{i-1} + a_i^c U_i + a_i^+ U_{i+1} - q_i^1 \tilde{L}u_{i-1} - q_i^2 \tilde{L}u_i .
$$

假设 $\tilde{L}^N$ 作用于次数小于等于 2 的多项式函数的截断误差为 0，并且满足如下归一化条件

$$
q_i^1 + q_i^2 = 1 , \quad q_i^j \geqslant 0 , \quad j = 1, 2 .
$$

则基于上述两个假设条件，通过将区间$[x_{i-1}, x_{i+1}]$变换成$[-h_i, h_{i+1}]$后，可得如下的线性方程组。

$$\begin{cases} a_i^- + a_i^c + a_i^+ = 1 + r\Delta t \\ -h_i a_i^- + h_{i+1} a_i^+ = q_i^1(-rS_i\Delta t - h_i) - q_i^2 rS_i\Delta t \\ h_i^2 a_i^- + h_{i+1}^2 a_i^+ = q_i^1\left\{\left[-(\sigma^j)^2 S_{i-1}^2 + 2h_i rS_{i-1} + h_i^2 r\right]\Delta t + h_i^2\right\} - q_i^2(\sigma^j)^2 S_i^2\Delta t \\ q_i^2 = 1 - q_i^1 \end{cases}$$

求解上述方程组可得

$$\begin{aligned} a_i^- &= \frac{q_i^1\left[-(\sigma^j)^2 S_{i-1}^2 + rh_i S_{i-1}\right]\Delta t - q_i^2\left[(\sigma^j)^2 S_i^2 + rh_i S_i\right]\Delta t}{(h_i + h_{i+1})h_i} \\ &\quad + \frac{q_i^1(rS_i\Delta t + h_i) + q_i^2 rS_i\Delta t}{h_i} \end{aligned} \qquad (10.3.2)$$

$$a_i^+ = \frac{q_i^1\left[-(\sigma^j)^2 S_{i-1}^2 + rh_i S_{i-1}\right]\Delta t - q_i^2\left[(\sigma^j)^2 S_i^2 + rh_i S_i\right]\Delta t}{(h_i + h_{i+1})h_{i+1}} \qquad (10.3.3)$$

$$a_i^c = 1 + r\Delta t - a_i^- - a_i^+ \qquad (10.3.4)$$

由此可得线性互补方程（10.0.1）的 HODIE 有限差分离散格式为

$$\begin{cases} L^{N,K}V_i^j \geq 0, & (i,j) \in \tilde{\Omega}_h \\ V_i^j - g_i \geq 0, & (i,j) \in \tilde{\Omega}_h \\ L^{N,K}V_i^j \cdot \left[V_i^j - g_i\right] = 0, & (i,j) \in \tilde{\Omega}_h \\ V_i^K = g_i, & i = 0,1,\cdots,N \\ V_0^j = E, \; V_N^j = 0, & j = K-1,\cdots,1,0 \end{cases} \qquad (10.3.5)$$

其中

$$L^{N,K}V_i^j \equiv a_i^- V_{i-1}^j + a_i^c V_i^j + a_i^+ V_{i+1}^j - q_i^1 V_{i-1}^{j+1} - q_i^2 V_i^{j+1}$$

和

$$\tilde{\Omega}_h = \{(i,j) \mid 1 \leq i \leq N-1, 0 \leq j \leq K-1\}$$

在离散格式（10.3.5）中，参数q_i^1提供了一个自由度，q_i^1的选取要求保证离散格式的稳定性。后面将证明当$q_i^1 = 0$时离散算子$L^{N,K}$满足极大模原理。因此，离散线性互补问题存在唯一解V，具体可参见文献[96]。在获得离散方程的数值解V后，如前所述，同样可求得最优执行边界$S_f(t)$：对于每个t_j，使得$V_i^j = g_i$成立的最大S_i即为对应时间t_j的最优执行边界。

10.3.2 误差分析

下面证明离散算子$L^{N,K}$满足如下的离散极大模原理。

引理 10.3.1 如果对于$1 \leqslant i < N$都选取$q_i^1 = 0$，那么离散算子$L^{N,K}$在分片等距网格$\Omega^{N \times K}$上满足离散极大模原理，即如果网格函数u_i^j和w_i^j满足$u_0^j \geqslant w_0^j$，$u_N^j \geqslant w_N^j (0 \leqslant j < K)$，$u_i^K \geqslant w_i^K (0 \leqslant i \leqslant N)$和$L^{N,K} u_i^j \geqslant L^{N,K} w_i^j ((i,j) \in \tilde{\Omega}_h)$，那么对于所有的$i,j$都有$u_i^j \geqslant w_i^j$成立。

证明：当$q_i^1 = 0$时，由式（10.3.2）可知

$$a_i^- = \frac{-\left[(\sigma^j)^2 S_i^2 + rh_i S_i \right] \Delta t}{(h_i + h_{i+1}) h_i} + \frac{rS_i \Delta t}{h_i} = \frac{\left[-(\sigma^j)^2 S_i^2 + rh_{i+1} S_i \right] \Delta t}{(h_i + h_{i+1}) h_i}$$

$$\leqslant \frac{(-\alpha^2 S_1 + rh_{i+1}) S_i \Delta t}{(h_i + h_{i+1}) h_i} \leqslant \frac{(-\alpha^2 h + r \dfrac{\alpha^2}{r} h) S_i \Delta t}{(h_i + h_{i+1}) h_i} = 0$$

对于$(i,j) \in \tilde{\Omega}_h$都成立，对于式（10.3.3）和式（10.3.4），通过简单计算易知

$$a_i^+ = \frac{-\left[(\sigma^j)^2 S_i^2 + rh_i S_i \right] \Delta t}{(h_i + h_{i+1}) h_{i+1}} < 0 , \quad a_i^c = 1 + r\Delta t - a_i^- - a_i^+ > 0$$

和

$$a_i^- + a_i^c + a_i^+ - 1 = r\Delta t > 0$$

对于$(i,j) \in \tilde{\Omega}_h$都成立。因此，与离散算子$L^{N,K}$相应的系数矩阵为 M-阵，应用 Kellogg 和 Tsan 在文献 [85] 引理 3.1 中给出的结果可知引理成立。应用泰勒展开式可得如下的截断误差估计。

引理 10.3.2 令$u(S,t)$是定义域$\Omega^{N \times K}$上的光滑函数. 如果对于$1 \leqslant i < N$都选取$q_i^1 = 0$，那么离散算子$L^{N,K}$有如下的截断误差估计。

$$\left| L^{N,K} u(S_i, t_j) - \Delta t (Lu)(S_i, t_j) \right| \leqslant C\Delta t \left(h^2 + \Delta t \right) , \quad (i,j) \in \tilde{\Omega}_h$$

这里C是一个独立于Δt和h的正常数。

下面在两个网格点集上分别应用离散极大模原理来导出 HODIE 有限

差分格式的误差估计。

定理 10.3.3 令 $v(S, t)$ 是连续线性互补问题（10.0.1）的解，V 是离散线性互补方程（10.3.5）的解，如果对于 $1 \leq i < N$ 都选取 $q_i^1 = 0$，那么有如下的误差估计。

$$\left| v(S_i, t_j) - V_i^j \right| \leq C\left(h^2 + \Delta t \right), \quad 0 \leq i \leq N, \ 0 \leq j \leq K$$

这里 C 是一个独立于 Δt 和 h 的正常数。

证明：令

$$\bar{\Omega}_h = \{(i, j) \mid 0 \leq i \leq N, 0 \leq j \leq K\}, \quad \partial \Omega_h = \bar{\Omega}_h \setminus \tilde{\Omega}_h$$

$$\Omega^{(1)} = \{(i, j) \in \tilde{\Omega}_h \mid v(S_i, t_j) = g_i\}, \quad \Omega^{(2)} = \tilde{\Omega}_h \setminus \Omega^{(1)}$$

由式（10.0.1）可知

$$Lv(S_i, t_j) \geq 0, \quad (i, j) \in \Omega^{(1)}$$

$$Lv(S_i, t_j) = 0, \quad (i, j) \in \Omega^{(2)}$$

再令

$$\Omega_h^{(1)} = \{(i, j) \in \tilde{\Omega}_h \mid V_i^j = g_i\}, \quad \Omega_h^{(2)} = \tilde{\Omega}_h \setminus \Omega_h^{(1)}$$

显然有

$$L^{N,K} V_i^j = 0, \quad (i, j) \in \Omega_h^{(2)} \tag{10.3.6}$$

定义如下障碍函数

$$W_i^j = C\left[(T - t_j + 1) \Delta t + (S_{\max} - S_i) h^2 \right] > 0, \quad (i, j) \in \tilde{\Omega}_h \tag{10.3.7}$$

其中 C 是一个充分大而且独立于 Δt 和 h 的正常数。

对于 $(i, j) \in \Omega_h^{(2)}$，利用事实 $Lv(S_i, t_j) \geq 0$，式（10.3.6）–式（10.3.7）和引理 10.3.2，可得

$$L^{N,K}\left(v(S_i, t_j) - V_i^j + W_i^j \right) = L^{N,K} v(S_i, t_j) + L^{N,K} W_i^j$$

$$= \left[L^{N,K} v(S_i, t_j) - \Delta t Lv(S_i, t_j) + L^{N,K} W_i^j \right] + \Delta t Lv(S_i, t_j) \geq 0$$

在 $\Omega_h^{(2)}$ 的"边界"上有

$$v(S_i, t_j) - V_i^j + W_i^j = v(S_i, t_j) - g_i + W_i^j \geq 0, \quad (i, j) \in \Omega_h^{(1)}$$

和

$$v(S_i, t_j) - V_i^j + W_i^j = W_i^j \geq 0, \quad (i, j) \in \partial\Omega_h$$

成立，则在 $\Omega_h^{(2)}$ 上应用引理 10.3.1 中的离散极大模原理可得

$$v(S_i, t_j) - V_i^j + W_i^j \geq 0, \quad (i, j) \in \Omega_h^{(2)}$$

因此，

$$v(S_i, t_j) - V_i^j + W_i^j \geq 0, \quad (i, j) \in \bar{\Omega}_h \qquad （10.3.8）$$

对于 $(i, j) \in \Omega^{(2)}$，利用 $Lv(S_i, t_j) = 0$ 和 $L^{N,K} V_i^j \geq 0$，可得

$$L^{N,K}\left(v(S_i, t_j) - V_i^j - W_i^j\right) = \left[L^{N,K} v(S_i, t_j) - \Delta t Lv(S_i, t_j) - L^{N,K} W_i^j\right] - L^{N,K} V_i^j \leq 0$$

成立，在 $\Omega^{(2)}$ 的"边界"上有

$$v(S_i, t_j) - V_i^j - W_i^j = g_i - V_i^j - W_i^j \leq 0, \quad (i, j) \in \Omega^{(1)}$$

和

$$v(S_i, t_j) - V_i^j - W_i^j = -W_i^j \leq 0, \quad (i, j) \in \partial\Omega_h$$

则在 $\Omega^{(2)}$ 上应用引理 10.3.1 中的离散极大模原理可得

$$v(S_i, t_j) - V_i^j - W_i^j \leq 0, \quad (i, j) \in \Omega^{(2)}$$

因此，

$$v(S_i, t_j) - V_i^j - W_i^j \leq 0, \quad (i, j) \in \bar{\Omega}_h \qquad （10.3.9）$$

结合式（10.3.8）和式（10.3.9）可得

$$\max_{(i,j) \in \bar{\Omega}_h} |v(S_i, t_j) - V_i^j| \leq \max_{(i,j) \in \bar{\Omega}_h} W_i^j \leq C\left(h^2 + \Delta t\right)$$

至此证明定理成立。

10.3.3 数值实验

下面用数值实验来验证上述理论结果的正确性。与上一节中的方法一样，我们也采用映射法来求解离散线性互补方程（10.3.5）。假设已知

V^{j+1}，那么先求解如下的离散方程

$$\begin{cases} L^{N,K}V_i^{j+1/2} = 0, & i = 1, \cdots, N-1 \\ V_0^{j+1/2} = E, \ V_N^{j+1/2} = 0 \end{cases}$$

得解 $\{V^{j+1/2}\}$，然后再令

$$V_i^{j} = \max\{V_i^{j+1/2}, g_i\}$$

这保证了离散线性互补问题（10.3.5）中的约束条件也是满足的。

选取 $N = 4096$ 和 $K = 4096$ 时的数值解作为"准确解" $\tilde{V}(S,t)$，其他数值解都与这个"准确解"进行比较以计算误差和收敛速率。则度量 $t = 0$ 处的无穷模误差为

$$\mathrm{e}^{N,K} = \max_{i,j}\left|V_{i,0}^{N,K} - \tilde{V}(S_i, 0)\right|$$

相应的收敛速率为

$$R^{N,K} = \log_2\left(\frac{\mathrm{e}^{N,K}}{\mathrm{e}^{2N,K}}\right)$$

表 10-3 给出了当 $S_{\max} = 100, T = 1, r = 0.07$ 和 $E = 25$ 时的无穷模误差和收敛速率。从表 10-3 可知：对于充分大的 K，$\mathrm{e}^{N,K} / \mathrm{e}^{2N,K}$ 是接近于 4 的，这表明定理 10.3.3 的收敛估计是正确的。

表10-3　数值实验的无穷模误差和收敛速率

σ	K	N	误差	收敛速率
0.	4096	128	5.6151×10^{-3}	2.233
		256	1.1946×10^{-3}	1.206
		512	5.1781×10^{-4}	1.931
		1024	1.3575×10^{-4}	—
0.4	4096	128	4.6419×10^{-3}	2.272
		256	9.6121×10^{-4}	2.262
		512	2.0037×10^{-4}	2.091
		1024	4.7032×10^{-5}	—

10.4　本章小结

　　本章给出了三种求解美式运费期权定价模型的有限差分法。第一个方法是将线性互补问题转化为罚方程，然后对罚方程构造有限差分离散格式进行数值求解。第二个方法和第三个方法都是直接对连续线性互补问题进行差分离散，然后对离散线性互补方程应用映射法进行求解。第二个方法采用样条差分离散格式，第三个方法采用HODIE差分离散格式。样条法的优点在于其数值解是分片光滑的，很容易获得非网格节点处的数值解。HODIE有限差分法的优点在于其比较容易推广到高阶收敛策略。

第 11 章 亚式运费期权定价模型的数值计算

§ 8.2.3 中已经给出了具有固定执行价格的算术平均亚式看涨运费期权的偏微分方程定价模型为

$$\begin{cases} -\dfrac{\partial u}{\partial t} - \dfrac{1}{2}\sigma^2(t)S^2\dfrac{\partial^2 u}{\partial S^2} - rS\dfrac{\partial u}{\partial S} - S\dfrac{\partial u}{\partial A} + ru = 0 \\[2mm] u(S,A,T) = \max\left(\dfrac{A}{T} - E, 0\right) \\[2mm] u(0,A,t) = \mathrm{e}^{-r(T-t)}\max\left(\dfrac{A}{T} - E, 0\right) \end{cases} \quad (11.0.1)$$

这里 $u(S,t)$ 表示亚式看涨运费期权的价值，S 是运价指数，t 是时间，T 是期权到期时间，r 是无风险利率，$\sigma(t) \geqslant \alpha > 0$ 是运价指数的波动率，E 是运费期权的执行价格，$A(t) = \int_0^t S(\tau)\mathrm{d}\tau$. 这个定价模型是退化的抛物偏微分方程。对于 $A \geqslant ET$ 的情况，Geman 和 Yor[98] 已经给出了如下形式的解析解：

$$u(S,A,T) = \frac{S}{rT}(1 - \mathrm{e}^{-r(T-t)}) + \left(\frac{A}{T} - E\right)\mathrm{e}^{-r(T-t)}, \quad 当 A \geqslant ET 时 \quad (11.0.2)$$

由式（11.0.2）可知抛物偏微分方程（11.0.1）的右边界条件为

$$u(S,A,T) \sim \frac{S}{rT}\left(1 - \mathrm{e}^{-r(T-t)}\right) + \left(\frac{A}{T} - E\right)\mathrm{e}^{-r(T-t)}, \quad 当 S \to +\infty 时 \quad (11.0.3)$$

关于亚式期权边界条件的详细推导可参见文献 [99]。考虑到 $A \geqslant ET$ 时已经获得了定价模型的解析解，本章研究当$0 < A < ET$时抛物偏微分方程（11.0.1）的数值求解，下面给出三种有限差分法来求解上述定价模型。

11.1 交替方向隐式法

本节应用文献[100]中的交替方向隐式有限差分法（Alternating Direction Implicit method，ADI 法）来求解定价亚式期权的二维抛物偏微分方程（11.0.1）。该方法的优点是可以将一个二维抛物方程降维为两个一维抛物方程，然后分别进行数值求解，这将大大降低计算复杂性.

为对二维抛物偏微分方程（11.0.1）进行数值求解，首先需要将无穷定义区域$(0,+\infty)$截断成有限区间$(0,S_{max})$。基于 Willmott 等人[83]的估计，S_{max}合理的选择为执行价的3~4倍.因此，我们选择$S_{max} = 4E$。由（11.0.3）可知，在$S = S_{max}$处的边界条件近似选取为

$$u(S_{max}, A, t) = \frac{S_{max}}{rT}\left(1 - e^{-r(T-t)}\right) + \left(\frac{A}{T} - E\right)e^{-r(T-t)}$$

一般地，这样无穷截断产生的误差是可以忽略的，具体可参见文献[82]。因此，下面就考虑如下二维抛物偏微分方程

$$\begin{cases} Lu(S, A, t) = 0, & (S, A, t) \in \Omega \\ u(S, A, T) = \max(\frac{A}{T} - E, 0), & (S, A) \in \Omega_1 \times \Omega_2 \\ u(0, A, t) = e^{-r(T-t)}\max(\frac{A}{T} - E, 0), & (A, t) \in \Omega_2 \times \Omega_3 \\ u(S_{max}, A, t) = \frac{S_{max}}{rT}(1 - e^{-r(T-t)}) + (\frac{A}{T} - E)e^{-r(T-t)}, & (A, t) \in \Omega_2 \times \Omega_3 \\ u(S, ET, t) = \frac{S}{rT}(1 - e^{-r(T-t)}), & (S, t) \in \Omega_1 \times \Omega_3 \end{cases} \quad (11.1.1)$$

这里$\Omega_1 = (0, S_{max}), \Omega_2 = (0, ET), \Omega_3 = (0, T)$，$\Omega = \Omega_1 \times \Omega_2 \times \Omega_3$。

11.1.1 时间半离散格式

首先对时间定义域$[0,T]$构造等距网格$\bar{\Omega}^K = \{t_n = n\Delta t \,|\, 0 \leq n \leq K, \Delta t = T/K\}$。考虑到抛物方程（11.1.1）是一个二维问题，为降低计算复

杂性，我们对问题进行降维：在每一个时间步上，在S方向和A方向上交替求解一维问题。令

$$L_S u \equiv -\frac{1}{2}\sigma^2(t)S^2\frac{\partial^2 u}{\partial S^2} - rS\frac{\partial u}{\partial S} + ru , \quad L_A u = -S\frac{\partial u}{\partial A}$$

利用上述算子分裂，时间半离散格式可以写成如下形式：

$$u^K(S,A) = \max\left(\frac{A}{T} - E, 0\right) \tag{11.1.2}$$

$$\begin{cases} (I + \Delta t L_S)u^{n+1/2}(S,A) = u^{n+1}(S,A) \\[2mm] u^{n+1/2}(0,A) = e^{-r(T-t_n)}\max\left(\frac{A}{T} - E, 0\right) \\[2mm] u^{n+1/2}(S_{\max},A) = \frac{S_{\max}}{rT}\left(1 - e^{-r(T-t_n)}\right) + \left(\frac{A}{T} - E\right)e^{-r(T-t_n)} \end{cases} \tag{11.1.3}$$

$$\begin{cases} (I + \Delta t L_A)u^n(S,A) = u^{n+1/2}(S,A) \\[2mm] u^n(S,ET) = \frac{S}{rT}\left(1 - e^{-r(T-t_n)}\right) \end{cases} \tag{11.1.4}$$

这里$u^n(S,A)$是抛物方程（11.1.1）的准确解$u(S,A,t)$在时间层t_n处的近似解。显然微分算子$(I + \Delta t L_S)$和$(I + \Delta t L_A)$都满足极大模原理，因此有

$$\left\|\left(I + \Delta t L_S\right)^{-1}\right\|_{\bar{\Omega}\times\bar{\Omega}_2} \leqslant \frac{1}{1 + r\Delta t} , \quad \left\|\left(I + \Delta t L_A\right)^{-1}\right\|_{\bar{\Omega}\times\bar{\Omega}_2} \leqslant 1 \tag{11.1.5}$$

成立，这保证了时间半离散格式（11.1.2）–式（11.1.4）的稳定性和解$u^n(S,A)$的存在唯一性。

令$e_n = u(S,A,t_n) - \bar{u}^n(S,A)$为时间离散格式的局部误差，其中$\bar{u}^n$是如下辅助问题的解。

$$\begin{cases} (I + \Delta t L_S)\bar{u}^{n+1/2}(S,A) = u(S,A,t_{n+1}) \\[2mm] \bar{u}^{n+1/2}(0,A) = e^{-r(T-t_n)}\max\left(\frac{A}{T} - E, 0\right) \\[2mm] \bar{u}^{n+1/2}(S_{\max},A) = \frac{S_{\max}}{rT}\left(1 - e^{-r(T-t_n)}\right) + \left(\frac{A}{T} - E\right)e^{-r(T-t_n)} \\[2mm] (I + \Delta t L_A)\bar{u}^n(S,A) = \bar{u}^{n+1/2}(S,A) \\[2mm] \bar{u}^n(S,ET) = \frac{S}{rT}\left(1 - e^{-r(T-t_n)}\right) \end{cases} \tag{11.1.6}$$

下面引理给出时间半离散格式的误差估计。首先给出时间半离散格式的局部误差估计。

引理 11.1.1 时间半离散格式（11.1.2）－式（11.1.4）的局部误差为

$$\| e_n \|_{\bar{\Omega}_1 \times \bar{\Omega}_2} \leqslant C(\Delta t)^2$$

这里 $\|\cdot\|_{\bar{\Omega}_1 \times \bar{\Omega}_2}$ 表示在闭区域 $\bar{\Omega}_1 \times \bar{\Omega}_2$ 上的无穷模。

证明： 由方程式（11.1.6）可知 $\bar{u}^n$ 满足

$$\left(I + \Delta t L_S\right)\left(I + \Delta t L_A\right)\bar{u}^n(S, A) = u(S, A, t_{n+1})$$

结合（11.1.1）中的第一个方程，对 $u(S, A, t_{n+1})$ 应用泰勒展开式可得

$$u(S, A, t_{n+1}) = u(S, A, t_n) + \Delta t \left(L_S + L_A\right)u(S, A, t_n) + \int_{t_n}^{t_{n+1}} (t_{n+1} - y)\frac{\partial^2 u}{\partial y^2}\mathrm{d}y$$

$$= \left(I + \Delta t L_S\right)\left(I + \Delta t L_A\right)u(S, A, t_n) + O((\Delta t)^2)$$

因此函数 e_n 满足

$$\begin{cases} \left(I + \Delta t L_S\right)\left(I + \Delta t L_A\right)e_n = O((\Delta t)^2) \\ e_n(0, A) = e_n(S_{\max}, A) = e_n(S, ET) = 0 \end{cases}$$

对上述方程应用不等式（11.1.5）给出的稳定性结果，可证得引理成立。

下面引理给出时间半离散格式的全局误差估计。

引理 11.1.2 时间半离散格式（11.1.2）－式（11.1.4）的全局误差 $E_n = u(S, A, t_n) - u^n(S, A)$ 满足如下估计

$$\sup_{0 \leqslant n < K} \| E_n \|_{\bar{\Omega}_1 \times \bar{\Omega}_2} \leqslant C\Delta t$$

即时间半离散格式是一阶收敛的。

证明： 由时间半离散格式（11.1.2）－式（11.1.4）可知

$$E_n = e_n + RE_{n+1}$$

这里

$$R = \left(I + \Delta t L_S\right)^{-1}\left(I + \Delta t L_A\right)^{-1}$$

利用递推式可得

$$E_n = \sum_{i=n}^{K-1} R^{i-n} e_i$$

应用不等式（11.1.5）给出的稳定性结果可得

$$\| R \|_{\bar{\Omega}_1 \times \bar{\Omega}_2} = \|(I + \Delta t L_S)^{-1}\|_{\bar{\Omega}_1 \times \bar{\Omega}_2} \cdot \|(I + \Delta t L_A)^{-1}\|_{\bar{\Omega}_1 \times \bar{\Omega}_2} \leqslant \frac{1}{1 + r\Delta t}$$

结合上式和引理 11.1.1 可知引理成立。

11.1.2 空间离散格式

如前所述，对 Black–Scholes 微分算子 L_S 在等距网格上进行中心差分离散，会导致离散格式产生非物理震荡．为此，我们对空间定义区间 $[0, S_{\max}]$ 构造一个分片等距网格 $\Omega^N = \{S_i \mid 1 \leqslant i \leqslant N\}$：

$$S_i = \begin{cases} h & i = 1 \\ h[1 + \dfrac{\alpha^2}{r}(i-1)] & i = 2, \cdots, N \end{cases}$$

这里

$$h = \frac{S_{\max}}{1 + \dfrac{\alpha^2}{r}(N-1)}$$

对于空间变量 A 方向上的离散，我们对其定义区间 $[0, ET]$ 构造一个含有 M 个网格的等距网格 $\Omega^M = \{A_j \mid A_j = ET/M, 1 \leqslant j \leqslant M\}$。空间网格步长 $h_{S,i} = S_i - S_{i-1}$ 和 $h_{A,j} = A_j - A_{j-1}$ 分别满足

$$h_{S,i} = \begin{cases} h, & i = 1 \\ \dfrac{\alpha^2}{r} h, & i = 2, 3, \cdots, N \end{cases}$$

和

$$h_{A,j} = \frac{ET}{M}, j = 1, 2, \cdots, M$$

令 $\bar{\Omega}^{N,M,K} = \bar{\Omega}^N \times \bar{\Omega}^M \times \bar{\Omega}^K$ 表示抛物方程（11.1.1）定义域的离散网格。在离散网格 $\bar{\Omega}^{N,M,K}$ 上对辅助问题（11.1.6）构造如下空间离散格式。

$$\begin{cases} \left(I+\Delta t L_S^N\right)\bar{U}_{i,j}^{n+1/2}=u_{i,j}^{n+1}, & 1\leqslant i\leqslant N,0\leqslant j<M \\[2mm] \bar{U}_{0,j}^{n+1/2}=\mathrm{e}^{-r(T-t_n)}\max\left(\dfrac{A_j}{T}-E,0\right), & 1\leqslant i<N \\[2mm] \bar{U}_{N,j}^{n+1/2}=\dfrac{S_{\max}}{rT}\left(1-\mathrm{e}^{-r(T-t_n)}\right)+\left(\dfrac{A_j}{T}-E\right)\mathrm{e}^{-r(T-t_n)}, & 1\leqslant i<N \\[2mm] \left(I+\Delta t L_A^M\right)\bar{U}_{i,j}^{n}=\bar{U}_{i,j}^{n+1/2}, & 1\leqslant i\leqslant N,0\leqslant j<M \\[2mm] \bar{U}_{i,M}^{n}=\dfrac{S_i}{rT}\left(1-\mathrm{e}^{-r(T-t_n)}\right), & 1\leqslant i\leqslant N \end{cases} \quad (11.1.7)$$

其中

$$L_S^N\bar{U}_{i,j}^{n+1/2}\equiv-\frac{(\sigma^n)^2 S_i^2}{h_{S,i}+h_{S,i+1}}\left(\frac{\bar{U}_{i+1,j}^{n+1/2}-\bar{U}_{i,j}^{n+1/2}}{h_{S,i+1}}-\frac{\bar{U}_{i,j}^{n+1/2}-\bar{U}_{i-1,j}^{n+1/2}}{h_{S,i}}\right)$$

$$-rS_i\frac{\bar{U}_{i+1,j}^{n+1/2}-\bar{U}_{i-1,j}^{n+1/2}}{h_{S,i}+h_{S,i+1}}+r\bar{U}_{i,j}^{n+1/2}$$

$$L_A^M\bar{U}_{i,j}^{n}\equiv-S_i\frac{\bar{U}_{i,j+1}^{n}-\bar{U}_{i,j}^{n}}{h_{A,j+1}}$$

下面证明离散算子 $\left(I+\Delta t L_S^N\right)$ 满足离散极大模原理。

引理 11.1.3 离散算子 $\left(I+\Delta t L_S^N\right)$ 在分片等距网格 $\bar{\Omega}^N$ 上满足离散极大模原理，即如果网格函数 v_i 和 w_i 满足 $v_0\geqslant w_0$，$v_N\geqslant w_N$ 和 $\left(I+\Delta t L_S^N\right)v_i\geqslant\left(I+\Delta t L_S^N\right)w_i(1\leqslant i<N)$，那么对于所有的 i 都有 $v_i\geqslant w_i$ 成立。

证明：令

$$a_i=-\frac{(\sigma^n)^2 S_i^2\Delta t}{(h_{S,i}+h_{S,i+1})h_{S,i}}+\frac{rS_i\Delta t}{h_{S,i}+h_{S,i+1}},\quad b_i=\frac{(\sigma^n)^2 S_i^2\Delta t}{h_{S,i}h_{S,i+1}}+r\Delta t+1$$

$$c_i=-\frac{(\sigma^n)^2 S_i^2\Delta t}{(h_{S,i}+h_{S,i+1})h_{S,i+1}}-\frac{rS_i\Delta t}{h_{S,i}+h_{S,i+1}},\quad 1\leqslant i<N$$

通过简单计算可得

$$a_i<-\frac{(\sigma^n)^2 S_1 S_i\Delta t}{(h_{S,i}+h_{S,i+1})h_{S,i}}+\frac{rS_i\Delta t}{h_{S,i}+h_{S,i+1}}\leqslant\frac{(-\alpha^2 S_1+rh_{S,i})}{(h_{S,i}+h_{S,i+1})h_{S,i}}S_i\Delta t$$

$$=\frac{(-\alpha^2 h+r\dfrac{\alpha^2}{r}h)}{(h_{S,i}+h_{S,i+1})h_{S,i}}S_i\Delta t=0$$

对于 $2 \leqslant i < N$ 成立. 又显然有

$$b_i > 0 , \quad 1 \leqslant i \leqslant N-1 \quad \text{和} \quad c_i < 0 , \quad 1 \leqslant i \leqslant N-2$$

和

$$b_1 + c_1 > 0$$

$$a_i + b_i + c_i > 0 , \quad 1 \leqslant i \leqslant N-2$$

$$a_{N-1} + b_{N-1} > 0$$

成立。因此，我们证得与离散算子 $\left(I + \Delta t L_S^N\right)$ 相应的系数矩阵为 M-阵，应用 Kellogg 和 Tsan 在文献 [85] 引理 3.1 中给出的结果可知引理成立。

对于式（11.1.7）中的第一个差分格式，其局部误差为

$$\tau_i = (I + \Delta t L_S^N)\bar{u}^{n+1/2}(S_i, A_j) - (I + \Delta t L_S)\bar{u}^{n+1/2}(S_i, A_j) , \quad 1 \leqslant i < N$$

应用泰勒展开式可得如下的截断误差估计

$$|\tau_i| \leqslant CN^{-2}\Delta t , \qquad 1 \leqslant i < N$$

其中 C 是独立于网格的正常数. 因此，对离散算 $\left(I + \Delta t L_S^N\right)$ 应用引理 11.1.3 中给出的离散极大模原理，可得如下的误差估计。

引理 11.1.4　令 $\bar{u}^{n+1/2}$ 是辅助问题（11.1.6）的解，$\bar{U}^{n+1/2}$ 是离散问题 （11.1.7）的解。则有如下误差估计

$$\left|\bar{u}^{n+1/2}(S_i, A_j) - \bar{U}_{i,j}^{n+1/2}\right| \leqslant CN^{-2}\Delta t , \quad 1 \leqslant i \leqslant N , 0 \leqslant j \leqslant M$$

成立，这里 C 是独立于 N 和 Δt 的正常数。

对于时间半离散中的第二个方程式（11.1.4），式（11.1.7）中的离散格式为

$$\begin{cases} (I + \Delta t L_A^M)\bar{U}_{i,j}^n = \bar{U}_{i,j}^{n+1/2}, & 1 \leqslant i \leqslant N, 0 \leqslant j < M \\ \bar{U}_{i,M}^n = \dfrac{S_i}{rT}\left(1 - e^{-r(T-t_n)}\right), & 1 \leqslant i \leqslant N \end{cases} \qquad (11.1.8)$$

为了找到 $\bar{u}^n$ 和 $\bar{U}^n$ 之间的联系，我们引入如下辅助问题

$$\begin{cases} (I + \Delta t L_A^M)\tilde{U}_{i,j}^n = \bar{u}_{i,j}^{n+1/2}, & 1 \leqslant i \leqslant N, 0 \leqslant j < M \\ \bar{U}_{i,M}^n = \dfrac{S_i}{rT}\left(1 - e^{-r(T-t_n)}\right), & 1 \leqslant i \leqslant N \end{cases} \qquad (11.1.9)$$

引理 11.1.5 令 $\bar{u}^n$ 是辅助问题（11.1.6）的解，$\tilde{U}^n$ 是离散问题（11.1.9）的解，则有如下误差估计

$$\left| \bar{u}^n(S_i, A_j) - \tilde{U}_{i,j}^n \right| \leq CM^{-1}\Delta t, \quad 1 \leq i \leq N, 0 \leq j \leq M$$

成立，这里 C 是独立于 N，M 和 Δt 的正常数。

证明： 容易知道与离散算子 $\left(I + \Delta t L_A^M\right)$ 相应的系数矩阵也为 M-阵，因此应用 Kellogg 和 Tsan 在文献 [85] 引理 3.1 中给出的结果可知离散算子 $\left(I + \Delta t L_A^M\right)$ 也满足离散极大模原理。那么对离散算子 $\left(I + \Delta t L_A^M\right)$ 应用离散极大模原理即可证得引理成立。

结合式（11.1.8）和式（11.1.9）可知

$$\tilde{U}_{i,j}^n - \bar{U}_{i,j}^n = \left(I + \Delta t L_A^M\right)^{-1} \left(\bar{u}_{i,j}^{n+1/2} - \bar{U}_{i,j}^{n+1/2}\right)$$

又由离散算子满足极大模原理可知

$$\left\| \left(I + \Delta t L_A^M\right)^{-1} \right\|_{\bar{\Omega}^N \times \bar{\Omega}^M} \leq 1$$

结合上面两个方程式和引理 11.1.4，可得

$$\left| \tilde{U}_{i,j}^n - \bar{U}_{i,j}^n \right| \leq CN^{-2}\Delta t \tag{11.1.10}$$

注意到

$$\bar{u}^n(S_i, A_j) - \bar{U}_{i,j}^n = \bar{u}^n(S_i, A_j) - \tilde{U}_{i,j}^n + \tilde{U}_{i,j}^n - \bar{U}_{i,j}^n$$

因此，从引理 11.1.5 和式（11.1.9）可得如下误差估计。

引理 11.1.6 令 $\bar{u}^n$ 是辅助问题（11.1.6）的解，$\bar{U}^n$ 是离散问题（11.1.7）的解。则有如下误差估计。

$$\left| \bar{u}^n(S_i, A_j) - \bar{U}_{i,j}^n \right| \leq C\left(N^{-2} + M^{-1}\right)\Delta t, \quad 1 \leq i \leq N, 0 \leq j \leq M$$

成立，这里 C 也是独立于 N，M 和 Δt 的正常数。

11.1.3 全离散格式

结合时间半离散格式（11.1.2）-式（11.1.4）和空间离散格式（11.1.7），可推导得到如下全离散格式：

$$
\begin{cases}
U_{i,j}^{K} = \max\left(\dfrac{A_j}{T} - E, 0\right), & 1 \leqslant i \leqslant N, 0 \leqslant j < M \\[2mm]
\left(I + \Delta t L_S^N\right) U_{i,j}^{n+1/2} = U_{i,j}^{n+1}, & 1 \leqslant i \leqslant N, 0 \leqslant j < M \\[2mm]
U_{0,j}^{n+1/2} = \mathrm{e}^{-r(T-t_n)} \max\left(\dfrac{A_j}{T} - E, 0\right), & 1 \leqslant i < N \\[2mm]
U_{N,j}^{n+1/2} = \dfrac{S_{\max}}{rT}\left(1 - \mathrm{e}^{-r(T-t_n)}\right) + \left(\dfrac{A_j}{T} - E\right)\mathrm{e}^{-r(T-t_n)}, & 1 \leqslant i < N \\[2mm]
\left(I + \Delta t L_A^M\right) U_{i,j}^{n} = U_{i,j}^{n+1/2}, & 1 \leqslant i \leqslant N, 0 \leqslant j < M \\[2mm]
U_{i,M}^{n} = \dfrac{S_i}{rT}\left(1 - \mathrm{e}^{-r(T-t_n)}\right), & 1 \leqslant i \leqslant N \\[2mm]
& n = K-1, \cdots, 1, 0
\end{cases}
\tag{11.1.11}
$$

这里 $U_{i,j}^{n}$ 表示全离散格式在网格点 (S_i, A_j, t_n) 处的数值解。

定理 11.1.7 令 $u(S, A, t)$ 是二维抛物方程（11.1.1）的准确解，U 是全离散方程（11.1.10）的数值解。则有如下全局误差估计。

$$
\left\| u(S_i, A_j, t_n) - U_{i,j}^{n} \right\|_{\bar{\Omega}^{N,M,K}} \leqslant C\left(N^{-2} + M^{-1} + \Delta t\right)
$$

成立，这里 C 是独立于 N，M 和 Δt 的正常数。

证明： 将全局误差分解成如下形式：

$$
\left\| u(S_i, A_j, t_n) - U_{i,j}^{n} \right\|_{\bar{\Omega}^{N,M,K}}
$$
$$
\leqslant \left\| u(S_i, A_j, t_n) - \bar{u}_{i,j}^{n} \right\|_{\bar{\Omega}^N \times \bar{\Omega}^M} + \left\| \bar{u}_{i,j}^{n} - \bar{U}_{i,j}^{n} \right\|_{\bar{\Omega}^N \times \bar{\Omega}^M} + \left\| \bar{U}_{i,j}^{n} - U_{i,j}^{n} \right\|_{\bar{\Omega}^N \times \bar{\Omega}^M}
$$

结合引理 11.1.1 和引理 11.1.6 可推导得到

$$
\left\| u(S_i, A_j, t_n) - U_{i,j}^{n} \right\|_{\bar{\Omega}^{N,M,K}} \leqslant C\left(N^{-2} + M^{-1} + \Delta t\right)\Delta t + \left\| \bar{U}_{i,j}^{n} - U_{i,j}^{n} \right\|_{\bar{\Omega}^N \times \bar{\Omega}^M} \tag{11.1.12}
$$

为了估计式（11.1.11）中的最后一项，可将 $\bar{U}_{i,j}^{n} - U_{i,j}^{n}$ 可以看成是式（11.1.10）中 t_n 时刻对应方程的解，其中边界条件都为 0，终值条件为 $u\left(S_i, A_j, t_{n+1}\right) - U_{i,j}^{n+1}$。因此，应用离散算子 $\left(I + \Delta t L_S^N\right)$ 和 $\left(I + \Delta t L_A^M\right)$ 的稳定性结果可得

$$
\left\| \bar{U}_{i,j}^{n} - U_{i,j}^{n} \right\|_{\bar{\Omega}^N \times \bar{\Omega}^M} \leqslant \left\| u(S_i, A_j, t_{n+1}) - U_{i,j}^{n+1} \right\|_{\bar{\Omega}^N \times \bar{\Omega}^M} \tag{11.1.13}
$$

成立，结合式（11.1.11）和式（11.1.12）可得一个递推式，由此递推式最终可证得定理结论成立。

11.1.4 数值实验

下面用数值实验来验证上述理论结果的正确性。我们求解具有固定执行价格的亚式看涨期权定价模型，其有关参数分别为 $T = 1, E = 2, r = 0.08, S_{\max} = 8$。考虑到当 $0 < A < ET$ 时无法获得亚式期权定价模型准确解的解析表达式，我们选取 $N = 1024, M = K = 512$ 时的数值解作为"准确解"，其他数值解都与这个"准确解"进行比较以度量误差和收敛速率。令 $\hat{U}(S, A,, t)$ 表示"准确解"，其是数值解 $U^{1024,512,512}$ 的线性插值函数。则离散策略的无穷模误差按如下公式

$$e^{N,M,K} = \max_{i,j,n} |U_{i,j,n}^{N,M,K} - \hat{U}(S_i, A_j, t_n)|$$

进行度量，离散策略的收敛速率按如下公式

$$R^{N,M,K} = \log_2(\frac{e^{N,M,K}}{e^{2N,M,K}})$$

进行度量，表 11–1 给出了当 $T = 1, E = 2, r = 0.08, S_{\max} = 8$ 时的无穷模误差和收敛速率。从表 11–1 可以看出，离散策略的收敛速率 $R^{N,M,K}$ 是接近于 2 的，这表明定理 11.1.7 的结论是正确的。

表11–1　数值实验的无穷模误差和收敛速率

σ	$M = K$	N	误差	收敛速率
0.2	512	64	8.0147×10^{-2}	1.035
		128	3.9103×10^{-2}	1.948
		256	1.0132×10^{-2}	2.270
		512	2.1007×10^{-3}	—
0.4	512	64	3.9971×10^{-2}	1.912
		128	1.0620×10^{-2}	2.020
		256	2.6197×10^{-3}	2.286
		512	5.3662×10^{-4}	—

11.2　混合差分法

考虑到具有固定执行价格的算术平均亚式看涨运费期权的偏微分方程定价模型（11.0.1）是一个二维抛物方程，直接对其离散会产生很大的

计算量 . 利用如下变量代换

$$x = \frac{E - A/T}{S} \ , \ u(S, A, t) = Sv(x, t)$$

Rogers 和 Shi[101] 将上述二维抛物方程变换成如下的一维抛物方程

$$\begin{cases} -\dfrac{\partial v}{\partial t} - \dfrac{1}{2}\sigma^2(t)x^2\dfrac{\partial^2 v}{\partial x^2} + (\dfrac{1}{T} + rx)\dfrac{\partial v}{\partial x} = 0 \\ v(x, T) = \max\left(-x, 0\right) \end{cases}$$

对于 $A \geq ET$ 的情况，由 Geman 和 Yor[98] 给出的解析解

$$u(S, A, T) = \frac{S}{rT}(1 - \mathrm{e}^{-r(T-t)}) + (\frac{A}{T} - E)\mathrm{e}^{-r(T-t)}$$

可得

$$v(x, t) = \frac{1}{rT}(1 - \mathrm{e}^{-r(T-t)}) - x\mathrm{e}^{-r(T-t)} \ , \ x \leq 0$$

因此，对于 $x > 0$ 区域，由上面的解析解表达式可得一维抛物方程的左边界条件

$$v(0, t) = \frac{1}{rT}(1 - \mathrm{e}^{-r(T-t)})$$

对于 $x \to +\infty$ 时，由变量代换可知相应地有 $S \to 0$. 由于当 $S \to 0$ 时期权值为 0，所以变换后的一维抛物方程的右边界条件为

$$\lim_{x \to +\infty} v(x, t) = 0$$

因此，下面我们聚焦于求解如下的一维抛物方程

$$\begin{cases} -\dfrac{\partial v}{\partial t} - \dfrac{1}{2}\sigma^2(t)x^2\dfrac{\partial^2 v}{\partial x^2} + (\dfrac{1}{T} + rx)\dfrac{\partial v}{\partial x} = 0 \\ v(x, T) = 0 \\ v(0, t) = \dfrac{1}{rT}(1 - \mathrm{e}^{-r(T-t)}) \\ \lim_{x \to +\infty} v(x, t) = 0 \end{cases}$$

为数值求解上述方程，我们需要将无穷区域（0, +∞）截断成有限区间 $\Omega = (0, X)$，在上界 $x = X$ 处的边界条件选取为 $v(X, t) = 0$。这里 X 的选取要求所引起的截断误差是可以忽略的。因此，下面我们求解如下一维抛物方程。

$$\begin{cases} -\dfrac{\partial v}{\partial t} - \dfrac{1}{2}\sigma^2(t)x^2\dfrac{\partial^2 v}{\partial x^2} + (\dfrac{1}{T} + rx)\dfrac{\partial v}{\partial x} = 0, & (x,t) \in \Omega \times [0,T] \\ v(x,T) = 0, & x \in \bar{\Omega} \\ v(0,t) = \dfrac{1}{rT}(1 - e^{-r(T-t)}), & t \in [0,T) \\ v(X,t) = 0, & t \in [0,T] \end{cases} \quad (11.2.1)$$

如果已经求得上述一维抛物方程的解$v(x,t)$，那么亚式期权的价值就为$u(S,A,t) = Sv(x,t)$。

在上述一维抛物方程的微分算子中，当空间变量或者波动率非常小的时候，对流项会大于扩散项，也就是该方程是对流占主问题，对其进行经典的中心差分格式数值离散，常常会出现算法的非物理振荡现象。本节应用文献[102]中的混合差分格式来求解上述一维抛物方程。对于时间离散我们使用Crank-Nicolson方法，对于空间离散我们使用混合有限差分策略。当空间网格点远离左端点$x = 0$时，我们的混合差分策略采用中心差分格式；否则，就采用迎风差分格式。这样的离散策略可以保证与空间离散算子相应的系数矩阵是M-阵，这保证了空间离散策略是无条件稳定的。我们将证明所构造离散策略关于时间变量和空间变量都是二阶收敛的。

11.2.1 时间半离散格式

为对方程（11.2.1）进行数值求解，我们首先应用Crank-Nicolson方法在等距网格$\Omega^K = \{j\Delta t, 0 \leq j \leq K, \Delta t = T/K\}$上离散时间变量，得如下离散方程。

$$\begin{cases} v^K(x) = 0 \\ \begin{cases} (I + \dfrac{\Delta t}{2}L_x)v^j(x) = (I - \dfrac{\Delta t}{2}L_x)v^{j+1}(x) \\ v^j(0) = \dfrac{1}{rT}(1 - e^{-r(T-t_j)}) \\ v^j(X) = 0 \\ \\ j = K - 1, \cdots, 1, 0 \end{cases} \end{cases} \quad (11.2.2)$$

这里$v^j(x)$表示准确解$v(x,t)$在时间层t_j处的估计解。

$$L_x v^j(x) = -\frac{1}{2}(\sigma^j)^2 x^2 \frac{\partial^2 v^j}{\partial x^2} + (\frac{1}{T} + rx) \frac{\partial v^j}{\partial x}$$

令 $\tilde{v}^j(x)$ 是如下含有扰动参数 $\eta(x,t)$ 的微分方程

$$\begin{cases} \tilde{v}^K(x) = \eta^K(x) \\ (I + \frac{\Delta t}{2} L_x) \tilde{v}^j(x) = (I - \frac{\Delta t}{2} L_x) \tilde{v}^{j+1}(x) + \Delta t \eta^{j+1/2}(x) \\ \tilde{v}^j(0) = \frac{1}{rT}(1 - e^{-r(T-t_j)}) \\ \tilde{v}^j(X) = 0 \\ \\ j = K-1,\cdots,1,0 \end{cases} \quad （11.2.3）$$

的扰动解，其中 $\eta^{j+1/2}(x) = \eta(x, t_j + \frac{1}{2}\Delta t)$. 如果 $\left\| v^j - \tilde{v}^j \right\|_\infty$ 满足

$$\left\| v^j - \tilde{v}^j \right\|_\infty \leqslant C(\eta^K + \max_{j \leqslant n \leqslant K} \left\| \eta^{n+1/2} \right\|_\infty)$$

那么半离散策略是稳定的。我们引入记号 $d^j(x) = \tilde{v}^j - v^j$. 由式（11.2.2）和式（11.2.3）可以推导得到

$$\begin{cases} d^K(x) = \eta^K(x) \\ (I + \frac{\Delta t}{2} L_x) d^j(x) = (I - \frac{\Delta t}{2} L_x) d^{j+1}(x) + \Delta t \eta^{j+1/2}(x) \\ d^j(0) = d^j(X) = 0, \qquad\qquad j = K-1,\cdots,1,0 \end{cases}$$

从上面方程可以递推得到

$$d^j = (I + \frac{\Delta t}{2} L_x)^{-1}(\Delta t \sum_{n=j}^{K-1} R^{n-j} \eta^{n+1/2}) + R^{K-j} \eta^K$$

这里

$$R = (I + \frac{\Delta t}{2} L_x)^{-1}(I - \frac{\Delta t}{2} L_x)$$

Palencia[103] 已经证明 R 满足

$$\left\| R^i \right\|_\infty \leqslant C, \quad i = 0, 1, \cdots, K-j \qquad （11.2.4）$$

那么上面稳定性条件是满足的，因此上述时间半离散格式是无条件稳定的。

下面研究时间半离散格式的误差估计。令 $e_j = v(x, t_j) - \overline{v}^j(x)$ 表示局部误差，这里 $\overline{v}^j(x)$ 是如下辅助问题的解。

$$\begin{cases} (I + \dfrac{1}{2}\Delta t L_x)\overline{v}^j(x) = (I - \dfrac{1}{2}\Delta t L_x)v(x,t_{j+1}), & x \in (0,X) \\ \overline{v}^j(0) = \dfrac{1}{rT}(1 - e^{-r(T-t_j)}), \overline{v}^j(X) = 0 \end{cases} \tag{11.2.5}$$

下面证明微分算子$(I + \dfrac{1}{2}\Delta t L_x)$满足连续极大模原理，这个结果将应用在 Crank–Nicolson 方法的误差分析。

引理 11.2.1 如果$u(x) \in C^2(0,X)$，且当$x \in (0,X)$时有$(I + \dfrac{1}{2}\Delta t L_x)$ $u(x) \geqslant 0$，且满足$u(0) \geqslant 0$和$u(X) \geqslant 0$，那么对于所有的$x \in [0,X]$都有$u(x) \geqslant 0$成立。

证明： 令$u(p) = \min\limits_{x \in [0,X]} u(x)$。假设引理结论不成立，则有$u(p) < 0$。由引理条件可知$p \neq 0, X$，又由点$x = p$是函数$u(x)$在区间$[0,X]$上最小值可知$u'(p) = 0$和$u''(p) \geqslant 0$。由上述结果可得。

$$(I + \frac{1}{2}\Delta t L_x)u(p) = u(p) + \frac{\Delta t}{2}[-\frac{1}{2}(\sigma^j)^2 x^2 u''(p) + (\frac{1}{T} + rx)u'(p)] < 0$$

这与引理的假设条件是矛盾的，由此可知引理结论是成立的。

引理 11.2.2 时间半离散格式（11.2.5）的局部误差满足

$$\|e_j\|_{\overline{\Omega}} \leqslant C(\Delta t)^3$$

这里$\|\cdot\|_{\overline{\Omega}}$表示在闭区域$\overline{\Omega}$上的无穷模，$C$是一个独立于$\Delta t$的正常数。

证明：应用泰勒展开式可得

$$-\frac{v(x,t_{j+1}) - v(x,t_j)}{\Delta t} = -v_t(x,t_{j+1/2}) + O((\Delta t)^2) = -\frac{v_t(x,t_j) + v_t(x,t_{j+1})}{2} + O((\Delta t)^2)$$

$$= -\frac{L_x v(x,t_j) + L_x v(x,t_{j+1})}{2} + O((\Delta t)^2)$$

这里$t_{j+1/2} = \dfrac{t_j + t_{j+1}}{2}$，则局部误差函数$e_j$是如下边值问题

$$\begin{cases} (I + \dfrac{1}{2}\Delta t L_x)e_j = O((\Delta t)^3) \\ e_j(0) = e_j(X) = 0 \end{cases}$$

的解，对微分算子$(I + \dfrac{1}{2}\Delta t L_x)$应用极大模原理，可得引理结论成立。

时间半离散格式的全局误差定义为$E_j = v(x,t_j) - v^j(x)$，下面给出时间半离散格式的全局误差估计。

引理 11.2.3 时间半离散格式（11.2.2）的全局误差满足

$$E = \sup_{j \leq K}\left\|E_j\right\|_{\bar{\Omega}} \leq C(\Delta t)^2$$

即时间半离散格式是二阶收敛的。

证明：在时间网格点 t_j 处的全局误差可以作如下分解

$$E_j = v(x,t_j) - v^j(x) = (v(x,t_j) - \bar{v}^j(x)) + (\bar{v}^j(x) - v^j(x)) \quad （11.2.6）$$

由式（11.2.2）和式（11.2.5）可得

$$(I + \frac{1}{2}\Delta t L_x)(\bar{v}^j(x) - v^j(x)) = (I - \frac{1}{2}\Delta t L_x)(v(x,t_{j+1}) - v^{j+1}(x)) \quad （11.2.7）$$

由式（11.2.6）和式（11.2.7）可得如下递归关系

$$E_j = e_j + RE_{j+1} = \sum_{n=j}^{K} R^{n-j}e_n + R^{K-j}E_K, \quad E_K = v(x,t_K) - v^K(x) = 0$$

由于 R 满足条件（11.2.4），因此对于 $0 \leq j \leq K$ 我们有

$$\left\|E_j\right\|_\infty \leq C(\left\|e_j\right\|_{\bar{\Omega}} + \left\|e_{j+1}\right\|_{\bar{\Omega}} + \cdots + \left\|e_k\right\|_{\bar{\Omega}}) \leq C(\Delta t)^2$$

这里 C 是一个独立于 Δt 的正常数。至此证得引理成立。

11.2.2 空间离散格式

正如前文所述，应用标准的中心差分策略来离散方程（11.2.2）的空间导数项会产生数值计算的非物理振荡，这主要是由于当空间变量或者波动率比较小的时候微分算子是对流占主的。下面我们构造混合有限差分格式来离散方程（11.2.2），要求与离散算子相应的系数矩阵为 M– 阵，这可以保证空间离散格式是无穷模稳定的。

首先将空间定义区域 $[0,X]$ 离散成等距网格 $\bar{\Omega}^N = \{x_i = ih \mid 0 \leq i \leq N,$ $h = X/N\}$。对于每个时间网格点 t_j，我们在等距网格 $\bar{\Omega}^N$ 上构造如下的混合差分格式来时间半离散方程（11.2.2）

$$\begin{cases} \dfrac{V_{i-1}^j + V_i^j}{2} + \dfrac{1}{2}\Delta t L_u^N V_i^j = \dfrac{V_{i-1}^{j+1} + V_i^{j+1}}{2} - \dfrac{1}{2}\Delta t L_u^N V_i^{j+1}, & \text{当} (\sigma^j)^2 x_i^2 < h\left(\dfrac{1}{T} + rx_i\right) \text{时} \\[3mm] V_i^j + \dfrac{1}{2}\Delta t L_c^N V_i^j = V_i^{j+1} - \dfrac{1}{2}\Delta t L_c^N V_i^{j+1}, & \text{当} (\sigma^j)^2 x_i^2 \geq h\left(\dfrac{1}{T} + rx_i\right) \text{时} \quad （11.2.8） \\[3mm] V_0^j = \dfrac{1}{rT}\left(1 - e^{-r(T-t_j)}\right), \quad V_N^j = 0 \end{cases}$$

其中

$$L_u^N U_i^j = -\frac{1}{2}(\sigma^j)^2 x_{i-1/2}^2 \frac{U_{i+1}^j - 2U_i^j + U_{i-1}^j}{h^2} + \left(\frac{1}{T} + rx_{i-1/2}\right)\frac{U_i^j - U_{i-1}^j}{h}$$

$$L_c^N U_i^j = -\frac{1}{2}(\sigma^j)^2 x_i^2 \frac{U_{i+1}^j - 2U_i^j + U_{i-1}^j}{h^2} + \left(\frac{1}{T} + rx_i\right)\frac{U_{i+1}^j - U_{i-1}^j}{2h}$$

和$x_{i-1/2} = (x_{i-1} + x_i)/2$。由上述离散策略可以看出，当网格点远离$x = 0$时混合差分策略使用了中心差分格式，否则采用中点迎风差分格式以确保离散格式的稳定性。

下面给出离散策略的稳定性分析和误差估计。令

$$L_h^N U_i^j = \begin{cases} \dfrac{U_{i-1}^j + U_i^j}{2} + \dfrac{1}{2}\Delta t L_u^N U_i^j, & \text{当}(\sigma^j)^2 x_i^2 < h\left(\dfrac{1}{T} + rx_i\right)\text{时} \\[3mm] U_i^j + \dfrac{1}{2}\Delta t L_c^N U_i^j, & \text{当}(\sigma^j)^2 x_i^2 \geq h\left(\dfrac{1}{T} + rx_i\right)\text{时} \end{cases}$$

引理 11.2.4 如果$h \leq \dfrac{1}{T}\Delta t$，那么离散算子$L_h^N$在等距网格$\Omega^N$上满足离散极大模原理，即如果网格函数$u_i$和$w_i$满足$u_0 \geq w_0$，$u_N \geq w_N$和$L_h^N u_i \geq L_h^N w_i$ $(1 \leq i < N)$，那么对于所有的i都有$u_i \geq w_i$成立。

证明：令

$$a_i = \begin{cases} \dfrac{1}{2} + \dfrac{1}{2}\Delta t\left[-\dfrac{(\sigma^j)^2 x_{i-1/2}^2}{2h^2} - \dfrac{1}{h}\left(\dfrac{1}{T} + rx_{i-1/2}\right)\right], & \text{当}(\sigma^j)^2 x_i^2 < h\left(\dfrac{1}{T} + rx_i\right)\text{时} \\[4mm] \dfrac{1}{2}\Delta t\left[-\dfrac{(\sigma^j)^2 x_i^2}{2h^2} - \dfrac{1}{2h}\left(\dfrac{1}{T} + rx_i\right)\right], & \text{当}(\sigma^j)^2 x_i^2 \geq h\left(\dfrac{1}{T} + rx_i\right)\text{时} \end{cases}$$

$$b_i = \begin{cases} \dfrac{1}{2} + \dfrac{1}{2}\Delta t\left[\dfrac{(\sigma^j)^2 x_{i-1/2}^2}{h^2} + \dfrac{1}{h}\left(\dfrac{1}{T} + rx_{i-1/2}\right)\right], & \text{当}(\sigma^j)^2 x_i^2 < h\left(\dfrac{1}{T} + rx_i\right)\text{时} \\[4mm] 1 + \dfrac{(\sigma^j)^2 x_i^2 \Delta t}{2h^2}, & \text{当}(\sigma^j)^2 x_i^2 \geq h\left(\dfrac{1}{T} + rx_i\right)\text{时} \end{cases}$$

$$c_i = \begin{cases} -\dfrac{(\sigma^j)^2 x_{i-1/2}^2 \Delta t}{4h^2}, & \text{当}(\sigma^j)^2 x_i^2 < h\left(\dfrac{1}{T} + rx_i\right)\text{时} \\[4mm] \dfrac{1}{2}\Delta t\left[-\dfrac{(\sigma^j)^2 x_i^2}{2h^2} + \dfrac{1}{2h}\left(\dfrac{1}{T} + rx_i\right)\right], & \text{当}(\sigma^j)^2 x_i^2 \geq h\left(\dfrac{1}{T} + rx_i\right)\text{时} \end{cases}$$

通过简单计算，容易知道当 $h \leqslant \dfrac{1}{T}\Delta t$ 时有

$$b_i > 0, \quad 1 \leqslant i \leqslant N-1 \quad \text{和} \quad a_i < 0, \ c_i \leqslant 0, \quad 1 \leqslant i \leqslant N-1$$

$$b_1 + c_1 > 0$$

$$a_i + b_i + c_i > 0, \quad 2 \leqslant i \leqslant N-2$$

$$a_{N-1} + b_{N-1} > 0$$

成立。从上述结果可以看出，与离散算子 L_h^N 相应的系数矩阵是 M- 阵。因此，应用 Kellogg 和 Tsan 在文献 [85] 引理 3.1 中给出的结果可知引理结论成立。

由引理 11.2.4 可知，空间离散策略是无穷模稳定的．下面给出混合差分策略的误差估计．我们首先离散辅助问题（11.2.5）得到如下离散格式：

$$\begin{cases} \dfrac{\bar{V}_{i-1}^j + \bar{V}_i^j}{2} + \dfrac{1}{2}\Delta t L_u^N \bar{V}_i^j = \dfrac{v_{i-1}^{j+1} + v_i^{j+1}}{2} - \dfrac{1}{2}\Delta t L_u^N v_i^{j+1}, & \text{当}(\sigma^j)^2 x_i^2 < h\left(\dfrac{1}{T} + r x_i\right)\text{时} \\[3mm] \bar{V}_i^j + \dfrac{1}{2}\Delta t L_c^N \bar{V}_i^j = v_i^{j+1} - \dfrac{1}{2}\Delta t L_c^N v_i^{j+1}, & \text{当}(\sigma^j)^2 x_i^2 \geqslant h\left(\dfrac{1}{T} + r x_i\right)\text{时} \quad (11.2.9) \\[3mm] \bar{V}_0^j = \dfrac{1}{rT}\left(1 - \mathrm{e}^{-r(T-t_j)}\right), \quad \bar{V}_N^j = 0 \end{cases}$$

引理 11.2.5 令 $\bar{v}^j(x)$ 和 $\{\bar{V}_i^j\}$ 分别是方程（11.2.5）和方程（11.2.9）的解。如果 $h \leqslant \dfrac{1}{T}\Delta t$，那么我们可得如下的误差估计。

$$|\bar{v}^j(x_i) - \bar{V}_i^j| \leqslant Ch^2 \Delta t, \quad 0 \leqslant i \leqslant N$$

证明： 当 $(\sigma^j)^2 x_i^2 < h\left(\dfrac{1}{T} + r x_i\right)$ 时，我们在点 $x = x_{i-1/2}$ 处作泰勒展开可得如下的截断误差估计。

$$\left| L_h^N \left(\bar{v}_i^j - \bar{V}_i^j \right) \right| = \left| L_h^N \bar{v}_i^j - \left(\frac{v_{i-1}^{j+1} + v_i^{j+1}}{2} - \frac{1}{2} \Delta t L_u^N v_i^{j+1} \right) \right|$$

$$\leqslant \left| L_h^N \bar{v}_i^j - \left[\frac{v_{i-1}^{j+1} + v_i^{j+1}}{2} - \frac{1}{4} \Delta t \left(L_x v_{i-1}^{j+1} + L_x v_i^{j+1} \right) \right] \right| + \frac{1}{2} \Delta t \left| L_u^N v_i^{j+1} - \frac{1}{2} \left(L_x v_{i-1}^{j+1} + L_x v_i^{j+1} \right) \right|$$

$$\leqslant \left| L_h^N \bar{v}_i^j - \left[\frac{\bar{v}_{i-1}^j + \bar{v}_i^j}{2} + \frac{1}{4} \Delta t \left(L_x \bar{v}_{i-1}^j + L_x \bar{v}_i^j \right) \right] \right| + Ch^2 \Delta t$$

$$\leqslant \left| L_h^N \bar{v}_i^j - \left(\frac{\bar{v}_{i-1}^j + \bar{v}_i^j}{2} + \frac{1}{2} \Delta t L_x \bar{v}_{i-1/2}^j \right) \right| + Ch^2 \Delta t$$

$$\leqslant C \Delta t [(\sigma^j)^2 x_{i-1/2}^2 h + h^2] + Ch^2 \Delta t \leqslant Ch^2 \Delta t$$

当 $(\sigma^j)^2 x_i^2 \geqslant h \left(\frac{1}{T} + r x_i \right)$ 时，我们在点 $x = x_i$ 处作泰勒展开可得如下的截断误差估计。

$$\left| L_h^N \left(\bar{v}_i^j - \bar{V}_i^j \right) \right| = \left| L_h^N \bar{v}_i^j - \left(v_i^{j+1} - \frac{1}{2} \Delta t L_x v_i^{j+1} \right) \right| \leqslant \left| L_h^N \bar{v}_i^j - \left(\bar{v}_i^j + \frac{1}{2} \Delta t L_x \bar{v}_i^j \right) \right| \leqslant Ch^2 \Delta t$$

对于离散算子 L_h^N，应用引理 11.2.4 中的离散极大模原理可得

$$\left| \bar{v}^j(x_i) - \bar{V}_i^j \right| \leqslant Ch^2 \Delta t, \quad 0 \leqslant i \leqslant N$$

成立，至此证得引理成立。

11.2.3 全离散策略

结合时间半离散格式（11.2.2）和空间离散格式（11.2.8）可得如下的全离散策略

$$\begin{cases} V_i^K = 0 \\ \dfrac{V_{i-1}^j + V_i^j}{2} + \dfrac{1}{2} \Delta t L_u^N V_i^j = \dfrac{V_{i-1}^{j+1} + V_i^{j+1}}{2} - \dfrac{1}{2} \Delta t L_u^N V_i^{j+1}, \quad 当 (\sigma^j)^2 x_i^2 < h \left(\dfrac{1}{T} + r x_i \right) 时 \\ V_i^j + \dfrac{1}{2} \Delta t L_c^N V_i^j = V_i^{j+1} - \dfrac{1}{2} \Delta t L_c^N V_i^{j+1}, \quad\quad\quad 当 (\sigma^j)^2 x_i^2 \geqslant h \left(\dfrac{1}{T} + r x_i \right) 时 \quad (11.2.10) \\ V_0^j = \dfrac{1}{rT} \left(1 - e^{-r(T-t_j)} \right), \quad V_N^j = 0 \\ 对于 j = K-1, \cdots, 1, 0 \end{cases}$$

这里 V_i^j 是在网格点 (x_i, t_j) 处的全离散估计解。下面定理给出全离散策略的误差估计。

定理 11.2.6 令 $v(x,t)$ 和 V 分别是方程（11.2.1）和全离散策略（11.2.10）的解。如果 $h \leqslant \frac{1}{T}\Delta t$，那么所构造差分策略的全局误差满足

$$\left| v(x_i, t_j) - V_i^j \right| \leqslant C\left(h^2 + (\Delta t)^2 \right), \qquad 0 \leqslant i \leqslant N,\ 0 \leqslant j \leqslant K$$

这里 C 是独立于 h 和 Δt 的正常数。

证明： 在时间网格点 t_j 处的全局误差，可以作如下分解

$$\left| v(x_i, t_j) - V_i^j \right| \leqslant \left| v(x_i, t_j) - \overline{v}^j(x_i) \right| + \left| \overline{v}^j(x_i) - \overline{V}_i^j \right| + \left| \overline{V}_i^j - V_i^j \right|$$

由引理 11.2.2 和引理 11.2.5 可知

$$\left| v(x_i, t_j) - V_i^j \right| \leqslant C\Delta t\left((\Delta t)^2 + h^2 \right) + \left| \overline{V}_i^j - V_i^j \right| \qquad （11.2.11）$$

进一步可知，$\overline{V}_i^j - V_i^j$ 可以看成是式（11.2.10）中 t_j 时刻对应方程的解，其中边界条件都为 0，终值条件为 $v\left(x, t_{j+1} \right) - V^{j+1}$. 考虑到对于连续算子 R 成立的估计界，对于它的离散算子依然有效，因此我们可得

$$\left| \overline{V}_i^j - V_i^j \right| \leqslant C\left\| v\left(x, t_{j+1} \right) - V^{j+1} \right\|_{\overline{\Omega}} \qquad （11.2.12）$$

则由式（11.2.11）和式（11.2.12）可得如下的递推式

$$\begin{aligned}
\left| v(x_i, t_j) - V_i^j \right| &\leqslant C\Delta t\left((\Delta t)^2 + h^2 \right) + C\left\| v\left(x, t_{j+1} \right) - V^{j+1} \right\|_{\overline{\Omega}} \\
&\leqslant 2C\Delta t\left((\Delta t)^2 + h^2 \right) + C\left\| v\left(x, t_{j+2} \right) - V^{j+2} \right\|_{\overline{\Omega}} \\
&\leqslant \cdots \\
&\leqslant (K-j)C\Delta t\left((\Delta t)^2 + h^2 \right) + C\left\| v\left(x, t_K \right) - V^K \right\|_{\overline{\Omega}} \\
&\leqslant C\left((\Delta t)^2 + h^2 \right)
\end{aligned}$$

至此证得定理成立。

注：对于对流占主的一维抛物方程，常用的数值离散方法是结合 crank-Nicolson 格式的时间离散和标准迎风差分格式的空间离散

$$\begin{cases}
V_i^K = 0 \\
\begin{cases}
V_i^j + \dfrac{1}{2}\Delta t \hat{L}_{su}^N V_i^j = V_i^{j+1} - \dfrac{1}{2}\Delta t \hat{L}_{su}^N V_i^{j+1} \\
V_0^j = \dfrac{1}{rT}\left(1 - e^{-r(T-t_j)} \right), \quad V_N^j = 0 \\
对于 j = K-1, \cdots, 1, 0
\end{cases}
\end{cases}$$

其中

$$\hat{L}_{su}^{N} U_i^j = -\frac{1}{2}(\sigma^j)^2 x_i^2 \frac{U_{i+1}^j - 2U_i^j + U_{i-1}^j}{h^2} + \left(\frac{1}{T} + rx_i\right)\frac{U_i^j - U_{i-1}^j}{h}$$

容易知道标准迎风差分离散格式是关于空间变量一阶收敛的，因此我们的混合差分离散策略相比标准迎风差分格式提高了收敛阶。

11.2.4 数值实验

下面用数值实验来验证上述理论结果的正确性。考虑到亚式期权无法获得准确解的解析表达式，我们应用双层网格原理来估计 $t=0$ 处的误差。令 $V_{i,0}^{N,K}$ 表示当空间网格参数和时间网格参数分别为 N 和 K 时在网格点 $(x_i,0)$ 处的数值解。我们度量混合差分策略（11.2.10）的无穷模误差为

$$e^{N,K} = \max_{0 \leqslant i \leqslant N} |V_{i,0}^{N,K} - V_{i,0}^{2N,2K}|$$

相应的收敛速率为

$$R^{N,K} = \log_2\left(\frac{e^{N,K}}{e^{2N,2K}}\right)$$

表 11-2 给出了当 $T=1, E=100, r=0.15, X=1.5$ 和 $S_0=100$ 时的无穷模误差和收敛速率，其中 X 的选取参考了文献 [104] 的相关讨论，从表 11-2 可以看出，混合差分策略的收敛速率 $R^{N,K}$ 是接近于 2 的，这表明定理 11.2.6 的结论是正确的。

表11-2　数值实验的无穷模误差和收敛速率

σ	K	N	误差	收敛速率
0.05	64	192	3.9944×10^{-3}	1.939
	128	384	1.0419×10^{-3}	2.335
	256	768	2.0648×10^{-4}	1.642
	512	1536	6.6153×10^{-5}	1.755
	1024	3072	1.9600×10^{-5}	1.834
	2048	6144	5.4964×10^{-6}	—
0.3	64	192	2.9258×10^{-4}	1.842
	128	384	8.1634×10^{-5}	2.649
	256	768	1.3012×10^{-5}	1.947
	512	1536	3.3741×10^{-6}	1.964
	1024	3072	8.6506×10^{-7}	1.975
	2048	6144	2.2002×10^{-7}	—

由前面的变量代换式可知，在$t=0$时刻的亚式期权值为

$$u(S_0, A_0, t_0) = S_0 v(\frac{E}{S_0}, 0)$$

因此，在求得一维抛物方程（11.2.2）的数值解V后，即可得到在$t=0$时刻的亚式期权值。另外，在$t=0$时刻的亚式期权的δ值为

$$\delta = v(\frac{E}{S_0}, 0) - \frac{E}{S_0} \frac{\partial v}{\partial x}(\frac{E}{S_0}, 0)$$

因此，利用计算得到的亚式期权数值解V，通过一个中心差分估计即可得到对冲系数δ的数值解。

11.3 移动网格法

§11.2 中已经介绍了亚式看涨运费期权的偏微分方程定价模型（11.0.1），通过变量代换可降维为如下的一维抛物方程。

$$-\frac{\partial w}{\partial t} - \frac{1}{2}\sigma^2(t)y^2 \frac{\partial^2 w}{\partial y^2} + (\frac{1}{T} + ry)\frac{\partial w}{\partial y} = 0$$

$$w(y, T) = \max(-y, 0)$$

考虑到上述方程中的微分算子具有很强的对流占主性，不利于构造稳定的离散格式。为此作进一步的变量代换

$$y = x - \frac{t}{T}, \quad v(x, t) = w(y, t)$$

将上述一维抛物方程变换成如下的 Vecer 型偏微分方程[105]

$$\begin{cases} -\frac{\partial v}{\partial t} - \frac{1}{2}\sigma^2(t)\left(x - \frac{t}{T}\right)^2 \frac{\partial^2 v}{\partial x^2} + r\left(x - \frac{t}{T}\right)\frac{\partial v}{\partial x} = 0 \\ v(x, T) = \max(1 - x, 0) \end{cases}$$

结合 Geman 和 Yor[98] 给出的解析解

$$u(S, A, T) = \frac{S}{rT}(1 - e^{-r(T-t)}) + (\frac{A}{T} - E)e^{-r(T-t)}, \quad 当 A \geqslant ET 时$$

可得上述变量代换后的解表达式

$$v(x,t) = \frac{1}{rT}\left(1 - e^{-r(T-t)}\right) - \left(x - \frac{t}{T}\right)e^{-r(T-t)}, \quad \text{当} x \leqslant \frac{t}{T} \text{时}$$

因此，下面只考虑当 $x > t/T$ 时的方程求解问题，而且由上面的解析解表达式可得一维抛物方程的左边界条件为

$$v\left(\frac{t}{T}, t\right) = \frac{1}{rT}\left(1 - e^{-r(T-t)}\right)$$

即下面我们考虑如下一维抛物方程的求解。

$$\begin{cases} -\dfrac{\partial v}{\partial t} - \dfrac{1}{2}\sigma^2(t)\left(x - \dfrac{t}{T}\right)^2\dfrac{\partial^2 v}{\partial x^2} + r\left(x - \dfrac{t}{T}\right)\dfrac{\partial v}{\partial x} = 0, & (x,t) \in (t/T,\infty) \times (0,T) \\ v(x,T) = \max(1-x,0), & x \in [1,+\infty) \\ v\left(\dfrac{t}{T}, t\right) = \dfrac{1}{rT}\left(1 - e^{-r(T-t)}\right), & t \in [0,T] \\ \lim\limits_{x\to\infty} v(x,t) = 0, & t \in [0,T] \end{cases}$$

为数值求解上述方程，我们也需要将无穷区域 $(t/T,+\infty)$ 截断成有限区间 $\Omega = (t/T, X)$，在上界 $x = X$ 处的边界条件选取为 $v(X,t) = 0$，这里 X 的选取要求所引起的截断误差是可以忽略的。因此，下面我们求解如下一维抛物方程

$$\begin{cases} -\dfrac{\partial v}{\partial t} - \dfrac{1}{2}\sigma^2(t)\left(x - \dfrac{t}{T}\right)^2\dfrac{\partial^2 v}{\partial x^2} + r\left(x - \dfrac{t}{T}\right)\dfrac{\partial v}{\partial x} = 0, & (x,t) \in \Omega \times (0,T) \\ v(x,T) = \max(1-x,0), & x \in [1,\infty) \\ v(t/T, t) = \dfrac{1}{rT}\left(1 - e^{-r(T-t)}\right), & t \in [0,T] \\ v(X,t) = 0, & t \in [0,T] \end{cases} \quad (11.3.1)$$

一旦求得上述一维抛物方程的解 $v(x,t)$，那么具有固定执行价格的亚式看涨运费期权的价值就为 $u(S,A,t) = Sv(x,t)$。

上述一维抛物方程仍然是对流占主问题，但相比上一节中的一维抛物方程，对流占主的特性要弱一些。本节我们应用文献[106]中的基于移动网格的有限差分策略来求解上述一维抛物方程。下面将证明所构造离散策略关于时间变量和空间变量也都是二阶收敛的。

11.3.1 时间半离散格式

正如 Pooley 等人[107]与 Giles 和 Carter[108]讨论的那样，终值函数

$\max(1-x,0)$ 的不光滑性可能会导致直接应用 Crank–Nicolson 方法不能保证二阶收敛速率。Rannacher[109] 提出在初始的一些时间步上先使用隐式 Euler 法，然后再应用 Crank–Nicolson 方法来离散时间变量。Rannacher 时间离散格式是简单可行的，而且能够提高时间离散格式的稳定性。因此，本节也采用 Rannacher 时间离散格式来离散一维抛物方程（11.3.1）的时间变量。

为确保时间离散格式是二阶收敛的，我们对时间定义区间 $[0,T]$ 构造一个分片等距网格 $\bar{\Omega}^K = \{t_j \mid 0 \leqslant j \leqslant K\}$，其中

$$t_j = \begin{cases} \dfrac{T - 4K^{-2}}{K-4}j, & j = 0,1,\cdots,K-4 \\[3mm] T - \dfrac{K-j}{K^2}, & j = K-3,\cdots,K \end{cases}$$

则时间网格步长 $\Delta t_j = t_j - t_{j-1}$ 满足

$$\Delta t_j = \begin{cases} \dfrac{T - 4K^{-2}}{K-4} & j = 0,1,\cdots,K-4 \\[3mm] \dfrac{1}{K^2} & j = K-3,\cdots,K \end{cases}$$

在分片等距网格 Ω^K 上进行 Rannacher 时间离散法可得如下时间半离散格式：

$$\begin{cases} v^K = v(x,T) = \max(1-x,0) \\ \left(I + \theta_j \Delta t_{j+1} L_x^j\right)v^j = \left[I - (1-\theta_j)\Delta t_{j+1} L_x^{j+1}\right]v^{j+1} \\ v^j(t_j/T) = \dfrac{1}{rT}\left(1 - e^{-r(T-t_j)}\right), \quad v^j(X) = 0 \\ j = K-1,\cdots,1,0 \end{cases} \qquad (11.3.2)$$

其中 v^j 表示准确解 v 在时间层 t_j 处的数值近似解。

$$L_x^j v^j = -\frac{1}{2}(\sigma^j)^2\left(x - \frac{t_j}{T}\right)^2\frac{\partial^2 v^j}{\partial x^2} + r\left(x - \frac{t_j}{T}\right)\frac{\partial v^j}{\partial x}$$

$$\theta_j = \begin{cases} 1, & j = K-1,\cdots,K-4 \\[2mm] \dfrac{1}{2}, & j = K-5,\cdots,1,0 \end{cases}$$

采用文献［85］中的方法，容易证明微分算子 $(I + \theta_j \Delta t_{j+1} L_x^j)$ 满足极大

模原理，这个结果将应用在 Rannacher 时间离散法的稳定性和收敛性分析. 运用 §11.2 中分析时间半离散格式稳定性的方法，本节也可以得到如下类似结果：

$$\left\| R_j^i \right\|_\infty \le C, \quad i = 0,1,\cdots, K-j \qquad (11.3.3)$$

这里

$$R_j = (I + \theta_j \Delta t_{j+1} L_x^j)^{-1} [I - (1-\theta_j)\Delta t_{j+1} L_x^{j+1}]$$

即上述 Rannacher 时间半离散格式也是无条件稳定的. 为通过局部误差估计来推导得到全局误差估计，我们引入辅助问题

$$\begin{cases} \hat{v}^{j+1} = v(x, t_{j+1}) \\ \left(I + \theta_j \Delta t_{j+1} L_x^j\right)\hat{v}^j = \left[I - (1-\theta_j)\Delta t_{j+1} L_x^{j+1}\right]\hat{v}^{j+1} \\ \hat{v}^j(t_j / T) = \dfrac{1}{rT}\left(1 - e^{-r(T-t_j)}\right), \quad \hat{v}^j(X) = 0 \\ j = K-1, \cdots, 1, 0 \end{cases} \qquad (11.3.4)$$

引理 11.3.1 时间半离散格式（11.3.2）的局部误差 $e^j = u(x, t_j) - \hat{u}^j(x)$ 满足

$$\left\| e_j \right\|_{\bar{\Omega}^j} \le C K^{-3}$$

这里 $\|\cdot\|_{\bar{\Omega}^j}$ 表示在闭区域 $\bar{\Omega}^j = [t_j / T, X]$ 上的无穷模，C 是一个独立于 K 的正常数。

证明：对于 $j = K-1, \cdots, K-4$，在 t_j 处作泰勒展开可得

$$-\frac{v(x, t_{j+1}) - v(x, t_j)}{\Delta t_{j+1}} = -v_t(x, t_j) + O(\Delta t_{j+1}) = -L_x^j v(x, t_j) + O(\Delta t_{j+1}) \quad (11.3.5)$$

对于 $j = K-5, \cdots, 1, 0$，在 $t_{j+1/2} = \dfrac{t_j + t_{j+1}}{2}$ 处作泰勒展开可得

$$-\frac{v(x, t_{j+1}) - v(x, t_j)}{\Delta t_{j+1}} = -v_t(x, t_{j+1/2}) + O((\Delta t_{j+1})^2)$$

$$= -\frac{v_t(x, t_j) + v_t(x, t_{j+1})}{2} + O((\Delta t_{j+1})^2) = -\frac{L_x^j v(x, t_j) + L_x^{j+1} v(x, t_{j+1})}{2} + O((\Delta t_{j+1})^2)$$

$$(11.3.6)$$

结合网格步长，式（11.3.2）和式（11.3.4）-式（11.3.6）可知局部误差函数 e_j 是如下边值问题。

$$\begin{cases} \left(I + \theta_j \Delta t_{j+1} L_x^j\right) e^j = O(K^{-3}) \\ e^j(t_j / T) = e^j(X) = 0 \end{cases}$$

的解. 对微分算子 $(I + \theta_j \Delta t_{j+1} L_x^j)$ 应用极大模原理，可得引理成立。

引理 11.3.2 时间半离散格式（11.3.2）的全局误差 $E_j = v(x,t_j) - v^j(x)$ 满足

$$E = \sup_{j \le M} \left\| E_j \right\|_{\bar\Omega^j} \le CK^{-2}$$

即 Rannacher 时间半离散格式也是二阶收敛的。

证明： 在时间网格点 t_j 处的全局误差作如下分解

$$E_j = v(x,t_j) - v^j(x) = (v(x,t_j) - \bar v^j(x)) + (\bar v^j(x) - v^j(x)) \tag{11.3.7}$$

由式（11.3.2）和（11.3.4）可得

$$\begin{aligned} &\left(I + \theta_j \Delta t_{j+1} L_x^j\right)(\bar v^j(x) - v^j(x)) \\ &= [I - (1 - \theta_j)\Delta t_{j+1} L_x^{j+1}](v(x,t_{j+1}) - v^{j+1}(x)) \end{aligned} \tag{11.3.8}$$

由式（11.3.7）和式（11.3.8）可得如下递归关系

$$E_j = e_j + R_j E_{j+1} = \sum_{n=j}^K R_n^{n-j} e_n + R^{K-j} E_K, \quad E_K = v(x,t_K) - v^K(x) = 0$$

由于 R 满足条件（11.3.3），因此对于 $0 \le j \le K$ 我们有

$$\left\| E_j \right\|_\infty \le C(\left\| e_j \right\|_{\bar\Omega^j} + \left\| e_{j+1} \right\|_{\bar\Omega^{j+1}} + \cdots + \left\| e_K \right\|_{\bar\Omega^K}) \le CK^{-2}$$

这里 C 是一个独立于 K 的正常数. 至此证得引理成立。

11.3.2 空间离散格式

由于微分算子也是对流占主的，因此应用标准的中心差分策略来离散方程（11.3.2）的空间导数项也会产生数值计算的非物理振荡. 本节构造一个移动网格，在此网格上应用中心差分离散格式对方程（11.3.2）进行空间离散，使得与离散算子相应的系数矩阵为 M-阵，这保证了空间离散格式是无穷模稳定的。

在每一个时间网格层 t_j 上，对空间区间 $[t_j / T, X]$ 构造如下的分片等距网格 $\bar\Omega_j^N = \{x_i \mid 0 \le i \le N\}$，其中

$$x_i^j = \begin{cases} \dfrac{t_j}{T} + h^j, & i = 1 \\[2mm] \dfrac{t_j}{T} + h^j\left[1 + \dfrac{\alpha^2}{r}(i-1)\right], & i = 2, \cdots, N \\[2mm] 1 + (i-N)\dfrac{1}{N}, & i = N+1, \cdots, N+Q \end{cases}$$

和

$$h^j = \frac{1 - t_j/T}{1 + \dfrac{\alpha^2}{r}(N-1)}, \quad X = 1 + \frac{Q}{N}$$

容易知道，空间网格步长 $h_i^j = x_i^j - x_{i-1}^j$ 满足

$$h_i^j = \begin{cases} h^j, & i = 1 \\[2mm] \dfrac{\sigma^2}{r} h^j, & i = 2, \cdots, N \\[2mm] \dfrac{1}{N}, & i = N+1, \cdots, N+Q \end{cases}$$

由于在每一个时间层 t_j 上的空间定义区间都是不一样的，这导致对应每一个时间层都需要重新构造空间分片等距网格，因此称所构造的网格为移动网格．由于上一个时间层与下一个时间层对应的空间网格剖分是不一致的，所以需要用到数值解的样条插值来获得不一致空间网格点处的近似值。

在每个时间网格点 t_j，我们在分片等距网格 Ω_j^N 上构造如下的中心差分格式来离散方程（11.3.2）

$$\begin{cases} \left(I + \theta_j \Delta t_{j+1} L_x^{j,N}\right) V_i^j = \left[I - (1-\theta_j)\Delta t_{j+1} L_x^{j+1,N}\right] V_i^{j+1}, & 1 \leqslant i < N+Q \\[2mm] V_0^j = \dfrac{1}{rT}\left(1 - e^{-r(T-t_j)}\right), \quad V_{N+Q}^j = 0 \end{cases} \tag{11.3.9}$$

其中

$$L_x^{j,N} V_i^j = -\left(x_i^j - \frac{t_j}{T}\right)^2 \frac{(\sigma^j)^2}{h_i^j + h_{i+1}^j}\left(\frac{V_{i+1}^j - V_i^j}{h_{i+1}^j} - \frac{V_i^j - V_{i-1}^j}{h_i^j}\right) + r\left(x_i^j - \frac{t_j}{T}\right)\frac{V_{i+1}^j - V_{i-1}^j}{h_i^j + h_{i+1}^j}$$

V_i^{j+1} 是可以通过对时间层 t_{j+1} 上的数值解进行样条插值得到的。

引理 11.3.3 离散算子 $(I + \theta_j \Delta t_{j+1} L_x^{j,N})$ 在分片等距网格 Ω_j^N 上满足离散

极大模原理，即如果网格函数 u_i 和 w_i 满足 $u_0 \geqslant w_0$，$u_N \geqslant w_N$ 和 $v_{N+Q} \geqslant w_{N+Q}$ 和 $(I + \theta_j \Delta t_{j+1} L_x^{j,N}) u_i \geqslant (I + \theta_j \Delta t_{j+1} L_x^{j,N}) w_i$ $(1 \leqslant i < N+Q)$，那么对于所有的 i 都有 $u_i \geqslant w_i$ 成立。

证明： 令

$$a_i = -\frac{(\sigma^j)^2 \theta_j \Delta t_{j+1}}{(h_i^j + h_{i+1}^j) h_i^j} \left(x_i^j - \frac{t_j}{T} \right)^2 - \frac{r \theta_j \Delta t_{j+1}}{h_i^j + h_{i+1}^j} \left(x_i^j - \frac{t_j}{T} \right)$$

$$b_i = \frac{(\sigma^j)^2 \theta_j \Delta t_{j+1}}{h_i^j h_{i+1}^j} \left(x_i^j - \frac{t_j}{T} \right)^2 + 1$$

$$c_i = -\frac{(\sigma^j)^2 \theta_j \Delta t_{j+1}}{(h_i^j + h_{i+1}^j) h_{i+1}^j} \left(x_i^j - \frac{t_j}{T} \right)^2 + \frac{r \theta_j \Delta t_{j+1}}{h_i^j + h_{i+1}^j} \left(x_i^j - \frac{t_j}{T} \right)$$

对于 $1 \leqslant i < N+Q$，通过简单计算可知

$$c_i \leqslant -\frac{(\sigma^j)^2 \theta_j \Delta t_{j+1}}{(h_i^j + h_{i+1}^j) h_{i+1}^j} \left(x_1^j - \frac{t_j}{T} \right) \left(x_i^j - \frac{t_j}{T} \right) + \frac{r \theta_j \Delta t_{j+1}}{h_i^j + h_{i+1}^j} \left(x_i^j - \frac{t_j}{T} \right)$$

$$\leqslant \frac{\theta_j \Delta t_{j+1}}{(h_i^j + h_{i+1}^j) h_{i+1}^j} \left[-\alpha^2 \left(x_1^j - \frac{t_j}{T} \right) + r h_{i+1}^j \right] \left(x_i^j - \frac{t_j}{T} \right)$$

$$= \frac{\theta_j \Delta t_{j+1}}{(h_i^j + h_{i+1}^j) h_i^j} \left(-\alpha^2 h^j + r \frac{\alpha^2}{r} h^j \right) \left(x_i^j - \frac{t_j}{T} \right) = 0$$

又显然有

$$a_i < 0, \ 2 \leqslant i \leqslant N+Q-1 \ \text{和} \ b_i > 0, \ 1 \leqslant i \leqslant N+Q-1$$

和

$$b_1 + c_1 > 0$$

$$a_i + b_i + c_i > 0, \quad 2 \leqslant i \leqslant N+Q-2$$

$$a_{N+Q-1} + b_{N+Q-1} > 0$$

成立，从上述结果可以看出，与离散算子 L_h^N 相应的系数矩阵是 M−阵。因此，应用 Kellogg 和 Tsan 在文献 [85] 引理 3.1 中给出的结果可知引理成立。

由引理 11.3.3 可知，空间离散策略是无穷模稳定的。下面给出离散策略的误差估计．我们首先离散辅助问题（11.3.4）得到如下离散格式：

$$\begin{cases} \left(I+\theta_j\Delta t_{j+1}L_x^{j,N}\right)\hat{V}_i^j = \left(I-\theta_j\Delta t_{j+1}L_x^{j,N}\right)\hat{v}^{j+1}\left(x_i^j\right), & 1\leqslant i < N+Q \\ \hat{V}_0^j = \dfrac{1}{rT}\left(1-\mathrm{e}^{-r(T-t_j)}\right), & \hat{V}_{N+Q}^j = 0 \end{cases} \quad (11.3.10)$$

引理 11.3.4 令 $\hat{v}^j(x)$ 和 $\{\hat{V}_i^j\}$ 分别是方程（11.3.4）和（11.3.10）的解，则我们可得如下的误差估计

$$\left|\hat{v}^j(x_i)-\hat{V}_i^j\right|\leqslant CN^{-2}\Delta t_{j+1}, \qquad 0\leqslant i\leqslant N+Q$$

证明： 对于 $1\leqslant i < N+Q$，应用泰勒展开式可得如下空间离散的截断误差估计

$$\left\|\left(I+\theta_j\Delta t_{j+1}L_x^{j,N}\right)\left(\hat{v}^j(x_i^j)-\hat{V}_i^j\right)\right\| = \theta_j\Delta t_{j+1}\left\|\left(L_x^{j,N}-L_x^j\right)\hat{v}^j(x_i^j)\right\|\leqslant CN^{-2}\Delta t_{j+1}$$

对于离散算子 $\left(I+\theta_j\Delta t_{j+1}L_x^{j,N}\right)$，应用引理 11.3.3 中的极大模原理可得

$$\left|\hat{v}^j(x_i^j)-\hat{V}_i^j\right|\leqslant CN^{-2}\Delta t_{j+1}, \quad 0\leqslant i\leqslant N+Q$$

成立，至此证得引理成立。

11.3.3 全离散策略

结合时间半离散格式（11.3.2）和空间离散格式（11.3.9）可得如下的全离散策略

$$\begin{cases} V_i^K = \max\left(1-x_i^K,0\right), & 1\leqslant i\leqslant N+Q \\ \left(I+\theta_j\Delta t_{j+1}L_x^{j,N}\right)V_i^j = \left[I-\left(1-\theta_j\right)\Delta t_{j+1}L_x^{j,N}\right]V_i^{j+1}, & 1\leqslant i < N+Q \\ V_0^j = \dfrac{1}{rT}\left(1-\mathrm{e}^{-r(T-t_j)}\right), \quad V_{N+Q}^j = 0 \\ j = K-1,\cdots,1,0 \end{cases} \quad (11.3.11)$$

这里 V_i^j 是在网格点 (x_i,t_j) 处的全离散估计解，下面定理给出全离散策略的误差估计。

定理 11.3.5 令 $v(x,t)$ 和 V 分别是方程（11.3.1）和全离散策略（11.3.11）的解。那么在移动网格上所构造差分策略的全局误差满足

$$\left|v(x_i^j,t_j)-V_i^j\right|\leqslant C\left(N^{-2}+K^{-2}\right), \quad 0\leqslant i\leqslant N+Q, \ 0\leqslant j\leqslant K$$

这里 C 是独立于 N 和 K 的正常数。

证明： 对时间层 t_j 处的全局误差作如下分解

$$\left| v(x_i^j, t_j) - V_i^j \right| \leqslant \left| v(x_i^j, t_j) - \hat{v}^j(x_i^j) \right| + \left| \hat{v}^j(x_i^j) - \hat{V}_i^j \right| + \left| \hat{V}_i^j - V_i^j \right|$$

结合上式及引理 11.3.2 和引理 11.3.3 可知

$$\left| v(x_i^j, t_j) - V_i^j \right| \leqslant CK^{-1}\left(K^{-2} + N^{-2}\right) + \left| \hat{V}_i^j - V_i^j \right| \qquad （11.3.12）$$

进一步可知，$\hat{V}^j - V^j$ 可以看成是式（11.3.10）中 t_j 时刻对应方程的解，其中边界条件都为 0，终值条件为 $v(x_i^j, t_{j+1}) - V^{j+1}$。考虑到对于连续算子 R 成立的估计界，对于它的离散算子依然有效，因此我们可得

$$\left| \hat{V}_i^j - V_i^j \right| \leqslant C \left\| v(x^j, t_{j+1}) - V^{j+1} \right\|_{\bar{\Omega}^j} \qquad （11.3.13）$$

则由式（11.3.12）和（11.3.13）可得如下的递推式

$$\left| v(x_i^j, t_j) - V_i^j \right| \leqslant CK^{-1}\left(K^{-2} + N^{-2}\right) + C \left\| v(x^j, t_{j+1}) - V^{j+1} \right\|_{\bar{\Omega}^j}$$

$$\leqslant 2CK^{-1}\left(K^{-2} + N^{-2}\right) + C \left\| v(x^{j+1}, t_{j+2}) - V^{j+2} \right\|_{\bar{\Omega}^{j+1}}$$

$$\leqslant \cdots$$

$$\leqslant (K-j)CK^{-1}\left(K^{-2} + N^{-2}\right) + C \left\| v(x^{K-1}, t_K) - V^K \right\|_{\bar{\Omega}^{K-1}}$$

$$\leqslant C\left(K^{-2} + N^{-2}\right)$$

至此证得定理成立。

11.3.4 数值实验

下面用数值实验来验证上述理论结果的正确性。我们同样应用双层网格原理来估计 $t = 0$ 处的误差。令 $V_{i,0}^{N,K}$ 表示当空间网格参数和时间网格参数分别为 N 和 K 时在网格点 $(x_i, 0)$ 处的数值解。我们度量差分策略（11.3.11）的无穷模误差为

$$e^{N,K} = \max_{0 \leqslant i \leqslant N} \left| V_{i,0}^{N,K} - V_{i,0}^{2N,2K} \right|$$

相应的收敛速率为

$$R^{N,K} = \log_2\left(\frac{e^{N,K}}{e^{2N,2K}}\right)$$

表 11-3 给出了当 $T = 1, E = 100, r = 0.15$ 和 $S_0 = 100$ 时的无穷模误差和收敛速率，同样参考文献 [104] 中的相关讨论选取 $Q = \dfrac{N}{2}$。从表 11-3 可以

看出，基于移动网格的有限差分策略的收敛速率$R^{N,K}$是接近于 2 的，这表明定理 11.3.5 的结论是正确的。

表11-3　数值实验的无穷模误差和收敛速率

σ	K	N	误差	收敛速率
0.05	128	16	9.3365×10^{-3}	1.751
	256	32	2.7742×10^{-3}	1.846
	512	64	7.7153×10^{-4}	2.057
	1024	128	1.8546×10^{-4}	
0.3	128	16	7.1970×10^{-4}	2.048
	256	32	1.7409×10^{-4}	2.017
	512	64	4.3001×10^{-5}	2.007
	1024	128	1.0699×10^{-5}	—

11.4　本章小结

本章给出了三种求解具有固定执行价格的亚式看涨运费期权定价模型的有限差分法。第一个方法是通过将二维抛物方程分解为两个一维抛物方程进行交替计算来得到数值解，该方法关于空间变量是二阶收敛的，但是关于时间变量只是一阶收敛的。第二个方法和第三个方法都是对变量代换后的一维抛物方程进行求解，而且关于时间变量和空间变量都是二阶收敛的，但是第三个方法在每一个时间层上都需要重新进行空间网格剖分和插值运算，第三个方法的计算量要大一些.但是第三个方法中求解的一维抛物方程相比第二个方法中的一维抛物方程多做了一步变量代换，变换后的微分方程的对流占主性要弱一些，因此所构造离散策略的稳定性要更好一些。

参考文献

[1] 辛闻.背景资料：21 世纪海上丝绸之路 [EB/OL]. 中国网，2015-02-05. http://news.china.com.cn/hssczl/2015-02/05/content_34742087.htm.

[2] 许心怡."丝绸之路"名称是谁"发明"的？ [EB/OL]. 人民网，2016-06-14. http://history.people.com.cn/n1/2016/0614/c372326-28443873.html.

[3] 何为"丝绸之路"及"海上丝绸之路"？ [EB/OL]. 央视网，2007-09-28. http://www.cctv.com/life/special/C19502/20070928/105769.shtml.

[4] 王月华.唐朝广州为"通海夷道"起点长达 1.4 万公里 [N]. 广州日报，2014-02-28.

[5] 海上丝绸之路的三大著名港口 [EB/OL]. 人民网，2014-05-20. http://history.people.com.cn/n/2014/0520/c385134-25040938.html.

[6] 宁波"海上丝绸之路" [EB/OL]. 中国宁波网，2012 年 06 月 21 日. http://zt.cnnb.com.cn/system/2012/06/21/007360666.shtml.

[7] 宁波市统计局，国家统计局宁波调查队.2021 年宁波市国民经济和社会发展统计公报 [EB].http://tjj.ningbo.gov.cn/art/2022/2/23/art_1229042825_58913883.html

[8] 包凌雁.海上丝路指数：一带一路"风向标"[N]. 宁波日报，2017-05-23（第 B1 版）.http://daily.cnnb.com.cn/nbrb/html/2017-05/23/content_1051540.htm?div=1.

[9] 林波，李聪. 波罗的海交易所发布海上丝路宁波出口集装箱运价指数 [EB/OL]. 中国新闻网，2015–10–23. http://www.chinanews.com/df/2015/10-23/7586540.shtml.

[10] 俞永均，易鹤，包凌雁. 提升中国在全球经济治理中的话语权——甬版海丝指数 成"一带一路"贸易风向标 [N]. 宁波日报，2017–05–11（第 A2 版）. http://daily.cnnb.com.cn/nbrb/html/2017–05/11/content_1049343.htm?div=–1.

[11] 包凌雁，李聪. 海丝指数写入国家"十三五"规划将为宁波发展提供有力支撑 [N]. 宁波日报，2016–03–19（第 A1 版）. http://daily.cnnb.com.cn/nbrb/html/2016–03/19/content_944178.htm?div=–1.

[12] 李紫宸. 发改委发布的"海上丝路贸易指数"是什么 [N]. 经济观察报，2017–05–11. http://www.eeo.com.cn/2017/0511/304422.shtml.

[13] 俞永均，宋兵，凌乐云. "宁波港口指数"全球首发 [N]. 宁波日报，2018–06–15（第 A2 版）. http://daily.cnnb.com.cn/nbrb/html/2018–06/15/content_1113954.htm?div=–1.

[14] 石如丽. 国际干散货航运市场特征研究 [D]. 大连：大连海事大学，2014.

[15] 毛卫斌. 关于船舶运行期间燃油成本的研究 [D]. 大连：大连海事大学，2001.

[16] Carmona R. Statistical Analysis of Financial Data in R[M]. New York: Springer, 2014.

[17] Ruppert D, Matteson D S. Statistics and Data Analysis for Financial Engineering[M]. New York：Springer，2015.

[18] Kabacoff R I. 高涛等译. R 语言实战 [M]. 北京：人民邮电出版社，2013.

[19] Meucci A. Risk and Asset Allocation[M]. New York: Springer，2005.

[20] Fernandez C, Steel M F J. On Bayesian modelling of fat tails and skewness[J]. Journal of the American Statistical Association，1998，93：359–371.

[21] Azzalini A, Capitanio A. Distributions generated by perturbation of symmetry with emphasis on a multivariate skew t distribution[J]. Journal of the Royal Statistics Society, Series B，2003，65：367–389.

[22] Cullinane K. A short–term adaptive forecasting model for BIFFEX speculation: a

Box–Jenkins approach[J]. Maritime Policy & Management，1992，19（2）：91–114.

[23] Veenstra A W, Franses P H. A co-integration approach to forecasting freight rates in the dry bulk shipping sector[J].Transportation Research Part A: Policy & Practice，1997，31（6）：447–458.

[24] Kavussanos M G, Alizadeh–M A H. Seasonality patterns in dry bulk shipping spot and time charter freight rates[J]. Transportation Research Part E: Logistics and Transportation Review，2001，37（6）： 443–467.

[25] 杜昭玺，李阳，靳志宏 . 波罗的海干散货运价指数预测及实证分析 [J]. 大连海事大学学报 (社会科学版)，2009，8（1）：77–80.

[26] 李耀鼎，宗蓓华 . 波罗的海运价指数波动研究 [J]. 上海海事大学学报，2006，27（4）：84–87.

[27] 杨华龙，刘金霞，范永辉 . 波罗的海干散货运价指数波动性研究 [J]. 中国航海，2011，34（3）：84–88，102.

[28] 王铖，林国威，丁一 . 基于 ARCH 族模型的超灵便型船运价指数研究 [J]. 武汉理工大学学报（信息与管理工程版），2013，35（3）：414–417，422.

[29] 范永辉，邢玉伟，杨华龙 . 基于 GARCH 模型的波罗的海干散货运价指数预测 [J]. 数学的实践与认识，2015，45（7）：42–47.

[30] 沙蔚婷 . 基于 GARCH 模型的波罗的海干散货运价指数预测 [J]. 水运管理，2015，37（1）：11–13，35.

[31] 李晶，王婷婷 . 波罗的海干散货运价指数波动研究 [J]. 价格理论与实践，2015（1）：82–84.

[32] 单福生 . 基于小波分析和 ARIMA 模型的中国出口集装箱运价指数预测 [D]. 大连：大连海事大学，2013.

[33] 李宗龙，谷佳音 . 中国出口集装箱运价指数的波动性研究——基于 SV 类模型的比较分析 [J]. 中国商贸，2013（18）：122–123.

[34] 朱玉华，赵刚 . 基于 ARCH 族模型的中国出口集装箱运价指数波动特征 [J]. 上海海事大学学报，2013，34（3）：48–53+59.

[35] 王思远，余思勤，潘静静 . 基于 MCMC 算法 AR–GARCH 模型中国出口集

装箱运价指数波动性研究 [J]. 交通运输系统工程与信息，2016，16（3）：28-34.

[36] 华丽静，岑仲迪. 海上丝路指数的波动性分析 [J]. 浙江万里学院学报，2019，32（2）：16-22.

[37] 赵海. 海上丝路运价指数波动研究分析 [J]. 特区经济，2020（3）：35-38.

[38] 王艳. 应用时间序列分析 (第四版)[M]. 北京：中国人民大学出版社，2015.

[39] 高铁梅，王明金，梁云芳，刘玉红. 计量经济分析分析方法与建模 Eviews 应用及实例 (第二版)[M]. 北京：清华大学出版社，2009.

[40] Bollerslev T. A Conditionally Heteroskedastic Time Series Model for Speculative Price and Rate of Return [J]. Review of Economics and Statistics，1987，69：542-547.

[41] Akgiray V. Conditional Heteroskedasticity in Time series of Stock Returns：Evidence and Forecasts [J]. Journal of Business，1989，62：3-40.

[42] 陈庆辉. 国际干散货航运细分市场运价指数波动特征研究 [D]. 大连：大连海事大学，2004.

[43] 孙永. 中国出口集装箱运价指数与波罗的海运价指数的比较分析 [D]. 上海：上海海事大学，2005.

[44] 陆克从，赵刚，胡骅. ARCH 族模型在干散货运价指数分析中的应用 [J]. 系统工程，2008（9）：50-56.

[45] 武佩剑，陈永平. 波罗的海干散货运价指数波动规律及对我国的启示——国际干散货运输市场走势的晴雨表 [J]. 价格理论与实践，2010（11）：50-51.

[46] 范永辉. 基于 GARCH 族模型的波罗的海干散货运价指数波动规律及预测研究 [D]. 大连：大连海事大学，2014.

[47] 冯春山，吴家春，蒋馥. 国际石油市场的 ARCH 效应分析 [J]. 石油大学学报（社会科学版），2003（4）：18-20.

[48] Radchenko S. Oil price volatility and the asymmetric response of gasoline prices to oil price increases and decreases[J]. Energy Economics，2005，27（5）：708-730.

[49] Taniguchi E，Heijden R V D. An evaluation methodology for city logistics[J]. Transport Reviews，2000，20（1）：65-90.

[50] Neuyen H O，Tongzon J. Trade-logistics nexus：Australia's trade with China

and the implications for the Australian logistics sector[R]. IAME：International Association of Maritime Economists Annual Conference，2008：1-20.

[51] Skjott-Larsen T，Paulsson U，Wandel S. Logistics in the Oresund region after the bridge[J]. European Journal of Operational Research，2003，144（2）：247-256.

[52] Gogoneata B. An analysis of explanatory factors of logistics performance of a country[J]. The Amfiteatru Economic Journal，2008，10（24）：143-156.

[53] 赵阳，夏雪，韩增林.物流业与区域经济耦合协调度研究——以苏州为例[J].资源开发与市场，2013，29（11）：1137-1140.

[54] 白朋飞.中国物流业与经济发展的动态耦合分析[J].物流技术，2014，33（7）：295-297.

[55] 朱坚真.港口经济与城市经济系统耦合协调度实证研究[J].创新，2013，7（1）：5-11.

[56] 陈红梅，唐怡.天津自贸区与京津冀区域经济耦合协调度研究[J].河北科技学院学报（社会科学版），2021，20（4）：109-115.

[57] 李丽杰，沈杰，李昌明.河北省区域物流与区域经济耦合协调度研究[J].物流技术，2015，34（6）：153-155.

[58] 甘信华.苏南地区物流业与经济发展耦合协调性分异及其时空演变[J].常州工学院学报，2015，28（6）：53-60.

[59] 何艳艳.北部湾港港口物流对北部湾经济区经济发展影响研究[D].钦州市：北部湾大学，2021.

[60] 刘佳佳.基于VAR模型的港口物流与城市经济协同发展研究[D].锦州市：渤海大学，2020.

[61] 李文顺，刘伟，周宏.1952-2002年中国物流增量与GDP增量的协整分析[J].中国软科学，2004(12)：45-49.

[62] 郝添磊，范俊玲.基于VAR模型的陕西省物流业与经济发展互动关系[J].交通科技与经济，2021，23(05)：75-80.

[63] 林宝城，林琳.基于VAR的港口物流与区域经济关联性分析——以福建省港口为例[J].物流工程与管理，2019，41（09）：48-51+56.

[64] 赵立波.物流产业发展与经济增长关系实证分析 [J]. 中国流通经济，2012（10）：41-45.

[65] 陈志新，杨巧红，王林伶.物流业与区域经济发展的实证分析及对策研究——以宁夏为例 [J]. 开发研究，2013（2）：39-42.

[66] 许秀峰.江苏物流产业与区域经济关系研究 [J]. 物流技术，2009（2）：42-50.

[67] 朱文涛.江苏省物流业对经济增长作用的实证分析 [J]. 开发研究，2011（2）：70-72.

[68] 李威.航运衍生品在航运公司运价风险规避中的运用研究 [D]. 大连：大连海事大学，2011.

[69] 李静茹.航运企业参与运价衍生品市场策略研究 [D]. 大连：大连海事大学，2013.

[70] 姜礼尚.期权定价的数学模型和方法 [M]. 北京：高等教育出版社，2003.

[71] 岑仲迪，顾锋娟.证券投资学 [M]. 北京：清华大学出版社，2011.

[72] 胡茜.海运金融工程工具运用 [D]. 大连：大连海事大学，2003.

[73] 王勇.集装箱航运市场期权定价问题及其应用研究 [D]. 大连：大连海事大学，2012.

[74] 祝惠春.我国海运运价、运力期货完成上市准备工作 [N]. 经济日报，2022-06-14.

[75] 王凯艺，张帆，吉文磊，洪宇翔，夏文杰.由大迈向强,宁波舟山港首个"3000万"是这样炼成的 [N]. 浙江日报，2021-12-17.

[76] 王凯艺，袁佳颖，葛天立 景鹏飞.三个"首次突破"！宁波舟山港2021年度成绩单出炉 [N]. 浙江日报，2022-01-14.

[77] Longstaff F A，Schwartz E S. Valuing American Options by Simulation：A simple Least-Squares approach[J]. Review of Financial Studies，2001（2）：113-147.

[78] Black F，Scholes M S. The pricing of options and corporate liabilities[J]. Journal of Political Economy，1973，81：637-654.

[79] 姜礼尚，徐承龙，任学敏，等.金融衍生品定价的数学模型与案例分析 [M]. 北京：高等教育出版社，2008.

[80] Jaillet P, Lamberton D, and Lapeyre B. Variational inequalities and the pricing of American options[J]. Acta Applicandae Mathematicae, 1990, 21: 263–289.

[81] Cho C, Kim T, and Kwon Y. Estimation of local volatilities in a generalized Black–Scholes model[J]. Applied Mathematics and Computation, 2005, 162: 1135–1149.

[82] Kangro R, Nicolaides R. Far field boundary conditions for Black–Scholes equations[J]. SIAM Journal on Numerical Analysis, 2000, 38 (4) : 1357–1368.

[83] Wilmott P, Dewynne J, and Howison S. Option pricing: mathematical models and computation[M]. Oxford: Oxford Financial Press, 1993.

[84] Cen Z, Le A. A robust and accurate finite difference method for a generalized Black–Scholes equation[J]. Journal of Computational and Applied Mathematics, 2011, 235 (13) : 3728–3733.

[85] Kellogg R B, Tsan A. Analysis of some difference approximations for a singular perturbation problem without turning points[J]. Mathematics of Computation, 1978, 32 (144) : 1025–1039.

[86] Cen Z, Le A, and Xu A. Exponential time integration and second–order difference scheme for a generalized Black–Scholes equation[J]. Journal of Applied Mathematics, 2012, Article ID 796814.

[87] Dehghan M. Numerical techniques for a parabolic equation subject to an overspecified boundary condition[J]. Applied Mathematics and Computation, 2002, 132: 299–313.

[88] Smith G D. Numerical solution of partial differential equation (finite difference method) [M]. Oxford University Press, Oxford, 1990.

[89] Poole G, Boullion T. A survey on M–matrices[J]. SIAM Review, 1974, 16 (4) : 419–427.

[90] Cen Z, Le A, and Xu A. A second–order difference scheme for the penalized Black–Scholes equation governing American put option pricing[J]. Computational Economics, 2012, 40 (1) : 49–62.

[91] Zvan R, Forsyth P A, and Vetzal K R. Penalty methods for American options with stochastic volatility[J]. Journal of Computational and Applied Mathematics, 1998, 91: 199–218.

[92] Nielsen B F, Skavhaug O, and Tveito A. Penalty and front−fixing methods for the numerical solution of American option problems, Journal of Computational Finance，5（2002）69–97.

[93] Cen Z, Le A, and Xu A. A robust spline collocation method for pricing American put options[J]. Discrete Dynamics in Nature and Society，2019，Article ID 1753782.

[94] Surla K, Teofanov L, and Uzelac Z. A robust layer−resolving spline collocation method for a convection−diffusion problem[J]. Applied Mathematics and Computation, 2009，208（1）：76–89.

[95] Surla K, Uzelac Z, and Teofanov L. The discrete minimum principle for quadratic spline discretization of a singularly perturbed problem[J]. Mathematics and Computers in Simulation，2009，79（8）：2490–2505.

[96] Goeleven D. A uniqueness theorem for the generalized−order linear complementary problem associated with M−matrices[J]. Linear Algebra and its Applications，1996，235：221–227.

[97] Cen Z, Chen W. A HODIE finite difference scheme for pricing American options[J]. Advances in Difference Equations，2019，Article ID 67.

[98] Geman H, Yor M. Bessel processes, Asian options and perpetuities[J]. Mathematical Finance，1993，3（4）：349–375.

[99] Hugger J. Wellposedness of the boundary value formulation of a fixed strike Asian option[J]. Journal of Computational and Applied Mathematics，2006，185（2）：460–481.

[100] Cen Z, Le A, and Xu A. An alternating−direction implicit difference scheme for pricing Asian options[J]. Journal of Applied Mathematics，2013，Article ID 605943.

[101] Rogers L C G, Shi Z. The value of an Asian option[J]. Journal of Applied Probability，1995，32（4）：1077–1088.

[102] Cen Z, Xu A, and Le A. A hybrid finite difference scheme for pricing Asian options[J]. Applied Mathematics and Computation，2015，252：229–239.

[103] Palencia C. A stability result for sectorial operators in Banach spaces[J]. SIAM Journal on Numerical Analysis, 1993, 30（5）: 1373–1384.

[104] Dubois F, Leli è vre T. Efficient pricing of Asian options by the PDE approach[J]. Journal of Computational Finance, 2004/2005, 8（2）: 55–64.

[105] Vecer J. A new PDE approach for pricing arithmetic average Asian options[J]. Journal of Computational Finance, 2001, 4（4）: 105–113.

[106] Cen Z, Le A, and Xu A. Finite difference scheme with a moving mesh for pricing Asian options[J]. Applied Mathematics and Computation, 2013, 219（16）: 8667–8675.

[107] Pooley D M, Vetzal K, and Forsyth P A. Remedies for non–smooth payoffs in option pricing[J]. Journal of Computational Finance, 2003, 6（4）: 25–40.

[108] Giles M B, Carter R. Convergence analysis of Crank–Nicolson and Rannacher time–marching[J]. Journal of Computational Finance, 2006, 9（4）: 89–112.

[109] Rannacher R. Finite element solution of diffusion problems with irregular data[J]. Numerische Mathematik, 1984, 43（2）: 309–327.